卜璐，1983年3月生，江苏淮安人，2001—2010年就读于武汉大学法学院，先后取得法学学士、硕士、博士学位，现就职于苏州大学王健法学院。主要研究方向为国际私法与比较法、比较破产法学。主持教育部人文社会科学研究青年基金项目“消费者债务清理多元化纠纷解决机制研究”、国家社科基金青年项目“外国公法在国际私法中的运用研究”，在《现代法学》、《中国国际私法与比较法年刊》等刊物上发表论文数篇。

本书受“教育部人文社会科学研究青年基金项目——消费者
债务清理多元化纠纷解决机制研究（项目批准号：12YJC820003）”资助

武汉大学国际法博士文库

Series of Doctoral Thesis on
International Law
of Wuhan University

消费者破产法律制度比较研究

Comparative Research on Consumer Bankruptcy Regimes

卜 璐 / 著

WUHAN UNIVERSITY PRESS
武汉大学出版社

图书在版编目(CIP)数据

消费者破产法律制度比较研究/卜璐著.—武汉：武汉大学出版社，2013.6

武汉大学国际法博士文库

ISBN 978-7-307-10648-2

Ⅰ.消…　Ⅱ.卜…　Ⅲ.破产法—对比研究—世界　Ⅳ.D912.290.4

中国版本图书馆CIP数据核字(2013)第056405号

责任编辑:胡　荣　　责任校对:黄添生　　版式设计:马　佳

出版发行：**武汉大学出版社**　(430072　武昌　珞珈山)

(电子邮件：cbs22@whu.edu.cn　网址：www.wdp.com.cn)

印刷:湖北金海印务有限公司

开本：720×1000　1/16　印张:13.5　字数:241千字　插页:2

版次:2013年6月第1版　2013年6月第1次印刷

ISBN 978-7-307-10648-2/D·1219　定价:29.00元

总　序

黄　进

《武汉大学国际法博士文库》（以下简称《文库》）终于面世了！这是令人高兴和值得庆贺的事情。作为推动《文库》编辑出版工作的负责人之一，本人有责任也很乐意将我们做这项工作的缘由和初衷告诉读者。

2000年，经过严格的评审，武汉大学国际法研究所被国家教育部确定为“教育部人文社会科学重点研究基地”。随后经过三年的建设，基地又于2004年顺利通过国家教育部组织的合格评估。作为教育部人文社会科学重点研究基地，武汉大学国际法研究所深感任重而道远，自然不须扬鞭自奋蹄，一直在积极探索如何进一步推动我国国际法教学和研究向前发展，勤勉地做了或者正在做一些有益的事情，其中一项举措就是编辑出版《武汉大学国际法博士文库》。

改革开放以来，我国自己培养的国际法专业博士逐年增多。仔细看看他们撰写的博士论文，我们不难发现，博士研究生已经成为我国国际法研究的生力军，他们以博士论文表现出来的许多研究成果或者填补了我国国际法研究的空白，或者开拓了我国国际法研究的新领域，有的甚至还在某些方面代表了我国国际法研究的最高水平。因此，我们感到责无旁贷，有必要精选部分优秀国际法博士论文，以文库的形式编辑之，出版之。这就是我们为什么要编辑出版《文库》的缘由。必须说明的是，我们编辑出版《文库》决不是短期行为，更不是当下时常见到的应景之作，我们是要把《文库》当做法律文化工程和长期经营的品牌来建设的。我们相信，随着《文库》收录的一本本博士论文问世，它们一定会对提升我国国际法研究的学术水平，推进我国国际法学界的学术交流，进而推动我国国际法研究的不断发展，发挥积极的作用。

《文库》的生命力关键在质量。为了保证《文库》的质量，按照我们的设想，《文库》首先要坚持开放性。所谓开放性，一是《文库》收录的博士论文不局限于狭义的国际法或者说国际公法的博士论文，凡是研究国际法律问题、跨国法律问题或者涉外法律问题的博士论文，包括但不限于国际公法、国际私法和国际经济法的博士论文，均在收录之列；二是《文库》收录的博士论文不局限在武汉大学求学毕业的博士的论文，非武汉大学出产的优秀国际法博士论文也在收录之列。坚持开放性实际上是对《文库》收录的博士论文的范围或者外延的界定，表明它有海纳百川的胸怀。其次，《文库》要实行精品化。所谓精品化，就是《文库》收录的博士论文应该是精品，必须是精品，一定是精品。出精品是《文库》质的要求和内涵的要求。为了保证质量，我们在选择收录武汉大学的国际法博士论文时，通常是每年在国际公法、国际私法和国际经济法三个领域各选一篇校内外评阅和论文答辩均获得全优，并获得论文答辩委员会成员一致推荐收录的论文。

《文库》得以顺产是同方方面面的关心、支持或资助分不开的。我们要感谢国家教育部及其社政司、国家社会科学基金，我们要感谢武汉大学社会科学部、研究生院、国际交流部和出版社，我们还要感谢校外参与评阅博士论文和参加博士论文答辩的专家。当然，《文库》的顺产也是我们自己努力的结果。法学院特别是武汉大学国际法研究所的同事们精诚团结，齐心协力，自强不息，追求卓越，每个人特别是担任博士研究生培养和指导工作的教师都为《文库》的编辑出版工作付出了许多心血，尽管《文库》收录的只是部分博士研究生的论文，但大家都把《文库》视为己出，更视为共同的国际法事业的组成部分，对《文库》关爱备至。

一本书也好，一套书也好；"丛书"也罢，"文库"也罢，究竟质量如何，最终还得看读者的评判。所以，我们真诚地希望读者在翻阅了《文库》之后给我们提出真诚的意见或建议，以便我们不断地改进编辑出版工作，将渐臻完善的《文库》奉献给读者。

2004年10月8日于北京大有庄100号

摘　要

消费者破产是以消费者为破产人的破产程序，多指因消费者自己信用过度扩张至支付不能而发生的自愿破产。以比较方法研究消费者破产已成为破产法学领域的新议题。本书的写作目的主要有四个方面：首先是对代表性国家的消费者破产制度进行比较，分析破产制度的架构和成因；其次分析消费者破产法律差异产生的管辖权、法律适用等方面的问题；再次分析消费者破产立法的趋势；最后分析我国消费者无力偿债问题的现状及解决途径。

全书共分为五章，整体的写作思路是通过对相关国家消费者破产立法和实践运作的比较研究，在制度层面总结消费者破产制度设计和运行的应然形态，并结合我国消费市场发展的成熟度及现有的破产法框架，分析消费者破产法律移植的必要性、可行性和障碍性。

第一章是关于消费者破产制度的总论。消费者破产作为破产法学中后兴起的概念，其内涵和外延有别于传统的自然人破产和个人破产，本书的写作从消费者破产的概念剖析入手，通过对消费者破产的特征分析挖掘该制度存在的意义和价值。在认为需要对该类破产制度给予特殊考虑的基础上，本章首先从理论上分析了消费者破产制度的产生原因、基本内容和价值理念；其次从实践上对各国消费者破产制度进行立法形态和立法模式的比较，总结出四种不同的立法形态和两种主要的立法模式，并在此基础上分析了两大法系消费者破产制度的差异及成因。

第二章和第三章是本书的核心内容，旨在分别从法院外和法院内两个途径去分析消费者破产制度的构建和运作。一方面消费者破产因其本身的特性，有着案件申请量大、标的额小、破产财产不足等特质，这就使得必须通过法院外债务清理制度分流掉大量的消费者破产案件；另一方面对于偿还能力不足的债务人需要法院内正式的破产程序给予其免除全部或部分债务的机会，使消费者债务人获得重返经济社会的机会。第二章根据法院外债务清理程序是否作为启动法院内破产程序的强制性条件，将法院外债务清理程序的立法分为前置主义和选择主义两种立法模式，这两种模式各有利弊，在实践中越来越多的国家倾向于选择前置主义的立法模式。在法院外债务清理程序中，消费者债务清理机构充当了中间人的角色，对债务偿还计划的制订、达成和管理起着重要的作用，因此第二章着重论述了其组织架构、资金来源、人员组成和职能，旨在探讨如何构建一个高效的法院外消费者债务清理机构。第二章最后结合法院外消费者债务清理机制的发展趋势，立足于我国实践中消费者无力偿债问题解决的困境，探讨适合我国的法院外消费者债务清理机制的构建。

第三章对法院内破产程序的探讨没有采取面面俱到的方式，而是集中探讨了消费者破产领域最核心的问题——免责制度。按照各国给予消费者债务免除的程度，可以将消费者免责制度归纳为三种立法模式：不免责主义的立法模式、许可免责主义的立法模式、当然免责主义的立法模式，这三种立法模式的存在和选择是由各国的法律传统、消费信贷市场的管制水平和福利政策决定的。该章进而重点论述了近几十年间随着消费者负债问题的日渐突出，一些代表性国家的立法在消费者破产免责领域的新发展，透过这些新的发展动向可以看出世界范围内消费者破产免责制度的发展趋向。

第四章是在比较研究基础上进行的升华。通过比较研究发现各国消费者破产制度在程序和实体方面都存在着许多差异，当消费者破产案件牵涉到不同国家的破产制度时就会涉及国际私法问题，本章就是探讨含有涉外因素的消费者无力偿债纠纷的解决。该章主要以欧盟跨国消费者破产案件的处理为研究视角，分别从管辖权、法律适用、裁决的承认与执行三个方面展开论述。在有限普遍主义的背景下，分析主要利益中心地、程序开始国法院等连结因素在涉外消费者破产案件中的运用。

第五章是本书的结论和落脚点。比较研究的最终目的还是解决中国面临的问题，该章在前文立法模式分析的基础上，探讨我国消费者破产立法的现实困境和理论选择。这部分首先论述了我国在消费者破产制度缺位的现实条件下，消费者无力偿债问题的解决途径及其不足之处。对于消费者破产制度的引入问题，本章首先分析了我国长期以来未对消费者破产进行立法的原因以及这些原因存在的合理性，其次分析了消费者破产制度之于我国立法的必要性，最后分析了我国现阶段构建消费者破产制度已经具备的条件和尚未成熟的条件。全书的最后以消费者无力偿债的法院外解决机制和法院内解决机制的运作为基础，具体探讨了我国消费者破产立法的构建。

目　录

引 言

消费者破产法律制度是从破产法中衍生出来的。从最初设计来说，破产法旨在为债权人提供一个集中解决商业往来中债务人债务问题的方法。① 初建现代破产制度的意大利、法国、英国最初都是将破产法作为商人法的一部分，采取的是商人破产主义。直到19世纪中叶，在英国法和美国法上才对非从事商业活动的债务人提供破产保护。② 德国1877年破产法也突破了商人破产主义的传统，采取一般破产主义。此后，非商自然人才逐渐走进各国破产法的视野。曾经在很长一段时间内，绝大多数国家都没有将消费者破产看作是一个独立的社会、法律和经济问题，甚至几乎没有国家给予其立法方面的关注，许多破产领域的学者和学术研究机构也没有重视这个问题，而今这种情况已经发生了巨大的变化。③ 20世纪80年代以来，消费信贷几乎在全世界范围内都迅速增长，由此导致了消费者过度负债（over-indebtness）④问题的加剧，消费者破产案件数量也急剧上升。⑤ 消费者破产也随之发展成破产法学的一个独立分支，并受到立法和理论界的重视。所谓消费者破产，即以消费者为申请人的破产程序⑥，这里的破产程序不单指狭义的法院破产程序，也包括各种名义的法院外破产债务清理程序，不仅包括破产清算程序，也包含了破产重整程序。

---

① See Robert Weisberg, *Commercial Morality, The Merchant Character, and the History of the Voidable Preference*, 39 Stan. L. Rev. 3, 3(1986).

② Donna McKenzie Skene and Adrian Walters, *Consuming Passions: Benchmarking Consumer Bankruptcy Law Systems*, in Paul J. Omar ed., *International Insolvency Law: Themes and Perspectives*, Ashgate Publishing Limited, 2008, p. 136.

③ Jacob Ziegel, *The Challenges of Comparative Consumer Insolvencies*, 23 Penn St. Int'l L. Rev. 639, 639(2005).

④ 也可译做"负债过多"。

⑤ See Johanna Niemi-Kiesiläinen, Iain Ramsay and William C. Whitford (eds.), *Consumer Bankruptcy in Global Perspective*, Hart Publishing, 2003, pp. 2-4.

⑥ See OSB, *An Overview of Canadian Insolvency Statistics Up to 2006*, available at http://www.ic.gc.ca/eic/site/bsf-osb.nsf/eng/br01770.html(last visited July 9, 2009).

对消费者破产法律制度研究的兴起和发展，根源于过去30年间一些国家消费者破产案件申请量的急剧上升。① 这一现象引起了世界范围内的广泛关注，即使那些没有赋予消费者自然人破产能力的国家，也开始考虑这一制度在消费者债务问题解决中的作用。在金融危机的背景下，各国给予消费者破产这一议题以更多的关注。② 2008年金融危机的爆发，使消费者的负债状况进一步恶化。根据美联储的官方数据，自2008年第四季度起消费贷款的不良贷款率迅速增长，2009年第三季度消费贷款的不良贷款率已达4.71%，而2006年同期这一数字只有3.01%。③ 另据加拿大破产监管人办公室的数据显示，仅2009年5月期间其消费者破产案件已达9900个，比2008年同期上涨了34%。④ 破产法改革作为西方国家应对经济危机的有效手段之一⑤在金融危机的背景下得到越来越多的运用。在新一轮的破产法改革中，消费者破产法律制度无疑是各国关注的焦点。

美国国会2005年4月通过并由布什总统签署了《2005年防止滥用破产与消费者保护法》（*Bankruptcy Abuse Prevention and Consumer Protection Act of 2005*）；德国1994年制定、1999年施行的破产法中特设第九编“消费者破产程序及其他小型破产程序”，并于2001年修订之后，2006年又提出新的修正草案；日本2000年也对其《民事再生法》进行修正，加入了个人再生程序，并于后来陆续修订；我国台湾地区在经历2005年卡债风暴之后，2008年4月11日开始施行《消费者债务清理条例》。这些新近的立法反映并代表了消费者破产制度发展的一些新趋势。

① See Todd J. Zywicki, *Institutions, Incentives, and Consumer Bankruptcy Reform*, 62 Wash & Lee L. Rev. 1071, 1072(2005).

② Maria Gerhardt, *Consumer Bankruptcy Regimes and Credit Default in the US and Europe—A Comparative Study*, CEPS Working Document No. 318/July 2009, available at http://www.ceps.eu/book/consumer-bankruptcy-regimes-and-credit-default-us-and-europe (last visited Nov. 25, 2009).

③ The Federal Reserve Board(FRB), *Charge-off and Delinquency Rates*, available at http://www.federalreserve.gov/Releases/ChargeOff/delallnsa.htm (last visited Nov. 27, 2009).

④ 《加拿大消费者破产案年增31%》，载中华人民共和国商务部网站：http://www.mofcom.gov.cn/aarticle/i/jyjl/l/200907/20090706395829.html，2010年2月27日访问。

⑤ See Nick Huls, *American Influences on European Consumer Bankruptcy Law*, 15 Journal of Consumer Policy 125, 130(1992).

一、消费者破产法律制度的国内外研究现状

（一）我国的研究现状

虽然我国已有不少关于自然人破产和个人破产的研究，其中也会部分涉及消费者破产的内容，但专门针对消费者破产的研究成果并不多。总结现有研究成果，笔者认为我国对该领域的研究至少在以下四个方面有完善的空间：（1）缺乏针对性，消费者破产虽然包含在个人破产或自然人破产之中，但由于保护消费者利益的特殊需要，其在制度设计上有很多特别之处，但我国缺乏专门的消费者破产研究。（2）对消费者破产制度的内容研究得不全面。以消费者破产的上位概念自然人破产为例，我国现有的研究大多数集中在自然人的破产能力方面，重在探讨自然人是否应具备破产能力，而缺乏对具体的制度设计的研究和实践中运作的论证。在评价我国的自然人破产研究时，知名破产法学者韩长印教授认为："截至目前为止，破产法理论界尚未对自然人破产问题展开过充分的研究，可看到的成果可谓寥若晨星，并且大多仅仅集中在自然人的破产能力方面。而立法中不可回避而又不能规定过于笼统的诸多问题，例如自然人破产界限的确定、破产程序的启动机制、滥用破产程序的可能性及其预防、破产财产范围在时间确认方面的固定主义和膨胀主义的选择、自由财产范围确定的立法模式和确认标准、免责的条件以及破产后的失权和复权等问题，在我国都几乎没有形成系统全面的研究成果供作立法参考和选择。"①（3）现有的外国消费者破产制度的研究，基本集中在美国2005年消费者破产法改革上②，既缺乏对其他国家消费者破产立法的整体研究，也缺乏对美国以外国家消费者破产法最新改革的研究。（4）在我国消费者破产法律制度的构建问题上，我国学者主要关注必要性和紧迫性问题研究，不注重可行性和障碍性问题研究。

就消费者过度负债问题的解决而言，我国学者的研究重点主要集中于对法院破产程序的研究，尚未有学者从多元化纠纷解决机制的角度去研究消费者债务清理。笔者分析个中原因，认为：其一，作为消费者破产上位概念的个人破产在我国仍属较新的研究课题，对自然人破产能力的讨论尚未有定

---

① 韩长印：《中国破产法的发展状况及法学论题》，载《法学杂志》2004年第5期，第40页。

② 我国专门关注和从事消费者破产制度研究的学者不多，上海应用技术学院的殷慧芬老师是其中之一，她的研究主要集中在美国消费者破产法改革、消费信用和消费者破产免责制度方面。

论，所以从法院内和法院外两个层面去构筑消费者债务清理机制的研究思路尚未成型。其二，我国学者在研究消费者债务清理机制时先验性地将其作为破产法学的一个分支，在参考国外相关制度时也专注于消费者破产程序而忽视了非诉讼争议解决机制。

（二）国外研究现状

在国外，消费者破产法律制度的研究起步于20世纪80年代以后，在近20年间获得了高速发展，消费者保护领域的权威杂志《消费者政策》、约克大学的 *Osgoode Hall Law Journal* 及《台湾本土法学杂志》等都曾用专刊予以讨论。国外学者对消费者债务清理机制的研究从一开始就没有局限于法院破产程序领域，而是以消费者债务问题的解决为立足点，探索多元化的争议解决路径，近年有感于司法内程序的乏力，对司法外程序的研究更显突出。Jason J. Kilborn 的《比较消费者破产法》① 在这一领域堪称扛鼎之作。

就世界范围来看，美国学者早在1978年《联邦破产法》制定前后便开始集中关注消费者破产制度，由于美国对消费者破产领域立法的重视及实践经验的丰富，使美国学者对此问题的研究水平一直处于世界领先地位。但美国学者在研究消费者破产制度时将焦点集中于信用咨询、免责制度、第13章程序的适用等国内法问题的研究，对其他国家理论和立法的关注度不够。但近年来也开始有一些学者着力研究比较消费者破产法，例如 Jason J. Kilborn、Todd J. Zywicki，以及加拿大的 Jacob S. Ziegel 教授。

对于欧洲大陆法系国家的学者和立法者而言，消费者破产是个“舶来品”。20世纪80年代，消费者破产制度作为应对消费者过度负债问题的解决措施，引起了欧洲大陆国家学者的广泛研究，学术研究在推动欧洲消费者破产制度的立法进程上起到了重要的作用。1984年，欧洲法律政策中心在德国不来梅（Bremen）召开的会议在这方面取得了积极成效，《破产：问题、程序和改革》一书的作者之一、美国 Marjorie Girth 教授对美国《联邦破产法典》的发展趋势作了详尽的分析，开阔了很多出席会议的欧洲学者和官员们的视野，为推动欧洲破产法改革做出了贡献。② 在其影响下，越来越多的欧洲学者致力于消费者破产方面的研究，在这一领域比较有影响力的学者有 Nick Huls 教授、Johanna Niemi-Kiesiläinen 教授。

---

① Jason J. Kilborn, *Comparative Consumer Bankruptcy*, Carolina Academic Press, 2007.

② Nick Huls, *American Influences on European Consumer Bankruptcy Law*, 15 Journal of Consumer Policy 125, 126(1992).

总结国外学者对消费者债务清理多元化纠纷解决机制的研究发现如下特点：第一，比较研究蔚然成风，自20世纪80年代对消费者债务清理机制的研究兴起之后，比较研究的方法一直是这一领域的主要方法之一，Udo Reifner 教授主编的《欧洲消费者法律中的过度负债——来自15个欧洲国家的原则》①、Jacob S. Ziegel 的《消费者债务清理机制比较研究——以加拿大为视角》② 都是其中之典范。第二，关注消费者债务清理立法及改革的最新发展，研究工作与立法改革形成良性互动。伴随着法国、英国、芬兰、挪威、瑞典、奥地利、德国、荷兰、比利时、卢森堡、日本、美国、我国台湾等国家和地区兴起的消费者债务清理制度立法和改革的热潮，国外学者纷纷对新近立法进行研究，有的研究成果已经在法律移植中有所反映。第三，学术研究团体在其中起到了重要的推动作用。法律与社会协会（LSA）于2001年和2007年分别组织了以“消费者破产和债务调整比较研究”和“消费者过度负债（over-indebtedness）问题比较研究”为议题的国际研讨会，会议成果分别收录在《全球视野下的消费者破产》③ 和《消费者信用、债务及破产》④ 中。国际消费者法协会（International Association of Consumer Law，简称 IACL）最近几届研讨会上都将消费者过度负债问题的解决列为大会议题之一。此外，国际消费者法协会、国际破产协会（International Association of Restructuring，Insolvency & Bankruptcy Professionals，简称 INSOL International）等国际组织也在消费者破产法律制度的比较研究方面做了大量的工作。

分析消费者破产制度这种“外热内冷”的研究现状，笔者认为有如下原因：其一，国外学者对消费者破产制度的研究不仅仅局限于法院内破产程序及法律层面，也从法经济学和法社会学的角度去研究该问题，这就大大拓宽了这一问题的研究范畴。其二，发达资本主义国家的经济结构中国内消费

① Udo Reifner，Johanna Niemi-Kiesiläinen，Nick Huls and Helga Springeneer，*Overindebtedness in European Consumer Law-Principles from 15 European States*，Books on Demand Gmbh，2010.

② Jacob S. Ziegel，*Comparative Consumer Insolvency Regimes：A Canadian Perspective*，Hart Publishing，2003.

③ Johanna Niemi-Kiesiläinen，Iain Ramsay and William C. Whitford（eds.），*Consumer Bankruptcy in Global Perspective*，Hart Publishing，2003.

④ Johanna Niemi-Kiesiläinen，Iain Ramsay and William C. Whitford（eds.），*Consumer Credit，Debt and Bankruptcy：Comparative and International Perspectives*，Hart Publishing，2009.

所占的比重远远大于我国，这使得它们更加重视作为经济社会最普遍的参与者——消费者的债务水平和经济状况，立法者们认识到保障消费者持续参与经济活动的能力是国家经济得以稳定的前提，因此国外学者重视对解决消费者债务问题纠纷解决方式的研究。

二、本书的研究意义

本书的选题正是在上述背景下产生的。从一定意义上说，无信用既无商品经济，无风险也无商品经济，而信用和风险则是破产制度存在的根基。所以说，作为西方发达国家在需求经济时代创制的一项新型破产法律制度，消费者破产法制正以其所显现出来的对消费者破产事件的成功调控和对消费需求扩张的积极拉动等功效，引起越来越多的关注。早在我国需求型经济初现端倪之时，国外有识之士就曾预言：中国消费者破产程序的立法型议论已不再是脱离实际的空谈了。① 尤其是在当前内忧外患的恶劣金融环境下，扩大消费型内需已经成为我国经济结构调整的不二选择。② 经济刺激手段并非扩大消费型内需的唯一手段，采取法律手段同样可以达到促进消费的效果，这是从上层建筑的层面为扩大内需加入助推剂。因而，从比较法的角度研究消费者破产法律制度，特别是研究其他国家和地区在不同的经济环境和政策导向下对消费者破产法律制度的调整，不仅可以填补我国在这一方面的研究空白，为今后的立法打下基础，更可以探究如何为内需型经济的发展提供良好的法制环境。

所以本书的研究采取的是立足我国、放眼世界的基本思路。在我国消费者破产法研究极不发达的情况下，对先进国家的理论和立法进行研究是非常有必要的。笔者认为作为比较研究来说，比较只是手段而非目的，因此本书的比较研究之重点在于分析消费者破产制度的一些共性问题和立法差异，并且着力于探究这些差异产生的成因，只有在这些趋势和差异分析的基础上才能对我国消费者破产制度的构建有所启迪。

从理论价值上来看，本书将从多元化纠纷解决机制的角度去研究消费者破产，从理论层面为消费者无力偿还纠纷的解决提供新思路。具体而言，本书的理论价值体现在以下四个方面：一是突破传统法学的研究视角，不局限

---

① 参见[日]佐藤铁男：《日中比较破产法概论》，载《外国法译评》1993年第3期，第60~61页。

② 谷秀军、牛娟娟：《周小川：研究消费结构和模式为扩大内需供参考》，载《金融时报》2008年12月27日第1版。

于法律解决和司法诉讼程序，而是将研究落脚点放在消费者无力偿还问题的应对及与解决机制有关的社会问题上。二是拓宽多元化纠纷解决机制的研究和实践领域，将消费者债务清理机制发展为多元化纠纷解决机制体系的一个具体分支。三是横跨了从程序法到实体法、从公法到私法、从民间法到制定法等多个范畴，本书的研究也将综合运用法经济学、法社会学、法文化学的研究方法，具有跨学科的研究价值。四是从历史的纵轴来看，消费者破产制度的发展对整个破产法学一些基本原则的发展无疑起到了关键性的推动作用，例如对破产无罪原则、破产免责主义、有限免责主义的演进都有着至关重要的影响，因此在破产法学的庞大体系中以消费者破产制度为切入点，可以窥见整个破产法学的发展脉络和未来趋向。

从实践价值上来看，本书对我国当前立法和司法实践的意义在于：第一，拓宽消费者无力偿债纠纷的解决路径。随着我国扩大内需、刺激消费导向下消费信贷的发展，发达国家经历过的消费者债务危机的出现也是必经历程，在我国当前否定自然人破产能力的法律框架下，本书的研究可以在回避破产能力之争的前提下拓宽消费者无力偿债纠纷的解决路径。第二，推动我国消费者债务清理相关立法的出台。世界范围内正在经历着消费者破产立法和改革的热潮，我国亦不能独善其身，本书拟为建立与我国经济发展、文化传统、法律体制、政策导向相适应的消费者破产制度提供帮助。第三，协助消费者破产制度运行所必需之相关配套机制的构建，例如个人信用评价体系、财产登记制度、金融机构破产、社会保障体系等。

从社会价值上来看，一方面，在宏观层面上，本课题有助于拓宽刺激消费、发展经济的新思路；另一方面，在微观层面上，本课题的研究有助于作为消费者的普通自然人利益的保护。消费者破产制度的特点之一便是适用主体的普遍性，其立法取向和内容设计关系到民众的切身利益，甚至有些学者认为无力偿债消费者所享有的申请债务清理、恢复经济能力的权利应被看做是基本人权之一。本书以推动我国相关立法为立足点，从长远看有助于民生的改善和民众的福祉。

没有消费者破产制度的破产法不是完整的破产法，消费者破产法已经毋庸置疑地成为破产法体系下一个不可分割的组成部分。尽管诞生于自然人土壤的破产法学曾一度把重心放在商业性破产研究上，但是随着近年来非商业性破产案件在世界各国的急剧攀升①，有关个人消费性破产的议题一直以来

① See Jason J. Kilborn, *Comparative Consumer Bankruptcy*, Carolina Academic Press, 1st ed., 2007, pp. 99-100.

仍受到各界瞩目及激烈辩论，这无疑已成为21世纪破产法学所应密切关注的重要焦点之一。① 与相对成熟的商业性破产研究相比，对消费者破产制度的研究当属未来破产法学研究的热点。

三、本书的研究方法

（一）经济分析的方法

许多学者从法经济学的视角去研究消费者破产，认为破产主要是一种风险分担机制。因为消费者信贷市场中一些比较典型的风险（例如因为失业而导致的收入减少、离婚和疾病等）都是不可预见的，所以无法从风险控制本身去研究消费者破产，而应研究消费者过度负债风险的分担。从理论上说，这些风险应当分配给处于优势地位、能够更好地负担风险的当事人——商业银行来承担，因为相对于消费者债务人而言，它们有更高的能力去计算和分摊风险。② 因为消费者信贷市场的典型风险已经超出了破产法调整的范围，从法经济学视角去研究消费者破产的学者便将研究焦点集中在破产法中的变量③上，正是这些变量影响到债务人对破产程序的利用，例如自由财产和免责制度等。以美国为例，美国消费者破产法的研究重点之一就是债务人如何在第7章破产程序和第13章破产程序之间做出选择，因此应该研究法律如何规定才能促进消费者债务人更多地选择第13章的偿还计划。

（二）法社会学的方法

另外一些学者从法社会学的视角去研究消费者破产④，他们认为消费者法显然是福利国家的副产品，换句话说是社会法的副产品，消费者法的各个

---

① 郑有为：《破产法学的美丽新世界》，台湾元照出版公司2008年增修版，第91~92页。

② M. Howard, *A Theory of Discharge in Consumer Bankruptcy*, 48 Ohio St. L. J. 1047, 1064(1987).

③ “变量”原是指在程序的运行过程中随时可以发生变化的量，这里使用“变量”这一词是相对于消费者破产的原因而言，失业、离婚、疾病、过度消费等因素可以导致消费者发生支付不能的情况，但是这些因素对于消费者债务人而言已经是一个既成事实，对消费者债务清理结果的影响已经固定，而消费者破产法中对申请条件、免责范围、自由财产等规定的不同，却是可以影响到消费者对破产程序的选择，以致直接影响到破产程序结束后的效果，因此对消费者破产法的研究而言属于一个变量，对这些变量的评估和研究才有意义。

④ T. A. Sullivan, E. Warren, J. L. Westbrook, *As We Forgive Ours Debtors: Bankruptcy and Consumer Credit in America*, Oxford University Press, 1989, p. 230.

领域，尤其是消费信贷领域就是为了处理分配问题而存在的。① 具体到消费者破产领域的研究而言，就需要全面分析消费者债务人的信息、其产生的债务问题、其申请破产的原因以及消费者信贷市场的运作，甚至有学者研究消费者破产法和自杀率之间的关系②，消费者破产法律和政策的研究焦点应该以上述实证研究为基础。法社会学者倾向于将消费者过度负债问题作为一个社会问题，而破产法要做的则是提供相关的救济程序、教育程序和惩罚措施去处理这一问题。通过法社会学研究方法，收集不同国家与消费者债务清理制度有关的数据，包括居民储蓄率、家庭平均负债率、千人次破产率、债务清偿比率、消费信贷占社会消费品总额的比重等，一方面对比研究差异化的消费者债务清理程序形成的机理，另一方面分析不同的消费者债务清理程序运作的效果。

上述两个研究视角的一个共同理念在于将消费者破产作为调整消费信贷市场的工具。法经济学者从积极的一面去研究消费者破产制度对消费者行为的引导、修正功能，法社会学者则从消极的一面去研究消费者破产制度的救济功能。

（三）比较研究的方法

与局限于一个国家的法律科学相比，比较法的方法可以提供更多的解决路径。③ 作为一种方法论，比较消费者破产极具魅力，因为与纯内国方法相比，其能够更有创造性地回答一些尚待解决的问题。④ 比较法学与法律移植的关系极为密切，比较法学的一个重要目的就在于通过对不同国家（或地区）法律的比较研究，有选择地借鉴或移植其他国家（或地区）的法律，从而改进本国立法。⑤ 比较消费者破产法的发展也和法律移植密切相关。例如，较早进行美国法和欧洲法中消费者破产制度比较研究的 Nick Huls 教授，

① José Reinaldo de Lima Lopes, *Consumer Bankruptcy and Over-indebtedness in Brazil*, in Johanna Niemi-Kiesiläien, Iain Ramsay, William C. Whitford(eds.), *Consumer Bankruptcy in Global Perspective*, Hart Publishing, 2003, p. 85.

② See Mark West, *Dying to Get Out of Debt: Consumer Insolvency Law and Suicide in Japan*, University of Michigan Law School, The John M. Olin Center for Law & Economics Working Paper Series Paper 21(2003).

③ Konrad Zweigert & Hein Kötz, *Introduction to Comparative Law*, Trans. by Tony Weir, 3rd ed., Clarendon Press, 1998, p. 15.

④ Kent Anderson, *The Explosive Growth of Personal Insolvency and the Concomitant Birth of the Study of Comparative Consumer Bankruptcy*, 42 Osgoode Hall L. J. 661, 672(2004).

⑤ 沈宗灵：《论法律移植与比较法学》，载《外国法译评》1995 年第 1 期，第 1 页。

从1988年起开始承担一项旨在将美国法上的债务免除制度引入荷兰法的立法计划，在其最后形成的立法报告《从清算到重整》(*Van Liquidatie tot Rehabilitatie*）中，就主张在荷兰实施美国式的消费者债务免责制度。① 但是对消费者破产制度进行比较研究并非易事，因为不能仅以消费者破产法作为研究对象，如果只对不同国家间的消费者破产制度进行研究，忽视相应的社会保障制度和消费信贷市场环境的研究，就不能得出一些有说服力的结论。②

本书也主要基于比较法的方法研究消费者破产制度，将从以下三个方面展开比较研究：第一，从宏观上对国外不同国家、不同时期消费者债务清理制度进行比较，分析社会福利制度、文化背景、家庭负债水平、信用评价制度等对消费者债务清理程序制度形成的影响。第二，从微观上对具体的消费者债务清理程序、运行、功能、效率进行比较，以期优化程序设计。第三，将我国的消费者负债问题置于国际背景下进行比较，以发现我国消费者债务纠纷问题的特点、问题和成因，以构建符合我国现实需要和立法发展的消费者债务清理机制。

本书的比较研究有两个特别之处：其一是在比较研究的过程中融入了法经济学和法社会学的视角，企图从一个更加多元的背景下去展开研究。消费者破产制度不仅仅只是一个法律问题，其从产生到基本制度的创设都与信贷市场的发展密切相关，消费者对破产这一救济手段的运用也离不开经济分析。③ 不仅如此，消费者破产还广泛牵涉到社会福利制度、文化背景、家庭负债水平、信用评价制度等多个方面，因而对消费者破产法改革和立法会产生牵一发而动全身的效果，这也是本书的研究所高度关注的。其二，本书的研究将立足实际国情，研究消费者破产制度在我国缺位的原因、建构中遇到的障碍以及立法中亟待解决的问题。对我国问题的研究正是在前文比较研究国外消费者破产立法和运行的基础上产生的。即将用前文比较研究的结论来解决我国的现实问题。

（四）案例分析的方法

本书研究横跨实体法和程序法两大领域，所以对案例的分析也包含这两

---

① Nick Huls, *American Influences on European Consumer Bankruptcy Law*, 15 Journal of Consumer Policy 125, 126(1992).

② See Teresa A. Sullivan, Elizabeth Warren & Jay Lawrence Westbrook, *The Fragile Middle Class: Americans in Debt*, Yale University Press, 2000, p. 259.

③ See Todd J. Zywicki, *An Economic Analysis of the Consumer Bankruptcy Crisis*, 99 Nw. U. L. Rev. 1463(2005).

部分：一是研究消费者可以通过破产程序获得的权利救济和必须承担的义务；二是通过案例研究消费者进行债务清理的步骤和程序。消费者债务清理作为一种常态化的纠纷，案例数量极大，本课题收集的案例考虑其典型性问题主要来源于有关国家的政府网站、国际组织网站和专门从事债务清理工作的服务机构的网站，例如美国破产协会（ABI）、美国信用咨询基金会（NFCC）、英国公民咨询局（CAB）、澳大利亚破产和管理人部（ITSA）、加拿大破产监管办公室（OSB）、卢森堡抗击过度负债的国民服务（NSFAO）、国际破产协会（INSOL International）等，也有部分案例来自于 Westlaw、Lexis 等数据库。

（五）历史分析的方法

本书将消费者过度负债纠纷的解决机制作为历史演变的结果和动态发展的过程。将从历史上的时间性和共时性入手，考察不同国家进行消费者破产立法和改革的历史背景，分析在现当代不同消费者破产制度差异化背后的政治、经济、文化等因素，特别是探究基督教文明和儒家文化对消费者债务免除制度的影响，从而发现差异化的消费者债务清理制度所需要的社会文化土壤。

第一章 消费者破产的一般问题

第一节 消费者破产概述

一、破产的含义

“破产”（bankruptcy）一词，从其语义上来讲，包括三种含义：可指当事人无力偿还到期债务的状况，也可指依破产法被宣告破产的事实，或者已依破产法被宣告破产的当事人的地位。① 第一种含义是日常生活中使用频率最高的，即用来描述债务人不能清偿到期债务的事实状态，这是破产一词最普遍的含义。但从法律层面上来讲，破产通常指的是破产程序，即当债务人不能清偿到期债务时，按照破产法律的规定，将债务人的财产概括执行，并按照一定的顺序和比例公平分配给债权人的特定法律程序。例如，我国《法学大辞典》将“破产”一词解释为，“债务人不能清偿到期债务或负债超过资产时，由法院强制执行其全部财产，公平清偿全体债权人，或者在法院主持下，由债务人与债权人会议达成和解协议，避免倒闭清算的法律制度”②。《布莱克法律词典》认为“破产”是“债务人获得债务免除和为了债权人利益依法对债务人财产进行清算和重整的法定程序”③。日本学者石川明将“破产”的含义分为程序性破产概念和状态性破产概念，前者指作为程序或制度的破产，通过这一程序将债务者的全部财产进行换价，在全部破产债权者中公平地分配；后者表示作为债务者之经济破绽状态之破产意义上使用。④ 英国《牛津法律大辞典》将“破产”界定为“国家通过其为此

① 《元照英美法词典》，法律出版社 2003 年版，第 132 页。

② 《法学大辞典》，中国政法大学出版社 1991 年版，第 1295 页。

③ *Black's Law Dictionary*(8th ed. 2004).

④ ［日］石川明：《日本破产法》，何勤华、周桂秋译，中国法制出版社 2000 年版，第 3 页。

目的而任命的官员取得债务人的财产，从而将其变卖，并且通过优先债权及优先顺序把债务人的财产按一定比例分配给债权人的一种程序”①。

从上述不同定义可以看出，从法律层面上讲，破产一词涵盖了包括破产程序在内的整个破产法律制度体系，虽然不同国家对破产程序采取的具体做法和步骤有所不同，但这并不影响破产程序在法律体制下运作的事实。因此对本书而言，研究消费者破产制度，最根本的切入点还在于比较不同国家不同历史时期关于破产的法律制度的异同，以及导致这些异同产生的原因及其未来的发展趋向。

Insolvency 一词在汉语中通常也译做“破产”，但 bankruptcy 和 insolvency 这两个词之间是有区别的。对于两者之间的区别，我国有学者存在着误解，认为在英国、加拿大、澳大利亚的法律体系中，一般用 bankruptcy 表示与个人有关的破产程序，而用 insolvency 表示与法人有关的“破产”程序。② 笔者认为这种观点并不准确，虽然英国破产法中的 bankruptcy 专指根据法律规定，对个人债务人的财产进行清算并在债权人之间分配的程序。③ 但 insolvency 一词不仅仅只用来表示法人破产，而常常被用来表示包含了“个人自愿安排”程序（Individual Voluntary Arrangement，简称 IVA）等其他替代性程序在内的广义的破产程序。同为英美法系国家的美国，在其 1978 年破产法中也没有区分法人还是自然人，都一律使用 bankruptcy。如今国外学者受其影响，也常常将两者混合使用。④ 笔者认为，从严格意义上来讲 bankruptcy 是一个正式的法律用语，指债务人依据破产法取得的法律地位；而 insolvency 表示的是一种情形，指债务人不能偿还到期债务或其负债大于资产的状态，还未达到 bankruptcy 的程度⑤，所以严格来说，insolvency 应被翻译成“无力偿债”。判断一个人是否破产（bankruptcy）可以通过查询法院的破产判决即可轻易完成，但是判断一个

① 《牛津法律大辞典》，光明日报出版社 1988 年版，第 81 页。

② 参见刘伟光：《“破产”概念英文翻译的分析》，载《经济师》2008 年第 9 期，第 28 页。

③ Ian F. Fletcher, *Insolvency In Private International Law*, 2nd ed., Oxford University Press, 2005, pp. 25-26.

④ See Jacob S. Ziegel, *Comparative Consumer Insolvency Regimes: A Canadian Perspective*, Hart Publishing, 2003; See also Ian F. Fletcher, *Insolvency In Private International Law*, 2nd ed., Oxford University Press, 2005, p. 25.

⑤ Robert A. Klotz, *Bankruptcy, Insolvency and Family Law*, Scarborough: Carswell, 2nd ed., 2002, p. 1.

人是否无力偿债（insolvency）则需要对事实情况进行综合分析。无偿还能力的人可能会最终破产，也可能不会破产。如果无偿债能力的人通过和解等方式解决了其债务问题，他就可重获偿还能力，即不会陷入破产的境地。无力偿债可引起破产程序，也可引起法院外债务程序，但正式的破产需经司法裁决方可确认。因此笔者比较赞成韩长印教授的观点①，认为英文中的“bankruptcy”一词可译为“破产”；而对于“insolvency”一词，则可借用日本法上的“倒产”，指债务人在偿还期中不能偿还债务的状态，但在没有必要做出明确区分的场合，bankruptcy 和 insolvency 都可译做“破产”。本书在言及“破产”时，采用的是它广义上的含义，既可将其作为一种描述债务人经济状况的事实，也可将其用做指代正在进行中的和解和正式破产程序，还可表述为一种经法院认定的法律地位。

二、消费者破产之界定

（一）消费者破产产生的背景

作为一个法律概念而言，消费者破产原本并未出现在实在法体系中，也未在破产法学上得到确立，这一概念本来只是用来描述一种社会现象。破产法产生的最初源动力来自解决商业交往中商人经营失败、资不抵债的问题，因而早期破产程序中的破产主体大多数是商人，即那些因经营性行为而破产的人，而不是那些以满足个人或其家庭消费为目的从事经济活动的消费者。即使是破产法中专为个人设计的免责制度，也主要是针对从事经营活动的个人，目的是使他们通过破产程序尽快恢复过来，重新获得参与经营活动的能力。

然而，这种偏向性自19世纪80年代开始，有了急剧的变化，在美国等商品经济发达的国家，消费者破产在破产案件中所占的比重越来越大。以美国为例，在1980—2005年，消费者破产案件从287 570件上升至2 039 214件，占整个破产案件的比重从86.81%上升至98.11%。② 不仅如此，消费者破产案件占总人口的比重也在增加，1981年平均每1 000个人当中有1.4

---

① 参见[美]戴维·G. 爱泼斯坦、史蒂夫·H. 尼克尔斯、詹姆斯·J. 怀特：《美国破产法》，韩长印等译，中国政法大学出版社2003年版，译者前言第2页。

② ABI, *Annual Business and Non-business Filings by Year* (1980-2008), available at http://www.abiworld.org/AM/AMTemplate.cfm?Section=Home&TEMPLATE=/CM/ContentDisplay.cfm&CONTENTID=57826 (last visited July 9, 2009).

个申请消费者破产，这一数字在 1997 年则上升至 5.1 个。① 在加拿大，1972 年的个人非商业破产案件有 3 647 件，远小于商业破产案件，但 1980 年则达到了 21 025 件。1985—1997 年，消费者破产案件的数量增长超过了 300%，从 19 752 件上升至 90 034 件。② 加拿大破产监管办公室（Office of the Superintendent of Bankruptcy，简称 OSB）的统计数据表明，自 20 世纪 70 年代中期起，每年消费者破产案件数量就占到所有破产案件的半数以上，2006 年商业破产案件仅占破产案件的 7.7%。③

一方面，消费者为了追求更丰富的物质和精神生活，主观上盲目扩张其消费信用；另一方面，无担保融资的出现和发展在客观上使消费者信用扩张成为可能，这两方面的共同作用导致了上述变化的产生。传统上对消费者的融资，无论是房屋按揭贷款还是汽车贷款，均以要求担保为基本原则。对消费者而言，其负债金额受担保标的物价值的限制。然而，新型的信用贷款，无论是金融机构的房款还是分期付款买卖的授信，大多采取的是无担保融资的形式，如果债权人（大多是银行等金融机构）未对消费者的偿还能力进行正确的评估，其债权就可能存在得不到清偿的危险。这种消费者信用扩张的现象，在当今社会更随着信用卡的普及和泛滥而有增无减。在这种经济背景下，一旦消费者遇上失业、重大疾病、家庭变故等无法抵御的风险导致其收入锐减，那么因其信用扩张而产生的债务偿还问题便会出现。而对于此类消费者而言，在无法增加收入的前提下，摆脱债务的唯一方法便是利用法律上的破产制度，寻求获得债务免除以便重返经济社会。即使通过建立健全信用评价体系和帮助对消费者形成正确的消费观，可使这种情况得到一定程度的缓解，但因为消费信贷④市场的发展，消费者破产已经成为一个无可避免的长期存在的社会问题，因而有必要从法制的角度对其进行研究，这样从长远来看有助于社会经济的健康运行。

---

① Jacob Ziegel, *The Challenges of Comparative Consumer Insolvencies*, 23 Penn St. Int'l L. Rev. 639, 640(2005).

② Jacob Ziegel, *The Challenges of Comparative Consumer Insolvencies*, 23 Penn St. Int'l L. Rev. 639(2005).

③ OSB, *An Overview of Canadian Insolvency Statistics Up to 2006*, available at http://www.ic.gc.ca/eic/site/bsf-osb.nsf/eng/br01770.html(last visited July 9, 2009).

④ 我们通常所说的消费信贷，是指银行及其他金融机构为缺乏购买力的消费者个体提供赊销服务和消费支出贷款的一种融资方式，包括住房贷款、汽车贷款、助学贷款、耐用消费品贷款、旅游贷款等。参见林晓楠：《消费信贷对消费需求的影响效应分析》，载《财贸经济》2006 年第 11 期，第 28 页。

世界上许多国家为了应对上述危机，便于消费者快速及时地解决其债务问题，纷纷对原有破产法进行改良或新制定专门的消费者破产法，这也从另一个侧面表明消费者破产已经逐渐从传统的破产中分离出来，能够形成一个独立的法律概念。

（二）消费者破产的含义

1. 消费与消费者

消费是人类通过消费品满足自身欲望的一种经济行为，具体而言指人类通过消灭或减少物质或服务，而满足欲望，达成生活目的的行为。要想给消费下一个明确的定义几乎是不可能的事，因为消费在宏观经济学、微观经济学、法学、社会学等不同的领域有着不同的含义，其内涵取决于该概念所处的学科框架的内容。① 笼统来讲，消费是和生产、经营相对的概念，在经济运行的链条上，消费处于经济活动的最末端，在其之后不再会有生产和经营性行为。

由消费而产生的另一个概念“消费者”的内涵在经济学、社会学、行动科学上也并不相同。② 笔者发现，欧美学者在论及消费者时，并未过多地纠结于其概念和内涵，似乎认为这是一个不言自明的问题。例如，加拿大破产监管办公室在介绍这一概念的时候，就简单地认为把半数以上的开支用做消费支出的个人即为消费者。③ 因此，有学者提出干脆将法学领域“消费者”的概念模糊化④，笔者亦认为对于消费者这样一个使用广泛、内涵丰富的概念，一方面，没有必要纠结于其定义本身，在使用时做广义的通常理解即可，即消费者乃是以消费为目的而使用商品或接受服务者，这恰恰印证了前美国总统肯尼迪所说“人人均为消费者”。另一方面，应在本书的研究框架内去具体理解“消费者”的含义，破产领域的消费者与我们一般所讲的消费者保护法中的消费者含义不尽相同，消费者保护法上的消费者未必以自然人为限，例如公司法人为消费目的而购入商品，也可成为消费者保护法的对象。但是消费者破产领域的消费者，主要是用于区别于从事经营活动的自然人或法人，因而指的是未从事经营活动的自然人。

正因为“消费者”这一概念含义的多样化，所以各国在消费者破产的

---

① Robert Bocock, *Consumption*, Routledge, 1993, p. 5.

② Robert Bocock, *Consumption*, Routledge, 1993, p. 28.

③ OSB, *An Overview of Canadian Insolvency Statistics Up to 2006*, available at http://www.ic.gc.ca/eic/site/bsf-osb.nsf/eng/br01770.html (last visited July 9, 2009).

④ 参见陈云良：《消费者概念之模糊性分析——模糊法学的一个应用》，载《法学》2006 年第 10 期，第 83 ~ 88 页。

立法上，有回避使用“消费者”一词的趋势，例如：美国《联邦破产法》第 13 章标题使用的是“有固定收入的个人”(an individual with regular income)；英国 1986 年破产法使用的是“个人”(individual)；德国 1994 年新破产法第 9 章虽名称为“消费者破产程序”(Verbraucherinsolvenzverfahren)，但在条文中却明确其适用对象为“未经营独立经济活动或仅从事小规模经营活动的自然人”；日本 1999 年《民事再生法》第 13 章使用的是“小规模个人再生程序与薪资所得者再生程序”；法国法上使用的是“个人及家庭”(*des particuliers et des familles*)。对本书而言，为了行文的统一和方便，即使有上述等国在立法中未使用消费者之概念，凡属本书研究范围之内的，也统一以消费者称之。

2. 消费者破产的概念

消费者破产是慢慢从破产概念中剥离出来的子概念。从最初设计来说，破产法旨在为债权人提供一个集中解决商业往来中债务人债务问题的方法。① 初建现代破产制度的意大利、法国、英国最初都是将破产法作为商人法的一部分，采取的是商人破产主义。直到 19 世纪中叶，英国法和美国法始对未从事商业活动的债务人提供破产保护。② 德国 1877 年破产法也突破了商人破产主义的传统，采取一般破产主义。此后，非商自然人才逐渐走进各国破产法的视野。但绝大多数国家仍没有将消费者破产看做是一个独立的社会、法律和经济问题，甚至几乎没有国家给予其立法方面的关注，许多破产领域的学者和学术研究机构也没有重视这个问题，而今这种情况已经发生了巨大的变化。③ 20 世纪 80 年代以来，消费信贷几乎在全世界范围内迅速增长，由此导致了消费者过度负债 (over-indebtness)④ 问题的加剧，消费者破产案件数量也急剧上涨。⑤ 消费者破产也随之发展成破产法学的一个独立分支，并受到立法和理论界的重视。所谓消费者破产，即以消费者为申请

---

① See Robert Weisberg, *Commercial Morality, the Merchant Character, and the History of the Voidable Preference*, 39 Stan. L. Rev. 3, 3(1986).

② Donna McKenzie Skene and Adrian Walters, *Consuming Passions: Benchmarking Consumer Bankruptcy Law Systems*, in Paul J. Omar, International Insolvency Law: Themes and Perspectives, *Ashgate Publishing Limited*, 2008, p. 136.

③ Jacob Ziegel, *The Challenges of Comparative Consumer Insolvencies*, 23 Penn St. Int'l L. Rev. 639(2005).

④ 也可译做“负债过多”。

⑤ See Johanna Niemi-Kiesiläinen, Iain Ramsay and William C. Whitford (eds.), *Consumer Bankruptcy in Global Perspective*, Hart Publishing, 2003, pp. 2-4.

人的破产程序①，这里的破产程序不单指狭义的法院破产程序，也包括各种名义的法院外破产债务清理程序，不仅包括破产清算程序，也包含破产重整程序。

（三）消费者破产与相关概念的比较

1. 消费者破产与自然人破产

近年来，在我国破产法领域使用频率较高的两个定义是“自然人破产”和“个人破产”，消费者破产与上述两个定义虽有联系，但区别也是明显的。自然人（natural person）是与法人相对应的概念，自然人和法人是民事主体的两大基本类别。从理论上说，破产程序的当事人和诉讼程序主体一样，也包括了合伙、个人独资企业等非法人团体，而这些非法人团体的破产往往会导致该团体中作为民事权利主体的自然人的破产。香港学者约翰·李斯（John Lees）先生认为，自然人破产无非有三种情形：一是消费者破产；二是个体商人破产；三是投资者破产。② 所以大体来说，自然人破产包括了自然人因经营性行为导致的破产和因消费性行为导致的破产两类。而消费者破产多因消费者自己过度消费，产生信用扩张致使支付不能而发生，是自然人因非经营性行为导致的破产。从世界范围来看，消费者破产法律制度是商品经济发展到一定程度和个人信用体系高度发达的产物。而纵观整个破产法的发展历史，自然人破产早在罗马法时代就已经出现，是破产制度的源头，并贯穿了破产制度发展的始终。消费者破产是以消费者为破产人的破产程序，只是自然人破产的一个部分，是自然人因超出偿还能力消费而造成的破产，与自然人的经营性破产有着显著区别。

2. 消费者破产与个人破产

至中世纪专门的商业破产程序出现之后，个人破产法的研究也开始起步，在对自然人破产和个人破产的研究中也往往会触及消费者破产问题。但“个人”并不是严格的法律概念，没有一部法律对个人的法律地位进行规定。③ 在我国，对个人破产的定义有两种观点：一种观点认为“个人”即

---

① See OSB, *An Overview of Canadian Insolvency Statistics Up to* 2006, available at http://www.ic.gc.ca/eic/site/bsf-osb.nsf/eng/br01770.html(last visited July 9, 2009).

② 转引自汤维建：《“企业破产与重整法国际研讨会”研究综述(下)》，载中国民商法律网：http://www.civillaw.com.cn/Article/default.asp? id=9570，2010年1月22日访问。

③ 文秀峰：《个人破产法律制度研究——兼论我国个人破产制度的构建》，中国人民公安大学出版社2006年版，第14页。

为一般民法意义上的“自然人”,“个人破产”也即指“自然人破产”。① 因为按照《布莱克法律词典》的解释,individual 指“不同于合伙、公司以及组织的自然人”。② 另一种观点认为,“个人”破产中的“个人”不仅包括《民法通则》中的自然人,还包括所有法律上或事实上承担无限财产责任为基础的经济实体。③ 这种观点的产生可以从个人破产一词的来源得到解释,我国学者的通说认为个人破产中的“个人”一词来源于美国破产法上的 individual,在美国破产法上,所有不能清偿到期债务而适用破产程序的主体被统称为“债务人”,包括个人和各种类型的经济组织,其中个人既包括单个的人(自然人),也包括非公司型的个体企业。④ 因此个人破产包括非法人企业破产和消费者破产,非法人企业的所有者在经营当中发生的破产属于个人破产但不属于消费者破产。⑤

3. 消费者破产与非商业破产

传统上对于破产的种类,通常以破产主体为标准进行划分,例如参照民法理论中法人与自然人的区分将破产划分为法人破产和自然人破产。不过近来学者也参考美国法,使用商业破产(business bankruptcy)与非商业破产(non-business bankruptcy)为区分标准,所谓非商业者即指主要以固定薪资收入为营生的人。美国破产协会(American Bankruptcy Institute,简称 ABI)在 1980—2008 年的破产案件申请统计数据中都使用了商业破产与非商业破产的分类。⑥ 但据笔者观察,近几年来,美国 ABI 的官方统计数字中也越来越多地使用消费者破产这一名词。⑦ 实际上,非商业破产和消费者破产的概念非常相似,非商业破产是以破产主体作为划分标准,而消费者破产的划分

---

① 文杰、张丽琴:《建立我国个人破产制度问题研究》,载《上海社会科学院学术季刊》2002 年第 3 期,第 71 页。

② *Black's Law Dictionary*(6th ed. 1990).

③ 汤维建:《关于建立我国个人破产制度的构想(上)》,载《政法论坛》1995 年第 3 期,第 41 页。

④ 潘琪:《美国破产法》,法律出版社 1999 年版,第 4 ~ 5 页。

⑤ 孙颖:《论我国个人破产法律制度的构建》,载《现代法学》2006 年第 3 期,第 92 页。

⑥ See ABI, *Annual Business and Non-business Filings by Year*(*1980-2008*), available at http: //www. abiworld. org/AM/AMTemplate. cfm? Section = Home&CONTENTID = 57826&TEMPLATE =/CM/ContentDisplay. cfm(last visited July 21, 2009).

⑦ See ABI, *Consumer Bankruptcy Filings up 37 Percent in May*, available at http: //www. abiworld. org/AM/Template. cfm? Section = Home&CONTENTID = 57680&TEMPLATE =/CM/ContentDisplay. cfm(last visited July 21, 2009).

标准不仅要考虑破产主体还需要兼顾破产债务是否大多来源于消费行为，这两个标准将消费者破产的概念限定得更加严格。虽然破产主体是否从事营业活动可以成为商业破产与非商业破产划分的标准，但是在当今这样一个全民皆商的社会，很多情况下无法认定自然人是商人还是非商人，因此对消费者破产的判定在很多情况下还要看其债务是否主要来源于非商业行为，并非所有从事商业活动的自然人破产都会被排除在消费者破产之外。正如俄亥俄州高等法院界定的那样："消费者破产法指当债务人是个人或者夫妻，其债务主要来源于非商业行为的破产法律和实践。"①

消费者破产、自然人破产等概念之间的关系可以用下图表示：

- 破产
  - 经营性破产
    - 法人破产
    - 非法人组织破产
    - 商自然人破产（自然人破产）
  - 消费性破产：非商自然人破产（消费者破产）（自然人破产）

由此不难看出，虽然个人破产、自然人破产、非商业破产与消费者破产之间有共通性，但是由于消费行为的特殊性、对消费者的特殊保护等原因，仍需要对消费者破产制度进行专门的研究和立法，很多国家近年来的破产法改革实践正体现出了这一点。"消费者破产"这一术语在美国法律用语中已经成熟，但欧洲国家还未完全接受。在欧洲"破产"一词自维多利亚时代起就素有恶名，因此欧洲国家的立法者们试图寻找一些其他的词汇去替代美国的消费者破产②，例如斯堪的纳维亚国家使用的"重组"或"债务安排"、法国使用的"更生"，但是这些立法从属于消费者破产法律制度的本质并未改变。当然也有越来越多的国家开始在其法律体系或实践中接受"消费者破产"这一术语，例如德国、加拿大、波兰③等国，2004 年

① See The Supreme Court of Ohio, *Fields of Law Subject to Specialization Designation in Ohio*, available at http://www.supremecourt.ohio.gov/Boards/certification/definitions/#consumer (last visited July 21, 2009).

② Johanna Niemi-Kiesiläinen, *Changing Directions in Consumer Bankruptcy Law and Practice in Europe and USA*, 20 Journal of Consumer Policy 133, 135(1997).

③ See *New Consumer Bankruptcy Law*, available at http://www.poland.pl/news/article, New_ consumer_ bankruptcy_ law, id, 372639.htm(last visited July 21, 2009).

UNCITRAL《破产法立法指南》中也采用了这一术语。①

三、消费者破产的特征

消费者破产针对的是无偿债能力的自然人消费者，这类债务人在偿还债务的同时仍需维持自己及家庭成员的生活开支，且在这种类型的破产中，债务人大多已无财产可供清算，只能以其预期的不确定收入偿还债务，因而在破产主体、破产程序、破产理念等方面与一般商业破产存在较大的差异，主要表现在以下三个方面：

（一）破产主体的存续性

消费者破产相对于法人破产而言，一个最大的不同在于法人在破产清算程序终结之后法人人格随即消灭，而作为自然人的消费者，在破产之后人格并不消灭，破产主体依然存续。因此，消费者破产除了要考虑消费者债务人债务问题的解决，还需要考虑如何保障消费者债务人在破产后的基本生存利益，在这一点上各国破产法都可谓煞费苦心。世界上大多数国家都规定在破产程序中制定和解方案时需要保障债务人的基本生活尊严，将债务人剩余收入用做偿还债务时必须为债务人及其家庭留有必要的生活费用。2004 年在比利时，没有孩子的单身人士和夫妇每年可以留存约人均 12 000 美元，如果增加一个孩子可多留存大约 3 000 美元。美国当时的情况是单身未婚人士可留存约 9 800 美元；单亲家庭可留存约 13 000 美元；无子女的夫妻可留存约 12 650 美元；有一至两个孩子的夫妻可留存 19 150 美元。② 在破产程序中，各国消费者破产法在破产财产中都列有自由财产③的例外规定，以保障破产债务人今后的基本生活。例如德国 1994 年破产法第 35 条第 3 款规定："属于常用家用器具且为债务人在家庭事务中使用的物，以其变现显然只能取得与其价值极不成比例的价金为限，不属于破产财产。" 英国 1986 年

---

① See *UNCITRAL Legislative Guide on Insolvency Law*, available at http://www.uncitral.org/pdf/english/texts/insolven/05-80722_Ebook.pdf, part. 2, para. 11, p. 41 (last visited March 8, 2010).

② Jason J. Kilborn, *Comparative Consumer Bankruptcy*, Carolina Academic Press, 2007, pp. 38-39.

③ 所谓自由财产，即不列入破产财团清算的财产，是指那些在破产程序中不被清算分配而由破产人自由处分的，用于维持破产人及其所扶养的亲属生活需要的财产、破产人职业需要的财产以及与破产人具有特定人身关系的财产，在英美法上又被称为豁免财产。参见文秀峰：《个人破产法律制度研究——兼论我国个人破产制度的构建》，中国人民公安大学出版社 2006 年版，第 140～171 页。

《破产法》第283条规定，破产人财产不包括：“（1）破产人在被雇佣、业务或者职业中，为其个人使用而需要的工具、书籍、交通工具以及其他设备；（2）满足破产人及其家庭的基本需要的衣服、床上用品、家具、家居设备以及供应品。”① 破产主体的存续性使得消费者破产往往更加重视债务人在破产程序终结后重新开始经济生活的能力，而非像商业破产那样更关注于债权人债权的实现。

（二）破产程序的简便性

在消费者破产案件中，债务人所剩的可供偿还债务的资产已经很少，如果按照一般的破产程序，成立破产财团进行债务的清算和管理，时间和金钱上的双重耗费往往是消费者债务人无法承担的。德国在1994年新破产法颁布之前，许多破产申请人因欠缺破产财团而被驳回申请，出现了破产法几乎很难得到适用的情形，遂被批评为“破产制度的破产”。② 类似情况的出现，引起学者和立法者们的反思，传统的商业破产程序是否同样适合于消费者债务人？消费者破产和商业破产的一个明显区别在于，消费者除了通常的薪资收入外，几乎没有其他可纳入破产财团的财产，用以满足债权人的债权和破产财团的运行，依照繁复而严格的商业破产程序，似乎有悖于消费者破产中促进消费者债务人重新开始经济生活的立法宗旨，也同样不利于债权人债权的最大满足。因此，简化传统的商业破产程序，使消费者破产适用更加快捷和经济的程序对于消费者债务人来说无疑具有重大的意义。所以，在当代破产法改革的浪潮中，有许多国家在破产法中专门制定用于消费者破产的简易破产程序，区别于传统的商业破产程序，以增加消费者破产程序的利用率，使消费者债务人得以从破产制度中得到真正的利益。德国新破产法中就增设了专门针对消费者的“消费者破产程序和其他小型破产程序”，简化和规范了用于消费者的破产程序，2001年又对该程序进行了重大修改，使债务人更容易启动破产程序。我国台湾地区亦仿效德国法的做法，于2007年7月11日颁布了《消费者债务清理条例》，规定了专门适用于消费者债务人的债务更生程序和清算程序，台湾地区“司法院”在草案总说明的立法缘由中指出消费者“财产较少，债权、债务关系较单纯，宜以较现行法简单

① *The Insolvency Act 1986*(c.45)s.283(2).

② 沈冠伶：《消费者债务清理制度之研究——从德国法之发展评析我国消费者债务清理条例》，载《台北大学法学论丛》2007年第63期，第136页。

易行之程序处理其债务”①。出于消费者债务问题本身的特质，消费者破产程序大多比严格的商业破产程序更加便捷，以减少消费者债务人在程序上的时间和金钱花费。

（三）破产理念的倾向性

破产作为帮助债权人债权实现的一种法律制度走到今天，其立法理念已经从单纯地保护债权人利益，发展至开始兼顾债权人和债务人双方的利益。就消费者破产而言，立法对债务人利益的保护给予了更多的关注和倾斜。因为相对于商业破产而言，消费者债务人在申请破产之时大多已无财产或仅有较少财产可供债务偿还，因此破产财产的分配和清偿顺序已不再是消费者破产法关注的重点。消费者破产把注意力更多地放在了破产免责制度和自由财产的范围上。免责制度对于消费者破产而言有着异乎寻常的意义，因为法人清偿债务以其全部财产为限，且因破产清算的终结而丧失主体资格，所以不存在破产免责的问题。② 而消费者属于自然人，其主体资格并不会随着破产宣告而终结，因而在破产之后仍有持续偿债的能力，如果消费者破产法中没有免责制度的话，破产程序之于消费者可谓乏善可陈，因为消费者破产绝大部分属于自愿申请破产，其目的多在获得债务免除所带来的利益。消费者破产法的另一项重要内容是规定自由财产范围，消费者债务人申请破产之时所剩财产往往很少，在其所剩财产中价值较高的例如自有住宅、退休金等往往基于对消费者破产人的保护而被排除在清算财产之外。因此，消费者破产制度一方面希望通过免责制度和自由财产制度加强对破产消费者的保护，以促进他们尽快摆脱债务问题获得重返社会的经济能力；另一方面也通过设定免责制度的适用条件和限定自由财产的范围来保护债权人的利益，尽量满足其债权。各国消费者破产立法无一例外地在上述两方面中找寻最适合本国情况和利益的平衡点。因而，虽然不同的国家在不同的历史时期，对消费者保护理念的贯彻力度不一，但相对于商业破产侧重于对债权人平等受偿权的保护，保护消费者利益是消费者破产不得不面对的一个问题，也是各国消费者破产制度的设计者们持有的基本理念之一。

---

① 《消费者债务清理条例草案条文总说明暨对照表》，台湾地区“司法院”2006 年 4 月 11 日发布。

② 邹海林：《破产程序和破产法实体制度比较研究》，法律出版社 1995 年版，第 392 页。

第二节 消费者破产制度概述

一、消费者破产制度的产生基础

（一）经济基础：消费信贷市场的发展

第二次世界大战以来，欧美国家的经济政策，发生了两次大的转变：第一次是在战后初期的50年代，当时欧美国家面临着生产过剩危机，为了摆脱总需求不足的困境，它们摈弃了传统的经济自由主义的政策，大胆采用了凯恩斯主义的以政府投资来拉动经济增长的经济政策。然而，政府投资虽然能在一定程度上暂时填补总需求与总供给之间的缺口，但并不能解决消费和民间投资萎缩的深层次问题，隐藏着很大隐患。到了20世纪70年代，西方国家爆发了严重的滞胀危机，导致了凯恩斯主义的失败，迫使欧美国家政府不得不放弃财政赤字政策，另寻他途，开始了战后经济政策的第二次大转变，它们首先放弃了以政府投资来拉动经济增长的赤字财政政策，同时千方百计扩大消费需求和民间投资。① 消费信贷正是在这种背景下迅速发展起来的。消费者在信贷市场中出现无力偿还的问题是消费信贷市场发展的一个必然产物，因此需要有相关立法去解决这一问题，保障消费信贷市场的顺利有序运行。

（二）社会基础："重新开始"（Fresh Start）机会的保障

消费者破产制度被置于社会经济生活和整个社会运行的框架下②，成为其重要组成部分。消费者是社会经济最普遍的参与者，因此保障消费者参与经济生活的能力对整个社会经济运行至关重要。一些国家甚至在宪法中规定，人民之幸福追求权在不妨害社会秩序公共利益的范围内，也应受到承认。③ 如果个人负担的债务是穷其一生也无力偿还的，那么消费者破产制度的缺失将会导致过度负债的消费者毕生陷入无休止的债务偿还中去，对其个人而言追求幸福生活的权利无法实现，对社会而言也不利于社会经济的发展。当然对那些有能力在一段时期内偿还债务的消费者而言，如果立法只专

---

① 参见周学：《消费信贷：一个比政府投资更能启动内需的宏观调控手段》，载《经济学动态》2002年第5期，第33～34页。

② Charles G. Hallinan, *The "Fresh Start" Policy in Consumer Bankruptcy: A Historical Inventory and An Interpretive Theory*, 21 U. Rich. L. Rev. 49, 57(1986).

③ 例如日本宪法第13条。

注于对其财产的清算和未来收入的执行，不为其基本生活和生产提供一定的保障，那么这样的制度也无法使消费者获得重新开始的机会。早有学者断言立法的首要任务之一在于使不幸且善意的债务人从奴隶般的思想和身体中解放出来，如果不这样便剥夺了他们享受生活和社会福祉的权利。① 所以立法者必须制定出相关制度使得消费者能够重获参与经济生活的能力。②

（三）文化基础：对消费者债务人的宽恕

虽然无力偿债曾经被看做一件可耻的事，甚至一度被视为一项犯罪行为。但随着信贷在社会经济生活中扮演着越来越重要的角色，借钱消费成为一种再普遍不过的社会行为。因此，人们对待消费信贷和过度负债的态度也发生着巨大的转变。债务人资不抵债被认为是不幸的事而非一件可耻的事，因此法律基于道德考虑需要对经济失败作出宽恕和容忍的回应③，这种回应便是消费者破产立法。

（四）制度基础：破产法的历史积淀

作为一门古老的法学部门，现代意义上的破产制度已经存在了 300 多年④，在破产法的发展过程中立法者们创造性地设计出了清算、重整、和解等重要法律制度，这些制度也构成消费者破产立法的主体框架。从本质上来讲，消费者破产同商业破产是一样的，都是集中解决债务人过度负债问题的一种法律程序，因此商业破产几百年实践下来的制度架构可以为消费者破产借鉴和利用，只不过消费者破产需要考虑本身的特殊性而对这些原商业破产中的制度加以修正和完善，使之更符合消费者破产的立法理念。

二、消费者破产制度的主要内容

消费者破产法律制度是指调整消费者无力偿还债务问题的一系列法律规范的总称。其不仅包括法院内的破产程序，还包括法院外的债务清理程序，通过司法内和司法外两套争议解决体系处理消费者无力偿债问题是消费者破

---

① Joel Tiffany, *A Treatise on Government, and Constitutional Law: Being an Inquiry Into the Source and Limitation of Governmental Authority, According to the American Theory*, W. C. Little, 1867, p. 215.

② See Mack, *Bankruptcy Legislation*, 28 Am. U. L. Rev. 1, 5(1894); Also see Samuel E. Sewall, *On A National Bankrupt Law*, 1 Am. Jusist & L. Mag. 35, 44(1829).

③ See Charles G. Hallinan, *The "Fresh Start" Policy in Consumer Bankruptcy: A Historical Inventory and An Interpretive Theory*, 21 U. Rich. L. Rev. 49, 57(1986).

④ *See* Lawrence Shepard, *Personal Failures and the Bankruptcy Reform Act of 1978*, 27 J. L. & Econ. 419, 421-422(1984).

产立法的主线。

（一）法院外债务清理程序

法院外债务清理程序的本质是契约，是债务双方对债务偿还进行协商谈判达成的新协议。在大多数情况下，这种协商程序是在第三方的介入下进行的，以促成债权人和消费者债务人之间达成和解计划。在英国、美国等普通法系国家，破产申请一直较为频繁，近年来破产申请数量更是急剧上升；在绝大多数欧洲大陆国家，从传统上说消费者破产没有英美国家那么普遍，但近年来消费者破产案件申请量也在逐渐上升，尤其是法国和德国。① 案件申请量上升给法院带来沉重的负担，因此当司法内程序无法消化各国大量增长的消费者破产案件时，法院外的债务清理程序便得到了充分的发展，许多国家都结合各自情况建立起法院外的债务和解机制。但应考虑这种法院外的债务清理程序是否还仅停留在私力救济的层面？因为单纯依靠债务双方进行和解的缺陷显而易见，一是和解方案未经全体债务人同意将无法成立，二是债务双方达成合意之后可能因欠缺强制力无从强制债务人履行，三是无法保障债权人间的公平受偿。所以在法院外债务清理程序中适当介入司法强制力乃上述缺陷的解决之道。消费者破产制度中的法院外债务清理程序不是单纯的私人间争议解决方式，而是融入一定司法强制力、与司法程序配套运行的法定程序。

（二）法院内破产程序

同一般商业破产一样，法院内的消费者破产程序大体上也可归纳区分为两种类型：其一是就债务人既存财产变价在全体债权人间进行分配的清算型破产程序；其二是避免对既存财产进行清算，而将债务人未来剩余可支配收入分配给债权人的重整型破产程序。各国消费者破产立法对这两种程序之间的组合，以及其和债务免除的衔接进行了不同规定，所以造成了多样化的法院内消费者破产程序。

三、消费者破产制度的基本理念

消费者破产制度的目的是给诚实但不幸的债务人一个重新开始的机

---

① Maria Gerhardt, *Consumer Bankruptcy Regimes and Credit Default in the US and Europe: A Comparative Study*, CEPS Working Document No. 318/July 2009, available at http: //www. ceps. eu/book/consumer-bankruptcy-regimes-and-credit-default-us-and-europe (last visited Nov. 25, 2009).

会。① 这一观点最初为美国学者所倡导，后在全世界范围内得到了广泛认同。通常认为这一表述来源于 Local Loan Co. v. Hunt② 一案，“破产法给予诚实且不幸的债务人一个重新开始生活的机会和未来努力的新天地，使债务人可以摆脱先前债务的压力和阻力”。其实对消费者破产制度目的的表述可以更早地追溯至 Wetmore v. Markoe③ 一案，在该案中，Wetmore 法院认为未支付的赡养费不属于已查明的债务，因此在破产中不能获得免除，Wetmore 法院进一步阐述：“破产制度的目的是使诚实的债务人从沉重的债务负担中解脱出来，给予他在商业或经济生活上重新开始的机会，从商业失败所导致的义务和责任中摆脱出来。” Neal v. Clark④ 一案中也有类似的表述：“诚实的市民可以通过破产法，从毫无希望的无力偿债负担中解脱出来。”因为美国自 1841 年破产法起就将消费者纳入破产法中规定的债务人范围，因此这些表述可以作为消费者破产制度设立目的之依据。具体来说，消费者破产制度的创设理念可以分为以下四个方面：

（一）保护债权人利益

保护债权人的利益是破产制度产生的源动力和应有之义，破产往往被用来作为债权人债权的集中受偿程序而存在。从破产制度的发展历史我们不难看出，破产法的天平曾一度向债权人倾斜，关注的是如何使债权人债权得到最大化的公平受偿。消费者破产也不例外，债权人利益的维护也是各国消费者破产法的基本理念之一。但自 20 世纪 60 年代后，随着信贷市场的放开、消费经济迅猛发展，消费者破产案件逐渐在一些国家的破产案件数量中占据绝对多数，而基于消费者本身的相对弱势地位和对整个社会运行的重要意义，消费者保护开始与债权人利益的保护分庭抗礼，成为各国消费者破产制度的两大基本理念之一。正是因为消费信贷在一国经济结构中的广泛影响和重要作用，立法逐渐将对债务人的保护和债务免责作为立法目标。⑤ 具体而言，保护消费者债务人的理念又可以细化为以下三个方面：使消费者债务人摆脱债务困境、恢复消费者债务人的正常生活、防止消费者债务人再度陷入无力偿债的困境。

---

① Margaret Howard, *A Theory of Discharge in Consumer Bankruptcy*, 48 Ohio St. L. J. 1047(1987).

② 292 U. S. 234, 244(1934).

③ 196 U. S. 68, 77(1904).

④ 95 U. S. 704, 709(1877).

⑤ Charles G. Hallinan, *The "Fresh Start" Policy in Consumer Bankruptcy: A Historical Inventory and An Interpretive Theory*, 21 U. Rich. L. Rev. 49, 56(1986).

（二）使消费者债务人摆脱债务困境

对于无力偿债的消费者债务人而言，摆脱债务负担是其申请破产程序的首要目的，因此如何帮助陷入债务困境的消费者成为消费者破产立法的基本出发点之一。一般来说，摆脱债务困境的思路有二：一是增加债务人的净资产（资产和收入）；二是减少债务人的负资产（债务）。而对于通常属于工薪阶层的消费者债务人而言，其资产和收入情况在一定时期内较为稳定，因而消费者破产立法只有通过限制债务人的支出、制订详细的偿还计划帮助消费者做好财务预算、控制债务人可支配收入的方式相对增加消费者债务人的还款能力。在净资产增加困难的情况下，通过免责制度减少负资产的做法是一条最为便捷的帮助债务人摆脱过度负债情况的方法，因而早有学者坦言消费者破产制度的目标便是通过免责使诚实不幸的债务人获得重新开始的机会。①

（三）恢复消费者债务人的正常生活

申请破产的消费者往往生活已无法正常运作，如果进行清算程序，将其全部非豁免财产用来偿还债务，即使其剩余债务最终可以得到免除，但对消费者的生活处境来说无疑也是雪上加霜。为了使消费者债务人在尽量保有现有财产以维持生活的基础上解决债务问题，消费者破产提供了个人重整程序。个人重整程序使得消费者能在保有相当数量现有财产的基础上，用将来的收入偿还债务，并获得剩余债务的免除。使消费者债务人尽快返回正常的生活轨道作为消费者破产制度设计的基本理念之一，还有助于减少因消费者过度负债而引发的种种社会问题。

（四）防止消费者债务人再度陷入无力偿债的困境

随着消费者破产制度的发展，消费者破产立法已经不仅满足于解决现实问题，也逐渐开始考虑如何防止破产消费者再出现类似的情况，消费者破产预防已经成为消费者破产制度的新理念之一。导致消费者出现支付不能的原因多种多样，有学者认为失业、离婚、疾病这三类突发事件是导致消费者过度负债的三大主要原因。② 突发事件虽无法预防，但通过对消费者进行咨询服务、教育培训、行为规制等方法却能在一定程度上提高破产人的理财能力，降低突发事件对消费者债务情况带来的风险。因此，很多国家在消费者

---

① Margaret Howard, *A Theory of Discharge in Consumer Bankruptcy*, 48 Ohio St. L. J. 1047(1987).

② Teresa A. Sullivan, Elizabeth Warren & Jay Lawrence Westbrook, *The Fragile Middle Class: Americans in Debt*, Yale University Press, 2000, p. 263.

破产制度中都增加了这一方面的规定。

对上述四种理念关注的侧重点不同，将会影响整个消费者破产制度的设计。若强调保护债权人的理念，则会在消费者破产制度中强化破产和解程序，为债务免责的获得施以种种限制，如德国立法；若强调使消费者债务人摆脱债务困境的理念，则多会加强破产程序的迅速性和免责制度的便捷性，如日本立法；若强调尽快恢复消费者债务人的正常生活的理念，则会鼓励消费者选择个人重整程序并制定有详细的自由财产制度，如美国立法；若强调防止消费者债务人再度陷入无力偿债的困境之理念，则多为免责的获得设置一定的障碍，以防止消费者滥用破产免责制度而忽视债务风险，如德国立法。笔者认为上述四种立法理念在各国消费者破产制度中的表现各有不同，但都是当今消费者破产立法必须涵盖的。

第三节　消费者破产制度的立法比较

比较消费者破产法是破产法学的最新分支，只有不到 30 年的历史。① 直至 20 世纪 80 年代中叶，消费者破产法律制度的比较几乎只存在于普通法系内部，因为欧洲大陆法系国家和斯堪的纳维亚国家要么不承认消费者的破产能力，或者即使承认消费者破产能力却不认可消费者破产中的免责制度。② 在 20 世纪 90 年代以前，欧洲消费者破产法几乎不存在。只有两个国家有专为过度负债的消费者和家庭提供的破产程序，即英国和丹麦。然而英国的《债务管理指令》（*Debt Administration Order*）在实践中使用率很低，因为它给陷入债务困境的消费者设置了太多的苛刻要求。丹麦 1984 年的法律是欧洲大陆消费者破产立法的先行者，但是除了一些积极的经验外，其在斯堪的纳维亚半岛以外的国家几乎没有什么影响力。③ 可以说，在消费者破产立法尚未普及的年代，比较消费者破产法根本没有存在的土壤。

但是这种现象随着 90 年代之后由欧洲开始的、波及世界范围的、并且

---

① See Iain Ramsay, *Comparative Consumer Bankruptcy*, 2007 U. Ill. L. Rev. 241 (2007); Jacob Ziegel, *The Challenges of Comparative Consumer Insolvencies*, 23 Pa. St. Int'l L. Rev. 639 (2005); Sefa M. Franken, *Book Review*, 68 Mod. L. Rev. 169 (2005); Kent Anderson, *Book Review*, 42 Osgoode Hall L. J. 661 (2004).

② Jacob S. Ziegel, *Facts on the Ground and Reconciliation of Divergent Consumer Insolvency Philosophies*, 7 Theoretical Inq. L. 299, 300 (2006).

③ Johanna Niemi-Kiesiläinen, *Changing Directions in Consumer Bankruptcy Law and Practice in Europe and USA*, 20 Journal of Consumer Policy 133, 134 (1997).

迄今仍未结束的消费者破产立法浪潮的兴起而得到改变。法国1989年岁末颁布了《保护与调整个人和家庭过度负债法》（*la loi n° 89-1010 du 31 déc. 1989*），1990年3月1日生效；英国1990年对其原有的《债务管理指令》进行了改革；1993年，芬兰和挪威为消费者制定的类似于丹麦的债务调整程序生效，1994年瑞典的相关法律也生效了；奥地利和德国也于1994年引入了消费者债务免责制度；荷兰消费者破产法于1998年12月1日正式生效；比利时于1998年制定了新的消费者破产制度；卢森堡在2000年12月制定了消费者破产法；2000年11月，日本订明“个人再生程序及自用住宅贷款特别条款”的《民事再生法修正案》完成立法程序，并于2001年4月施行；美国2005年4月通过《2005年防止滥用破产与消费者保护》（*Bankruptcy Abuse Prevention and Consumer Protection Act of 2005*，以下简称BAPCPA），并于同年10月17日施行；我国台湾地区2007年7月11日颁布了《消费者债务清理条例》，2008年4月11日起施行，并同时施行由台湾地区“司法院”制定的《消费者债务清理条例施行细则》；波兰新消费者破产法亦于2009年3月31日起生效。

因此在今天，对消费者破产法律制度进行比较研究不仅是可行的，而且是必要的。笔者认为这种比较的意义有三：第一，通过比较去研究为何自20世纪90年代起世界上有如此多的国家不约而同地引入或修订其消费者破产法律制度，也即一个国家的社会经济、信贷市场发展到一个什么水平的时候就需要进行消费者破产立法。Jason J. Kilborn教授曾经指出一个社会制定消费者破产制度的前提是其必须有相对发达的协议履行机制、有可进行融资的发达的金钱借贷机制，以及个人可以为非商业目的借贷和承担其他金钱给付义务。① 而今在世界上绝大多数国家都已具备这三个前提的情况下，制定消费者破产法的最佳时机又是什么？第二，通过比较研究不同国家消费者破产立法的差异，并分析导致这种差异产生的原因，寻找信贷文化、家庭资产负债比、国家福利政策、法律传统等因素在决定一个国家消费者破产法律制度拟定中的作用。第三，通过比较研究在不同国家之间寻找消费者破产法律制度的共同之处，特别是英美法系和大陆法系在消费者破产法律制度上的相互借鉴和融合，借此探寻消费者破产制度未来的发展趋向，为我国消费者破产立法提供借鉴和引导。总的来说，借用江平先生的一句话，“比较法在中

---

① See Jason J. Kilborn, *Comparative Consumer Bankruptcy*, Carolina Academic Press, 2007, p. 4.

国有一个历史性的责任和任务：那就是中国法律的现代化”①，因而本书的最终落脚点也放在了当代中国是否需要消费者破产制度以及需要一个什么样的消费者破产制度上。

一、消费者破产法的存在形态

曾有学者坦言，比较研究的第一课就是学习用灵活和开放的思维去寻找法律在哪里。② 对于比较消费者破产法而言，这一课显得尤为重要，因为和民法、刑法等传统部门法不同，一方面，消费者破产法律制度是近30年来才兴起的法学门类，各国对其名称及范畴尚未形成较为一致的观点；另一方面，消费者破产法虽根植于破产法学的土壤，但又肩负了保护消费者的使命，产生出了一些与传统破产法学既有联系又有区别的制度，与各国原破产法的关系不易界定；再加上消费者破产法学本身兼含实体法与程序法两块内容，这就使得各国消费者破产立法呈现出不同的立法形态。笔者将消费者破产法在各国法律体系中的表现形态大致分为四类：单独立法、破产法修正案、破产法的组成部分、其他法律的组成部分。

（一）单独立法

单独立法是指一国专门制定适用于消费者破产的单行法律。这一法律并不从属于原有的破产法，或与原有的破产法有着不同的适用范围，或对原有破产法适用对象中的某一特殊类型加以特别规定。采取单独立法的国家和地区主要有瑞典、挪威、卢森堡、中国台湾地区等。瑞典本身有单独的破产法(Konkurslagen)，当它决定引入消费者债务免责制度时，并没有对原破产法加以修订，而在1994年施行的《债务调整法》（Skuldsaneringslagen)③ 中规定了消费者债务和解及破产免责等相关内容，《债务调整法》作为单独的一部法律被纳入瑞典官方的法律汇编（Svensk författningssamling，简称SFS)④ 中。在卢森堡，消费者破产法律制度被规定在《2000年12月8日过度负债法》（*Loi de 8 décemebre 2000 sur le surendettement*）中，该法也是一部专门规定消费者破产问题的单行法。在中国台湾地区，为了应对日益严重的卡债问题，也以单行立法的形式专门制定了《消费者债务清理条例》，规

---

① 江平：《比较法在中国》(第2卷)，法律出版社2002年版，第1页。

② Jason J. Kilborn, *Comparative Consumer Bankruptcy*, Carolina Academic Press, 2007, p. 13.

③ SFS nr：1994：334.

④ See Svensk *Författningssamling* (SFS), available at http：//www. riksdagen. se/webbnav/index. aspx? nid=3911&bet=1994：334(last visited July 29, 2009).

定消费者债务协商、清算以及破产更生等内容。①

（二）破产法修正案

采用破产法修正案作为立法形态的国家和第一种类型的国家一样对消费者破产进行专门的立法，但这种立法成果并不独立存在，而是以原破产法修正案的形式存在，往往用来作为原破产法的补充或者替换原破产法中的相关内容。采用这种立法形态的国家主要有丹麦、荷兰、奥地利等。早在1984年，丹麦就修订其破产法为消费者债务调整和免责制定了特殊的程序，这些内容规定在同年7月1日生效的《债务调整法》（*Gældssaneringslov*）中，该法为其原《破产法》（*Konkurslov*）② 增加了一个新的第四部分（第25～29章）。③ 在荷兰，通过《自然人债务复兴法》（*Wet schuldsanering natuurlijke personen*），将消费者破产的相关条款纳入到原1896年《破产法》（*Faillissementswet*）中去，成为原破产法的一部分。④ 奥地利也是通过Novelle修正案在原《破产法》中加入个人免责的相关条款。这种立法形态与第三种立法形态的区别在于，破产法原本并不包含消费者破产的内容，只是后来通过制定修正案的方式补充进去的，而第三种立法形态下原破产法在制定之始就包含有消费者破产的相关条款。

（三）破产法的组成部分

采用这种立法形态的国家，其破产法从制定之初就包含了消费者破产的相关内容，其后也没有制定专门用于消费者债务清理的法律。这种立法形态的代表国家主要有美国、英国、日本、加拿大、德国等。这些国家又可细分为两类：一类是以美国为代表的英美法系国家，这些国家破产立法采用的是一般破产主义，因而对消费者破产没有作特殊的规定，而是和其他商自然人一样适用同样的破产程序和制度。以美国为例，美国现行破产法颁布于1978年，1979年10月1日开始生效，结束沿用了80年的1898年破产法。

① 参见林永颂：《从卡债族之观点论〈消费者债务清理条例〉之规定及其落实》，载《台湾本土法学》2008年1月特刊，第205～222页。

② The Current Bankruptcy Act, including Part IV, available at https://www.retsinformation.dk/Forms/R0710.aspx?id=2832(last visited July 29, 2009).

③ Jason J. Kilborn, *Twenty-Five Years of Consumer Bankruptcy in Continental Europe: Internalizing Negative Externalities and Humanizing Justice in Denmark*, p. 11, available at SSRN: http://ssrn.com/abstract=1419488(last visited July 29, 2009).

④ See Nick Huls, Nadja Jungmann, Bert Niemeijer, *Can Voluntary Debt Settlement and Consumer Bankruty Coexist? The Development of Dutch Insolvency Law*, in Johanna Niemi-Kiesiläinen, Iain Ramsay, William C. Whitford ed., *Consumer Bankruptcy in Global Perspective*, Hart Publishing, 2003, p. 303; Also see Jason J. Kilborn, *Comparative Consumer Bankruptcy*, Carolina Academic Press, 2007, p. 14.

1978 年破产法包含了消费者破产经常使用到的第 7 章和第 13 章，而后的 1994 年破产法修正案、1998 年破产法修正案、2000 年破产法修正案、2001 年破产法修正案、2003 年破产法修正案、2005 年破产法修正案都涉及了对消费者破产相关条款的修订。但是与第二种立法形态中的破产法修正案不同的是，这些修正案可以说只是修修补补，并不像第二类国家那样有一个系统的、自成体系的专门用于消费者债务清理的修正案。另一类是德国，德国破产立法采取的也是一般破产主义，德国 1877 年旧破产法就已不区分商人或消费者、法人或自然人，而一体适用于所有债务人，但是和美国 1978 年破产法不同的是，德国旧破产法中并无债务免除制度，因此为了满足消费者破产案件的需要，德国于 1994 年制定了全新的破产法，其中专门包含有第 9 章“消费者破产程序和其他小型破产程序”，德国随后也于 2001 年对消费者破产程序的相关条款进行了一些修正。德国 1994 年破产法是一部较为“年轻”的破产法，因而才得以将消费者破产这一新的立法议题纳入到破产法典中去，德国旧破产法曾经是日本与我国台湾地区立法的参照对象，德国新破产法采取的立法方式势必也将会影响到其他国家破产法的更新。

（四）其他法律的组成部分

还有一些国家的消费者破产法既不是独立的法律，也没有放在破产法中，而是归入了其他法律之中，代表性的国家有法国和比利时。法国 1989 年 12 月 31 日颁布了《个人债务清理法》，随后该法于 1993 年被整编订入法国《消费者法》（*Loi n° 93-949 du 26 juillet 1993 relative au code de la consommation*）①第三编“负债”（Endettement）② 的第三部分，标题为“过

① 在英文中以“Consumer Law”表示，因为在普通法意义上对作为消费者的债务人和作为卖主或债主的债权人给予同等的法律保护，因而没有像我国立法一样在名称上特地对“保护”加以强调（我国立法中使用的是“消费者保护法 Consumer Protection Law”）。但有学者从该法律部门的内容来理解，将 Consumer Law 翻译成“消费者保护法”，参见[美]戴维·G. 爱泼斯坦、史蒂夫·H. 尼克尔斯：《消费者保护法概要》，陆震纶、郑明哲译，中国社会科学出版社 1998 年版，译者的话第 2 页。也有很多学者直接使用“消费者法”的概念，参见张学哲：《德国当代私法体系变迁中的消费者法——以欧盟法为背景》，载《比较法研究》2006 年第 6 期，第 37 页；金福海：《消费者法论》，北京大学出版社 2005 年版，第 1 页。此外，“消费法”的提法在我国学者的翻译和使用中并不多见，盖因为“消费法”从字面上多理解为调整动态的消费行为，在语义上未涵盖消费行为前后的消费者保护。本书一方面遵从外文文献的字面意思，另一方面采纳我国大多数学者的提法，将“code de la consommation”、“Consumer Law”皆翻译成“消费者法”，特此说明。

② 法国《消费者法》第三编“负债”下设四大部分：一是“信用”（Titre Ⅰ，Crédit），二是“中间人活动”（Titre Ⅱ，Activité），三是“过度负债情形的处理”（Titre Ⅲ，Traitement des situationa de surendettement），四是“保证”（Titre Ⅳ，Cautinnement）。

度负债情形的处理”（Traitement des situationa de surendettement）。① 比利时的立法者则持有另一种视角，他们认为消费者债务免除本质上属于程序法，用以限制债权人权利的行使。因此，比利时将消费者破产的相关条款纳入《司法程序法典》（*Code Judiciaire/Gerechtelijk Wetboek*）的“执行”（Enforcement）部分，并新命名为“集中债务安排”（Réglement collectif de dette/collectieve schuldregeling）。② 笔者认为上述两国之所以对消费者破产法律规范的归属作出异于一般的理解，也是源于消费者破产法的多重属性，法国的立法者侧重该法从实体上对消费者权益的保护，因而将其归入《消费者法》中，而比利时的立法者则认为消费者破产并非从实体上变更债权人的债权，只是从程序上限制其权利的主张，因而将其归入《司法程序法典》中。

纵观上述四种立法形态，我们不能妄论孰优孰劣，因为每一种立法形态都是一国立法者立足于本国的法律传统、法制现状和立法理念等作出的理性选择，并无好坏之说，只有适合与否。从查找的方便度而言，无疑第一种单独立法的形态最便于法规查找，但消费者破产同其他破产程序之间也有共通之处，会不会导致重复立法？单行法与破产法之间的关系该如何调和也是一个问题。从和其他各类型破产的衔接而言，第二种、第三种立法都将消费者破产法置于整个破产法体系之下，可以让当事人在各种破产程序间进行选择，但也正因为如此，会造成当事人被置于破产法的庞大体系之下无从下手。第四种立法形态相对来说比较特殊，查找起来不是很方便，但却也直接反映出了立法视角。因而，对我国今后的立法而言，亦不能盲目借鉴，而需要有所选择和扬弃。

二、消费者破产法的立法模式

消费者破产立法关涉陷入债务困境的消费者的切身利益、债权人债权的实现，而消费者债务问题的解决、参与经济活动能力的恢复则进一步关系到社会的稳定和经济的活力。不仅如此，消费者破产立法还体现了一国的消费观念和债务文化，因此各国对消费者破产法的制定可谓煞费苦心，慎之又慎，既要促进债权人债权的公平受偿，又要保护消费者的利益；既要坚持本国的消费文化，又要解决信贷市场日益增多的无力偿债问题。虽然各国消费

---

① 曾品杰：《从消费者信用权论个人债务清理法制——一个法国法的初步考察》，载《台湾本土法学》2008年1月特刊，第107页。

② Jason J. Kilborn, *Comparative Consumer Bankruptcy*, Carolina Academic Press, 2007, pp. 14-15.

者破产制度各具特色，但是从总体构架上看可以分为两大类立法模式：以英美法系国家为代表的复数程序型立法模式和以大陆法系国家为代表的单一程序型立法模式。本书撷取了其中有代表性且立法比较发达的国家和地区①，对其消费者破产制度进行宏观的介绍，以期从宏观上构筑消费者破产立法的模型，并对英美法系和大陆法系国家和地区消费者立法之差异进行初步的比较分析。

（一）复数程序型立法模式

消费者破产立法的根本目的之一在于通过和解、清算或重整程序，使无力偿债的自然人摆脱其债务困境。在破产制度设计上为消费者债务人提供多种可供选择程序的立法模式被称为“复数程序型立法模式”，在这种模式下，消费者破产制度通常会分别规定个人清算程序和个人重整程序，债务人可以在这两种程序中选择合适的程序申请破产并获得相应的免责。大多数英美法系国家和地区采取的是这种立法模式，例如美国、英国、加拿大、澳大利亚以及我国香港地区等；日本作为传统的大陆法系国家，其消费者破产立法却更多地承袭了美国的做法，因此也采取的是复数程序型立法模式；我国台湾地区的消费者破产立法亦然。

复数程序型模式具有如下优点：（1）增强破产结果的可预测性。在复数程序型立法模式下，申请人可在清算程序和重整程序之间进行选择，因为这两种程序在豁免财产、免责制度、偿还义务等方面规定不尽相同，因此便于消费者债务人预测破产程序的后果。（2）防止因财产清算产生的延迟申请。在单一程序型立法模式中，债务人为了避免组成破产财团而丧失其大部分财产的处分权，致使其生活处境发生显著变化，因而在债务问题出现的早期阶段并不积极申请破产，从而导致债务情况进一步恶化时才去申请，往往给债权人造成更大的损失。但也正因为存在两种可供选择的程序，所以采取复数程序型立法模式还需要订立程序间的转换方法，这会造成消费者当事人在程序选择上的迷惑和困难。因而如何正确引导当事人去选择，以真正实现立法意图是采取复数程序型立法模式的国家面临的重要难题之一。

① 根据国际破产协会（International Association of Restructuring, Insolvency & Bankruptcy Professionals，简称 INSOL International 或 INSOL）2005 年的一项全球市场调查显示，由会计师、投资银行家、律师等专业人士投票选择世界上消费者破产法律架构最完善的国家，得票居前五位的国家分别是英国、美国、澳大利亚、加拿大、德国。See INSOL International, *International's 2005 Global Marketplace Survey*, p. 23, available at http://www.insol.org/page/36/2005-global-marketplace-survey (last visited August 4, 2009).

1. 美国

美国是最早进行消费者破产立法及改革的国家之一，也是世界上大多数破产律师所公认的破产制度最为完善的国家。① 依据美国宪法规定，破产立法和破产司法都属联邦管辖事项②，任何州法院均不得审理破产案件，但破产法中有关债务人自由财产的具体内容和金额由各州立法决定。目前美国划分为 94 个司法辖区，每区皆设有专门的破产法院。③ 美国 1800 年以当时的英国破产法为蓝本通过了美国历史上的第一部破产法，自 1841 年第二部破产法起美国就开始承认非商人的破产能力。现行美国破产法颁布于 1978 年，1979 年 10 月 1 日起生效。这部破产法中确立的消费者破产制度，经历了多次破产法改革的不断完善，现今已经成为许多国家立法的参照对象。美国破产法虽经多次修正，但仍维持单一法典的架构，以章为划分，第 1、3、5 章是适用于所有破产案件的一般条款，消费者破产申请主要依据第 7 章和第 13 章。第 11 章重整（Reorganization）程序虽不排除自然人申请，但因该程序主要是设计给企业债务人使用，程序繁琐、历时较长、费用高昂，因此鲜有个人问津。④

第 7 章为“清算”（Liquidation），又被称为“直接破产”（straight bankruptcy），传统意义的破产程序在多数场合下是指第 7 章程序，每年适用第 7 章程序申请破产的案件占全部非商业破产案件数量的绝大多数。⑤ 根据第 7 章提出申请的债务人不受自然人或法人的限制，也不受所负债务多少的限制，因此所有的消费者债务人都可以申请第 7 章的清算程序。⑥ 该程序主要包括以下五个步骤：（1）启动破产程序；（2）收集债务人的财产；（3）出售破产财产；（4）将出售所得分配给债权人；（5）确定债务人是否对剩

① See INSOL International, *International's 2005 Global Marketplace Survey*, p. 23, available at http: //www. insol. org/page/36/2005-global-marketplace-survey (last visited August 4, 2009).

② See U. S. CONST. art. I, § 8, cl. 4.

③ See *United States Bankruptcy Courts*, available at http: //www. insol. org/page/36/2005-global-marketplace-survey(last visited August 4, 2009).

④ See ABI, *Quarterly Non-business Filings by Chapter* (1994-2009), available at http: //www. abiworld. org/AM/AMTemplate. cfm? Section = Home&TEMPLATE =/CM/Content Display. cfm&CONTENTID = 57802(last visited August 4, 2009).

⑤ See ABI, *Quarterly Non-business Filings by Chapter* (1994-2009), available at http: //www. abiworld. org/AM/AMTemplate. cfm? Section = Home&TEMPLATE =/CM/Content Display. cfm&CONTENTID = 57802(last visited August 4, 2009).

⑥ See 11 U. S. C. A. § 109(b).

余债务获得免责。① 第7章清算程序的特征突出表现在三个方面：第一，设立自由财产制度，允许消费者债务人保留特定种类和相当价值的自由财产。自由财产在破产法上也被称为“豁免财产”（exempt property），豁免财产的数额和种类根据各州地方立法的不同而存在差异，例如某些州允许将债务人的住房、汽车纳入豁免财产。美国破产立法认为，诚实的债务人受破产宣告已属不幸，债权人应宽容债务人，允许其保留基本生产和生活资料，防止其依赖社会救济、加重社会负担。第二，当债务人申请破产时，“自动中止程序”（automatic stay）便开始生效，其效力在于暂时阻止债权人向债务人追索。一旦自动中止程序生效，债权人向债务人追索债务的行为便属无效，破产法庭甚至可以对债权人追索债务的行为予以制裁。“自动中止程序”是美国破产法中最强有力的规定之一，也是保护消费者债务人的有效措施，当破产期间结束自动中止程序也随之失效。第三，确立当然免责制度，一旦法庭确认在破产程序中，消费者债务人是善意行事并且已将豁免财产以外的资产全部用于偿还债务，这时债务人仍未清偿的债务可获得免责，这类未清偿债务在法律上不再具有可强制执行的效力。当然，也有一些财产属于免责制度的例外，例如子女抚养费、离异配偶赡养费、酒后驾车致人损害的赔偿等就不能获得免责。免责是破产中对自然人债务实行“重新开始”政策的具体体现，也是大多数消费者债务人寻求破产救济的主要原因所在。第7章破产程序中的自由财产制度、自动中止制度和免责制度对此后的欧洲大陆法系国家的消费者破产立法产生了深远的影响。

第13章规定“有固定收入的个人的债务调整”（adjustment of debts of an individual with regular income）程序。消费者破产法的立法宗旨并不在使消费者获得破产宣告，而在于解决消费者的过度负债问题，使消费者债务人获得重返经济社会的能力，因此如前所述，各国都将有关消费者债务调整的规范纳入消费者破产法的范畴，美国破产法也不例外。第13章的前身是美国1938年破产法中的第12章“消费者清偿方案”，后来在1978年破产法中将适用对象扩及全部有固定收入的个人债务人，而不论收入来源和配偶情况，只要其在提交申请之时所背负无担保债务数额不超过25万美元、有担保债务数额不超过75万美元即可提出第13章的破产申请。② 对消费者债务人而言，第13章程序与第7章程序在申请主体的资格、破产财团的构成、

① ［美］戴维·G. 爱泼斯坦、史蒂夫·H. 尼克尔斯、詹姆斯·J. 怀特：《美国破产法》，韩长印等译，中国政法大学出版社2003年版，译者前言第4~5页。

② See 11 U. S. C. A. § 109(e).

破产管理人的职责、可免责债务的范围、自动中止程序等方面都存在着一些差异，但最关键的一点在于第13章破产程序中用于清偿债务的财产主要来源于破产申请人在申请后3~5年的“可支配收入”(disposable income)。债务人需将每月总收入减去其基本生活费用支出后的“可支配收入”交给破产托管人，纳入债务调整方案中用于偿还债务。因此，在第13章破产程序中，消费者债务人负有比第7章程序更大、更长期的偿还义务，作为回报，其也享有比清算程序更加广泛的债务免责，并且保留有更多的财产。一些在第7章中不能获得免除的债务，如一些税款、因使用虚假财务说明、虚假陈述或欺诈而引发的债务、故意或恶意的民事侵权行为、信用能力上的欺诈和某些要求恢复原状的义务等，在第13章程序中却可以获得免责。① 债务人还可以保留其提出申请时所拥有的全部财产，而不论这些财产是否属于豁免财产，在第7章程序中债务人只能保留豁免财产。②

因此对美国消费者而言，如果提出破产申请时尚拥有较多的财产，而根据其住所地的州法、联邦破产法③或其他联邦法律的规定④，这些财产又不属于豁免财产，这时债务人通常会选择第13章的个人债务调整程序，以尽可能保留现有财产；如果其财产较少，则通常会选择第7章的清算程序，以尽快获得债务免责。而对消费者破产而言，“无产可破的案件”（no-asset case）并不鲜见，这就是大多数消费者债务人选择清算程序的缘由。但美国2005年BAPCPA对消费者的选择权加以明确的限制，提高了消费者债务人申请清算程序的门槛，这也被认为是美国新破产法最大的改变。新法规定债务人必须在美国受托人的监督下，依次通过“州中等收入标准”（State Median Income Standard）和“收入测试”（Means Test）⑤ 之后，才可申请清算程序。如果消费者债务人在申请前6个月的平均收入高于所居住州的居

① 韩长印、康伟：《美国破产法上的个人债务调整程序》，载《安徽大学法律评论》第2卷，安徽大学出版社2002年版，第254页。

② See 11 U. S. C. A. § §1306(b), 1327(b).

③ See 11 U. S. C. A. § §522(b)(2), 522(d).

④ 如社会保障金(social security payments, 42 U. S. C. A. §407)、公务员退休福利(civil service retirement benefits, 5 U. S. C. A. § §729, 2265)、退伍军人福利(veterans benefits, 45 U. S. C. A. §352(E))。

⑤ William D. Warren and Daniel J. Bussel, *Bankruptcy*, Foundation Press, 7th ed., 2006, p. 20.

民平均收入（州中等收入标准），且在支付固定开支①后剩余 100 美元以上或高于无担保债务的 1/240，则只能申请第 13 章的债务调整程序。虽然 2005 年 BAPCPA 被视为消费者保护团体的退败，但笔者认为这正是美国在消费者保护和债权人利益之间的调整和平衡的结果。

2. 英国

英国破产法经历了漫长的发展历程②，现行 1986 年破产法③根据申请人的不同分别规定了适用于公司和适用于个人的两种程序。具体到作为个人的消费者债务人而言，英国破产法提供了两种程序予以选择，即破产（Bankruptcy）和个人自愿安排（Individual Voluntary Arrangement，简称 IVA）。在英国，没有强制要求消费者债务人在申请法院内程序前同债权人进行法院外的非正式协商谈判程序，而是在破产法中提供类似的法院内程序——个人自愿安排程序供个人债务人选择适用。在 IVA 程序中，还有困难或未获破产免责的债务人在专业的破产执行人（Insolvency Practitioner，简称 IP）④ 的协助下，向法庭及债权人提出偿还方案，建议在 3 ~5 年的时期内用其剩余收入所得向债权人偿还债务。对于该偿还方案，债权人会议可以进行修改，并经债权人会议表决，若经参加投票债权人所持无担保债权总额 75% 以上的同意，批准后该方案即对所有债权人具有拘束力。IVA 程序可以使债务人在自己的财产处置上拥有更多的发言权，不用进入破产程序而免受破产人身份所带来的人身职业等限制及负面记录的不良影响，对债权人而言也可获得较高受偿比率。

在英国，破产法规定的个人破产属清算型程序，只要债务人陷于无力偿债的情形，债务人或其债权人均得提出破产申请，破产申请提出或法院颁布

---

① 如子女赡养费、有担保债务、欠税、学生贷款、不正当方法产生的债务或法院裁定的罚金等。See 11 U. S. C. A. § 707(b)(2)(a).

② 丁昌业译：《英国破产法》，法律出版社 2003 年版，译者序第 1 页。

③ See Insolvency Act 1986.

④ 破产执行人，指经授权专业从事破产工作的人，通常是会计师或者律师，他们须获得经授权的专业组织的批准开展破产相关业务。在英国，这些经授权的专业组织包括 Association of Certified Chartered Accountants (ACCA)、Institute of Chartered Accountants in England and Wales (ICAEW)、Institute of Chartered Accountants in Ireland (ICAI)、Institute of Chartered Accountants in Scotland (ICAS)、Insolvency Practitioners Association (IPA)、Solicitors Regulation Authority (SRA)、Law Society of Scotland (LSS)、Secretary of State (SS)。

破产令后，非经法庭许可不得对债务人或其资产采取或继续进行法律行动，官方接管人或受托人将接管和分配破产人的资产。在一般情况下，破产人于破产令颁布之日起①1年期满后解除破产②，破产人获破产解除后，将可免除其所有债务③，但不包括其以欺诈方法招致的债务、因犯罪而对其施加的罚款债务、对他人造成个人侵害而产生的赔偿金债务、家庭诉讼命令产生的债务等④。

美国、加拿大、澳大利亚、中国香港等国家和地区的破产法都曾受到英国法的影响，因而英国法所创设的这套清算和重整双轨制的消费者破产立法架构也为大多数英美法系国家所效仿。这一制度的精髓之处就在于消费者债务人可以根据自己的资产和负债情况，选择最适合自己实际的债务问题解决路径。

3. 日本

在日本的法律体系中，破产程序系指“通过将债务者的全部财产进行换价，在全部破产债权者中公平地分配之方法进行”⑤ 的程序，即一般意义上之清算程序。日本法将破产清算程序、破产重整程序以及破产和解程序等一概纳入“倒产法”下，认为“倒产”指个人或企业“拥有的全部资产无法清偿所有债务，从而陷入经济困境”的状态，而“当出现债务人陷入倒产状态的时候，能够给予各个债权人以公平、平等的清偿机会，维护国家经济秩序的法律制度”统称为“倒产法”或“倒产制度”。⑥ 简而言之，一般意义上的破产法在日本法中被称为“倒产法”，日本法上的破产程序仅指清算型破产程序，名称差异阖先叙明。日本倒产法先后经历了两次移植，第一次移植是在明治时代，主要是移植德国法律，第二次移植是第二次世界大战

---

① See Insolvency Act 1986, s 278.

② See Insolvency Act 1986, s 279(1). 英国1986年破产法规定的自动解除期间是3年，后2004年生效的《企业法》(*Enterprise Act 2002*)将自动解除期间修改成12个月，详见本书第三章第三节。

③ See Insolvency Act 1986, s 281(1).

④ See Insolvency Act 1986, s 281(3)-(6).

⑤ [日]石川明:《日本破产法》，何勤华、周桂秋译，中国法制出版社2000年版，第3页。

⑥ [日]竹下守夫:《倒产法的现代课题和日本的倒产法》，刘荣军译，载《中外法学》1996年第4期，第68页。

结束后，主要移植美国法律，① 使得倒产法内各法典之间适用关系复杂。②因此日本于20世纪90年代后期起，对倒产法制进行了大刀阔斧的改革，先后颁布了《民事再生法》，废除了《合议法》，全面修正《会社更生法》、《破产法》。日本现行消费者破产制度主要规定在《破产法》和《民事再生法》中，《破产法》主要规定了适用于消费者的清算程序——“个人破产程序”、《民事再生法》主要规定了适用于消费者的重整程序——“个人再生程序”。

总的来说，日本的消费者破产制度的架构和美国非常类似。针对过度负债的自然人设有两种程序：个人破产程序和个人再生程序，并对这两种程序采取自由选择制，消费者债务人可以在其中进行自由选择。即使消费者有可预见的将来收入，也可以选择个人破产程序，以破产宣告时的资产清偿债务后还可获得破产免责的保护，这和美国2005年BAPCPA颁布前的做法是一致的。但是，因为债务人和债权人都可以提出个人再生程序的申请，所以若是同时开始再生程序和破产程序的申请，再生程序应优于破产程序③，即“再生程序优先原则”。日本的个人破产程序和其他国家的个人清算程序大体相同，大致分成如下四个阶段：（1）自申请开始破产程序至法院裁定破产程序开始；（2）确定债务人积极财产之程序；（3）确定债务人消极债务（负债）之程序；（4）将债务人之财产分配给各债权人及由法院裁定终结破产程序。④ 破产申请人得于法院确定破产程序开始一个月后向法院申请免责许可⑤，消费者债务人要想获得债务免责必须另外提出申请，由法院开始免责程序，在询问破产人、考察不许可免责的事由是否存在、对免责要件进行审查后，做出免责准否的决定。⑥

日本1999年制定、2000年4月1日生效的《民事再生法》原本主要为

---

① 参见［日］小岛武司：《比较法在移植外国法律中的第二任务》，载沈宗灵、王晨光编：《比较法学的新动向》，北京大学出版社1993年版，第49~53页。

② 日本倒产法原包含《破产法》、《合议法》、《会社更生法》、《商法》第二编第四章株式会社之第七节“会社整理”及第九节第二款“特别清算”。

③ 日本《民事再生法》第39条第1款。

④ 王志诚：《从日本人债务清理法制论我国消费者债务清理条例之立法得失》，载《台湾本土法学》2008年特刊，第136页。

⑤ 林继恒、徐汉堂：《消费者债务清理条例评介与外国立法例之比较》，载《台湾本土法学》2008年特刊，第188页。

⑥ 蔡广升：《消费者破产之研究——自制法比较出发》，载《司法研究年报》第22辑第2篇，台湾“司法院”2002年版，第130页。

中小企业以上债务人的再生程序而设，并未按照债务金额的多少及消费者债务人的特性而设置差异化的再生程序，导致自然人再生和法人再生适用一样的程序，对消费者而言程序负担过重，实际利用上存在较多困难。立法者们很快意识到这个问题，2000 年 11 月颁布了《民事再生法》第一部修正案，增设了小规模个人再生程序①及薪资所得者再生程序②，以及住宅贷款特别条款③，新法于 2001 年 4 月 1 日起生效。日本现行《民事再生法》为债务人提供了三种再生程序可供选择：（1）通常民事再生程序：不论债务人是自然人还是法人都可申请；（2）小规模个人再生程序：适用于预期将来有继续性或反复性收入的个人债务人，且其再生无担保债权总额不超过 5000 万日元，④ 较之于薪资所得者再生程序，其主要针对小规模事业者；（3）薪资所得者再生程序：适用对象系小规模个人再生程序的适用对象中，有取得薪资或类似定期收入的债务人，且额度变动幅度较小，⑤ 主要针对非商自然人而设。上述三种再生程序消费者债务人都可以选择，其适用对象的范围越来越狭窄，但再生程序越来越简化。因此对消费者债务人而言，最常选用的还是后两种再生程序，特别是专为工薪阶层设立的薪资所得者再生程序。小规模个人再生程序在再生程序的机关、债权申报程序、债权调查程序等方面较之通常民事再生程序都有所简化，其他程序主要包括在债权申报期满后一定时间内由债务人提出再生计划方案，该方案清偿期间原则上为 3 年，最长不超过 5 年；该清偿方案经债权人决议通过后由法院作出认可或不认可的裁定。薪资所得者再生程序与小规模个人再生程序在再生程序方面是基本一致的⑥，其最大的不同在于前者程序中债务人提出的再生方案无须经过债权人的决议即可交由法院作出认可与否的决定，虽然法院在作出决定前需听取申报债权人的意见⑦，但此意见对法院并无拘束力。因为其他再生程序中的再生方案以债权人同意为基础，所以薪资所得者再生程序与其他两种再生程序的性质有着显著差异，前者属于法定型债务清理程序，而后两者属于契约

---

① 日本《民事再生法》第 221 ~238 条。

② 日本《民事再生法》第 239 ~245 条。

③ 日本《民事再生法》第 196 ~206 条。

④ 日本《民事再生法》第 221 条第 1 款。

⑤ 日本《民事再生法》第 239 条第 1 款。

⑥ 薪资所得者再生程序和小规模个人再生程序两者仅在程序开始的要件和债权人对再生方案的决议两点上存在差异。

⑦ 日本《民事再生法》第 240 条第 1 款。

型（和解型）债务清理程序。①

（二）单一程序型立法模式

与复数程序型立法模式相反，采取单一程序型立法模式的国家不论消费者债务人申请的目的是要进行清算还是进行重整，仅设置单一的程序，而于程序开始后由法院或利害关系人或其他有权机构决定是进行重整还是进行清算。德国、法国是采取这种立法模式的典型。单一程序型立法模式的优点在于：（1）不受申请人选择权的约束，法院可以根据个案选择最合适的程序；（2）申请人不必预先决定申请清算还是重整，有利于在债务问题出现的早期提出申请，避免债权人损失的扩大；（3）对消费者债务人而言，破产申请的程序规定相对单一明确，减少债务人申请上的困难。但是因为单一程序型的立法模式实际上融合了复数程序型立法模式中的两种程序，因而可能会产生程序上的冗长，间接增加了破产程序的时间和成本。这也是当前德国消费者破产立法面临的困境之一。

1. 德国

德国新破产法（Insolvenzordnung）② 及其中的消费者破产程序在1994年立法通过，于1999年正式施行，代替此前1877年制定的德国旧破产法（Konkursordnung）和1927年制定的和解法（Verleichsordnung）。德国旧破产法不区分商人或消费者、法人或自然人而对所有债务人均适用一致的破产程序，且旧破产法中无免责制度，在破产程序终结以后，债权人仍可要求债务人履行破产程序中未受清偿的债务。正因为上述缺陷，简化了的消费者破产程序和免责制度的引入成为德国新破产法中消费者破产制度的两大亮点。

针对消费者破产的特殊性，德国新破产法中专设了第九编“消费者破产程序和其他小型破产程序”提供给目前未从事或未曾从事独立经营活动的自然人，或者曾经从事独立经营活动，但其财产状况简明清晰且不存在针对该债务人的因劳动关系所生之债权的自然人，③ 消费者破产便属于该编规定的破产程序的适用范围。该编规定的消费者破产程序有一个基本特征，系该程序的进行具有强制优先性，如果债务人符合第九编“消费者破产程序和其他小型破产程序”的启动要件，则仅能进行消费者破产程序，不论债

① 参见许士宦：《消费者倒产（上）》，载《台湾本土法学》2005年总第76期，第30页。

② 也有学者将该部法律直译为《德国支付不能法》。参见杜景林、卢谌译：《德国支付不能法》，法律出版社2002年版，译者前言第2~4页。

③ See InsO § 304(1)。

务人还是债权人均不能选择申请进行一般的破产程序。

德国现行消费者破产制度采取单轨制的立法模式，不像美国联邦破产法那样赋予消费者债务人对清算程序和重整程序的选择权，而于申请时不区分债务人应进行清算还是重整，均适用统一的步骤和程序，都必须首先尝试订立偿债方案，只有在失败之后才能进行简易破产程序以获得免责，因此这样单一程序型的立法模式也被形象地称为“单一入口制”，指消费者债务人只有一种进入破产程序的途径。这也不同于德国新破产规定的一般破产程序①，一般破产程序既可以通向清算程序，也可以通向重整程序。② 对消费者破产而言，为达成偿债计划而先进行的法院外和法院内协商程序具有强制性，是消费者破产程序的必经之路。具体而言，德国消费者破产程序由以下四个阶段组成：（1）法院外协商程序，不同于美、日立法，德国消费者破产程序规定了法院外强制债务清理协商程序。债务人在向法院提出破产申请之前，必须在官方认可的“个人或机构”的协助下同债权人就制订偿债计划进行协商程序。德国各州有权决定哪些个人或机构适合进行债务协商③，最常见的两类人就是律师和国家资助的债务咨询顾问。④ 如未先进行法院外债务协商程序则不满足破产程序的开始要件，这被称为“协商前置”。⑤（2）法院内协商程序，法院外协商程序如果失败，债务人和债权人均得向法院申请开始破产程序，但如果申请是由债务人一方提出的，法院并不直接进入破产裁定程序，而是仍然先进行法院内的协商程序以促成偿债计划的达成。这一程序从一开始就饱受批评，德国司法部的一个消费者破产法研究小组甚至指责其为“纯粹的形式主义”。⑥ 所以在2001年修法的时候，已不再将法院内协商程序作为必经程序，而规定法院在听取债务人意见后，若认为

① 德国新破产法规定的破产程序总的来说分为两类：一类是第11～216条规定的一般破产程序，适用于法人或从事独立经营活动的个人；另一类是第304～314条规定的消费者破产程序。

② Susanne Braun, *German Insolvency Act: The Special Provisions of Consumer Insolvency Proceedings and Discharge of Residual Debts*, 7 German Law Journal 59, 61(2006).

③ See InsO § 305(1)(1).

④ Jason J. Kilborn, *Comparative Consumer Bankruptcy*, Carolina Academic Press, 2007, p. 40.

⑤ 详见第二章第一节。

⑥ Jason J. Kilborn, *The Innovative German Approach to Consumer Debt Relief: Revolutionary Changes in German Law, and Surprising Lessons for the U. S.*, 24 Northwestern Journal of International Law & Business 257, 278(2003).

债务协商计划预计不可能达成的，即可命令进行关于破产程序开始的程序。① 如达成了债务偿还计划，则具有诉讼上和解的效力②，破产申请以及债务免除申请视为撤回。③（3）简易清算程序，若法院内协商程序未达成债务清理计划，则法院应依职权审查破产申请，并决定是否开始简易清算程序。简易清算程序通过压缩时间、书面程序等方式，减少清算程序在人力、时间和费用上的支出。（4）剩余债务免除程序，虽然德国法规定只要是自然人，不论是进行一般破产程序还是消费者破产程序，都适用相同的债务免除程序。④ 但对消费者破产而言，债务免除程序和清算程序是共生的，消费者债务人在申请开始简易清算程序之时就应提出同时申请债务免除程序，若未提出债务免除申请者在经法院要求后未在1个月内补正的，则视为撤回清算申请。⑤ 债务免除程序又可分为三个部分：许可程序、妥善行为期间、宣告剩余债务免除。⑥ 在这一程序中，德国法与美国法的一个显著差异是，债务人必须经过长达6年的“妥善行为期间”方可获得剩余债务的免除，并且仍需要法院做出免除剩余债务的裁定。而非像美国法第7章清算程序那样，在破产程序终结时债务人即可获得免责。

纵观德国立法，其在消费者破产制度方面存在如下特点：第一，协商前置，德国立法者认为，在消费者债务清理过程中，法院外的协商程序具有重要功能，可减轻破产法院之负担、减少用于破产程序的费用以及使债权人得迅速收取部分金额受偿。⑦ 德国这一立法模式代表了荷兰、法国、卢森堡、比利时等许多大陆法系国家在消费者破产制度上的立法，并且为美国2005年BAPCPA所借鉴。⑧ 第二，妥善行为期间的确立，德国虽然在消费者过度负债的强大压力下开始引入自然人剩余债务免除制度，但并非只要经过破产程序，债务人即可免责，而要经过6年之久的妥善行为期间，在以工作所得尽可能偿还债务之后方可获得免责。不仅德国，包括法国、奥地利、荷兰、

---

① See InsO § 306(1).

② See InsO § 308(1).

③ See InsO § 308(2).

④ See InsO § 286.

⑤ See InsO § 305(3).

⑥ 参见姜炳俊：《论德国破产法上的剩余债务免除》，载《全国律师》2006年第10卷第4期，第75页。

⑦ 沈冠伶：《从德国法之立法趋势评析我国消费者债务清理条例——基于债务人与债权人利益衡平保障之观点》，载《台湾本土法学》2008年特刊，第56页。

⑧ See 11 U. S. C. A § 109(h)(1).

芬兰、瑞典等大陆法系国家和斯堪的纳维亚国家大多规定在破产程序终结之后需经过一段时间的妥善行为期间方可获得免责，这使得这些国家的免责制度蕴含更多的道德和惩教因素。

2. 法国

法国消费者破产制度主要规定于《消费者法》第三编“负债”第三部分“过度负债情形的处理”中，该部分下设四章：第一章关于个人过度负债委员会程序（De la procédure devant la commission de surendettement des particuliers）；第二章关于过度负债情形处理中执行法官的权限（Des compétences du juge de l’exécution en matière de traitement des situations de surendettement），包括了法官对过度负债委员会建议措施的控制（Du contrôle par le juge des mesures recommandées par la commission de surendettement）和个人恢复程序（De la procédure de rétablissement personnel）①两节；第三章是共同规定（Dispositions communes）；第四章是适用于海外属地的规定（Dispositions relatives à l’outre-mer）。② 消费者破产的相关程序主要规定在前两章中。法国消费者破产程序总的来说分为三个阶段：个人过度负债委员会（la commission de surendettement des particuliers，以下简称委员会）调解程序、法官对过度负债委员会建议措施的控制程序和个人恢复程序。第一阶段，消费者要解决其过度负债问题，必须首先向个人过度负债委员会提出申请，委员会对债务人的申请进行两个方面的审查：一方面审查债务是否为善意自然人的非营业性债务，另一方面评定债务人的债务状况是否处于不可挽回的境地（irrémédiablement compromise）。若判断上述两项审查结果皆为肯定，且经债务人书面同意，则委员会将该申请文件转交给执行法官，以便开启个人恢复程序。如果善意自然人的非营业性债务状况未至不可挽回的境地，则委员会将会居间促成债务人和债权人之间达成和解协议，制定达到合意的重整方案（un plan conventional de redressement）。若委员会居间调解失败，则委员会可应债务人的申请，向执行法官提出建议，并将建议内容通知给债务人和债权人。建议中提出的解决措施包括延期支付债务、优先支付本

---

① 从字面意思上看，将“rétablissement”翻译成我国破产法中的“重整程序”似乎更为贴切，但该程序从内容上看却更类似于破产清算程序，所以未找到我国破产法上与之直接对应的概念，因此为了避免混淆，特新创了“个人恢复程序”这一术语，也乃法语的直译。

② See *Code De La Consommation*, available at http://droit-finances. comment-camarche. net/ legifrance/249858-traitement-des-situations-de-surendettement (last visited August 10,2009).

金、降低利率、两年内暂停债权人的债权请求等，原则上建议措施的实行期间不得超过10年。第二阶段，在法官对过度负债委员会建议措施的控制程序中，如果债务人或债权人未在收到委员会提出的建议措施后15日内向执行法官提出异议，则执行法官对委员会提出的建议措施进行合法性审查后，即赋予该建议措施执行力。若任一方当事人在法定期限内提出异议，则受理异议的法官须在听取债权人意见并考虑债务人实际情况的基础上，决定是否全部或部分采取委员会的建议措施。第三阶段，个人恢复程序的启动原因有二：一是委员会在受理申请后确认债务人的债务已陷入无法挽回的困境，应将文件提交给执行法官，经法官确认债务人处于无可挽回的困境，则裁决开始个人恢复程序；二是债务人对委员会关于其过度负债情况的报告内容存有异议，或任一方当事人对委员会的建议措施或处理方向有异议时，执行法官在征得债务人同意的情况下可以决定启动个人恢复程序。个人恢复程序开始后便和美国破产法上第7章清算程序非常类似，也是将债务人的资产交由清算人处理，若变卖之资产足以清偿债权人时，则清算程序终结；若变卖之资产不足以清偿债权人，法官则基于资产不足宣布结束程序。在后者情况下，程序结束使债务人的所有非经营性债务归于消灭，债务人即刻获得完全免责。

总的来说，在形式和实体上，法国的消费者破产制度和德国很类似，都强调将法院外协商作为前置程序，都强调法院对协商程序进行较少的干涉，然而使用较少的最后阶段提供的免责制度却和美国法中的清算程序比较类似。① 法国的消费者破产制度有两个显著特点：其一是个人过度负债委员会的设立②。按照法国消费者法的规定，每省至少设立一个“个人过度负债委员会”，其组成包括国家在该省的代表（委员会主席）、国库会计官（委员会副主席）、税务处主管、法兰西银行在当地的代表（秘书）、分别从全法信用机构与投资企业协会以及消费者或家庭协会推荐的名单中各遴选一人的六人委员会。委员会的主要事务由秘书承担，该委员会由国家资助，消费者在使用该委员会的相关程序时无须付费。该委员会在法国消费者破产程序中的作用斐然，不仅负责受理消费者债务人的申请、对其资产和负债情况进行

---

① Jason J. Kilborn, *La Responsabilisation De L'Economie*: *What the United States Can Learn from the New French Law on Consumer Overindebtedness*, 26 Mich. J. Int'l L. 619, 635 (2006).

② See Jocob S. Ziegel, *Comparative Consumer Insolvency Regimes—A Canadian Perspective*, Hart Publishing, 2003, p. 140.

评估并提出报告文件，而且充当债务人和债权人之间重整计划的调解人，甚至对法院的执行措施提出建议、筛选进入清算免责程序的债务人等，可以说委员会承担了消费者破产程序中的大部分工作，极大地减轻了法院的负担。其二是法国虽然规定了类似于美国的完全免责，但是这种免责的适用范围非常有限，仅提供给那些被委员会和法院确认为处于无法挽回的困境、且不能以其资产和收入对债务进行有效偿还的债务人。根据法兰西银行 2001 年的一项调查显示，在委员会受理的所有案件中只有 2% 左右被建议给予最终的完全免责。① 而"无法挽回的困境"这一概念留给法官的自由裁量权也成为法国消费者破产制度中最富有争议性的问题，对这一概念的解释直接决定了消费者债务人能否获得完全免责的大馅饼。在个人恢复程序结束后，破产债务人仍须根据法官的命令进行一些社会跟进措施以恪守行为。

三、欧美国家消费者破产制度的差异

作为消费者破产立法的后起国家，欧洲大陆法系国家和斯堪的纳维亚国家的消费者破产制度和以美国为模板的消费者破产立法之间存在着明显的差异。总的说来，美国和欧洲在消费者破产立法方面有着以下不同：第一，欧陆国家实行较为严格的免责制度。欧洲消费者破产法与美国消费者破产法的最大差别在于它们坚持将制定偿还协议作为消费者债务人的义务。免责要么是附限制条件的，要么是必须在偿还协议完成之后方能授予，偿还协议的存续期间从 3 年至 7 年不等。② 第二，欧洲国家多采用法院外协商程序前置模式。虽然法院外协商程序的运作模式可能不同，有的国家采取政府干预的运作模式，有的国家采取社会团体协助的运作模式，有的国家采取银行主导的运作模式，但相同的做法是将咨询作为一个必经步骤或者将咨询作为法院债务调整程序的前提条件。因此，在申请法院内消费者破产或债务调整程序之前，欧洲的消费者债务人必须先参加债务咨询、谈判和调解以解决债务问题。将法院外协商程序前置的做法，极大地减轻了法院的负担，并且增加了消费者破产案件的和解率，有利于偿还计划的执行和落实。正因为此，美国在 2005 年 BAPCPA 中也开始引入法院外协商程序前置模式。第三，欧陆国

---

① See Banque de France, *Surendettement*: *Enquete Typologique*, available at http://www.banque-france.fr/fr/instit/telechar/services/typologi.pdf, pp. 2, 26 (last visited August 11, 2009).

② Johanna Niemi-Kiesiläinen, *Changing Directions in Consumer Bankruptcy Law and Practice in Europe and USA*, 20 Journal of Consumer Policy 133, 135(1997).

家的律师在消费者破产中的作用相对较小。某些国家由政府或慈善组织负担的专业债务顾问负责在债务调整程序中给债务人提供建议；某些国家由公立机构负责处理绝大多数消费者破产案件；法国是由法兰西银行在过度负债委员会中起到主导作用；在英格兰和威尔士，公立的破产接管人办公室负责推进大多数消费破产程序。① 而在美国，法院外的咨询程序和法院内的清算程序及重整程序主要都是由破产律师推进。② 第四，在欧洲各国似乎存在这样一种趋势，即为消费者过度负债和获得免责附加上道德内涵。欧洲大陆法系国家，例如德国、法国、奥地利、荷兰、芬兰等国大多制定有“妥善行为期”制度，规定在破产程序终结后，消费者债务人经过一段时间的妥善行为期，方可获得免责。因为这些国家传统上将负债作为一种极不道德的犯罪行为，现虽经历了破产除罪化，但仍认为破产的消费者债务人未能恪守诚实信用的交易原则和道德准则，因而需在一定时期内对其行为加以限制，以帮助他重回正常经济生活的轨道。而在美国，从学者到普罗大众多认为银行等信贷机构的掠夺和诱导是消费者陷入债务困境的主要原因之一，对破产消费者更少地进行道德上的指责和强加相应的义务。

大到两大法系，小到各个国家在消费者破产制度上的差异和借鉴构成了本书立论的基础，正是因为这些差异的存在引发笔者思考导致各国立法差异的原因何在，不同的立法政策背后体现了何种理念，各国立法架构孰优孰劣，以及近年来一些国家对消费者破产立法频繁修正的原因，国际范围内消费者立法呈现出哪些共同的趋势，我国在消费经济初见端倪的环境下应该如何做出立法选择。对上述问题的分析和解答构成了本书的写作脉络和基本内容。

---

① Iain Ramsay, *Comparative Consumer Bankruptcy*, 2007 U. Ill. L . Rev. 241, 252 (2007).

② See Jean Braucher, *Lawyers and Consumer Bankruptcy*: *One Code*, *Many Cultures*, 67 Am. Bankr. L. J. 501(1993).

第二章　法院外消费者债务清理程序

现代破产制度分别在两个不同层面上处理消费者债务人的经济问题，除了正式的强制免责法律制度外，各国消费者破产制度都试图通过居间调解的方式达成私人的、自愿的解决措施，以在一定程度上避免对契约神圣原则（Sanctity of Contracts）的破坏。① 消费者破产制度不仅包括清算程序、重整程序等司法程序，也包括法院外的咨询程序、和解程序，前者通常被称为"正式的破产程序"，而后者通常被称为"非正式的破产程序"。各国和地区为消费者债务人提供的法院外债务清理程序可能有不同的名称，例如美国称为"信用咨询"（Credit Counseling）、加拿大称为"非营利性债务偿还和信用咨询服务"（Non-profit debt repayment and credit counseling service）；澳大利亚、英国、卢森堡称为"债务咨询"（Debt Counseling）；比利时称为"调解"（Mediation）；德国称为"法院外债务清理协商程序"；法国称为"个人过度负债委员会程序"；我国台湾地区称为"强制性债务调解"等。不管名称如何，各国法院外债务清理程序的功能基本上体现在以下两方面：一是为陷入债务困境的消费者债务人提供解决债务问题的建议，即咨询功能；二是居间促进债务人和债权人之间达成债务偿还计划，避免进入正式的破产程序，即调解功能。

第一节　法院外消费者债务清理程序的立法模式

根据法院外债务清理程序在各国消费者破产法中的地位，可以将其分为两种模式：法院外债务清理程序前置主义的立法模式和法院外债务清理程序选择主义的立法模式。在前置主义的立法模式下，法院外债务清理程序是强制性的，消费者破产法中明确规定必须首先进行法院外程序，在指定机构或人士处接受咨询服务并进行和解努力后，方能开始法院内破产程序。在选择

① Jason J. Kilborn, *Comparative Consumer Bankruptcy*, Carolina Academic Press, 2007, p. 35.

主义的立法模式下，债务人虽然也可以借助法院外咨询和调解程序的帮助处理债务问题，但这并不是强制性的，只是一种可供债务人选择的解决途径。

一、法院外债务清理程序前置主义的立法模式

法院外债务清理程序前置主义的立法模式被欧洲大陆法系国家和斯堪的纳维亚国家的消费者破产法广泛采用。几乎每个欧陆国家的消费者破产制度中，都将类似的破产前谈判协商程序作为启动法院内正式破产程序的前置条件，例如德国、荷兰、法国、卢森堡、比利时和2007年改革前的瑞典法中均有此规定。① 而英美法系国家的消费者破产制度较大陆法系国家而言相对宽松，多采用法院外债务清理程序选择主义的立法模式，为申请破产的债务人设置较少的障碍，例如英国、澳大利亚和加拿大②，但美国在近几年已旗帜鲜明地引入欧陆国家的法院外消费者债务清理程序前置主义的立法。

（一）德国式的强制性法院外债务清理程序

德国式的强制性法院外债务清理程序是将法院外程序作为正式的法院内破产程序的前置条件，消费者债务人在提出破产申请时必须提交证明材料证明已经进行了法院外程序的尝试，只有进行了法律所要求的法院外程序才能具备申请正式破产程序的资格。采用这种立法方式的国家主要有德国、荷兰、2007年改革前的瑞典以及2005年BAPCPA生效后的美国。德国《破产法》第305条第1款第1项规定，申请消费者破产程序的债务人应该提交“由适当人士或机构出具的证明，证明在申请程序开始前最后6个月内，以达成计划为基础的在诉讼外就债务清理同债权人和解的尝试未获成功”。在德国，消费者债务人要想进入正式的破产程序，必须首先提交一项证明文件证明其在过去的6个月之内寻求法院外解决的努力宣告失败，如未先进行法院外债务清理协商程序，则未能满足消费者破产程序的开始要件。之所以这么规定是因为德国立法者认为，在消费者债务清理的过程中，法院外协商程序具有重要功能，可减轻破产法院之负担、避免破产程序费用的增加以及债权人得迅速收取部分金额受偿。③ 德国法院外债务清理协商制度取得了不错

---

① Jason J. Kilborn, *Out with the New, In with the Old: As Sweden Aggressively Streamlines Its Consumer Bankruptcy System, Have U. S. Reformers Fallen Off the Learning Curve?*, 80 Am. Bankr. L. J. 435, 441, footnote 35(2006).

② 加拿大的强制性信用咨询是指获得自动免责之前必须接受信用咨询，更确切地说这是一种关于债务问题的教育。

③ 沈冠伶：《消费者债务清理制度之研究——从德国法之发展评析我国消费者债务清理条例》，载《台北大学法学论丛》2007年第63期，第141页。

的成效，在全国的平均成功率有30%，某些州甚至到达了50%的成功率。①与此类似，美国《联邦破产法》第109（h）条规定：个人债务人在提出破产申请前180天内须在经授权的非营利性咨询机构接受包括电话和网络等形式的专业信用咨询。② 和德国、美国一样，荷兰的消费者破产法也将法院外债务偿还方案的协商作为进入正式消费者债务免除程序的强制性条件。对于已进行了法院外债务清理程序的要求，荷兰法、美国法与德国法都规定了相同的认定方式，即要求债务人在其免责申请中提供一份声明，解释为什么没有足够的财产完成法院外债务偿还计划，这份声明必须由债务人所在地政府做出，通常是由当地政府授权的地方信用咨询机构出具。③

（二）法国式的强制性法院外债务清理程序

法国式的强制性法院外债务清理程序将法院外咨询程序和司法程序融合起来，规定消费者债务人破产免责申请需向指定的法院外机构提出，由该机构为消费者债务人进行资产负债信息调查、提供债务咨询、制定偿还计划、并促成债务人债权人双方接受该计划，如果法院外和解程序失败，法院外机构才可以将案件移交至法院。采用这种立法方式的国家主要有法国、比利时和卢森堡。即使法国和卢森堡的法律并没有像德国法那样，在立法中明确规定法院外信用咨询是作为进入正式破产程序的前提条件，但消费者债务人却只有在某种类型的信用咨询机构认定的协商程序失败或将要失败之后才能进入正式的破产程序④，这在实际上产生了法院外债务清理程序前置主义的效果。法国在全国设立了117个个人过度负债委员会，消费者债务人启动过度负债案件，需要向个人过度负债委员会提出申请，在债务人提交申请之后，这些委员会便完全控制案件的进程，如果最终有债权人拒绝委员会提出的建议方案，委员会则经债务人申请将案件移交给法院，同时建议法院采取一般免责措施或特别免责措施。⑤ 如今在法国，绝大多数消费者破产案件都是以

---

① Gesetzenentwurf der Bundregierung, Entwurf eines Gesetzes zur Entschiung völlig mittelloser Personen und zur Änderung des Verbraucherinsolvenzverfahrens, S. 43.

② 11 U. S. C. A § 109(h)(1).

③ Jason J. Kilborn, *Comparative Consumer Bankruptcy*, Carolina Academic Press, 2007, p. 42.

④ Jason J. Kilborn, *Comparative Consumer Bankruptcy*, Carolina Academic Press, 2007, p. 35.

⑤ See Jason J. Kilborn, *Continuity, Change and Innovation in Emerging Consumer Bankruptcy Systems: Belgium and Luxembourg*, 14 Am. Bankr. Inst. L. Rev. 69, 72-74(2006).

法院外协商达成长期偿债方案的方式结案的。① 卢森堡和法国一样，债务人向非司法部门提交申请，消费者债务人要想获得债务免除须向政府设立的“过度负债事项信息和咨询服务中心”提出申请，由服务中心收集债务信息并提出偿还计划。② 而与法国和卢森堡不同的是，比利时的消费者破产程序从债务人向一审法院提交免责申请开始③，但在正式的法院程序开始之后，比利时的做法却是将案件继续在法院之外进行处理，由债务人在其申请中提名一个债务调解人（médiateur de dettes/schuldbemiddelaar），并经法院任命，债务调解人负责控制法院外协商程序的进程，而法院不参与协商程序，该债务调解人的功能和法国的个人过度负债委员会类似。

（三）法院外债务清理程序前置主义立法模式的优势和不足

法院外债务清理程序前置主义立法模式的优势主要体现在以下四方面：

第一，对债权人而言，法院外债务清理程序前置主义扩大了债务和解的可能性，可以使债权人在较短的时间内获得部分受偿。前置主义要求债务人在进行正式破产程序之前必须尝试与债权人进行协商，达成债务偿还计划，这使得消费者过度负债问题得到和解解决的可能性增强。而达成偿债计划，通过债务人自身的努力偿还债务一直是各国破产法所追求的目标之一，这能尽量减少债权人的损失，降低债务人违约所带来的损害，使债务人尽可能地为自己的行为负责。

第二，对债务人而言，强制性的法院外程序为其提供的咨询服务可以帮助其处理债务问题，引导其培养正确的理财观念，如果达成和解计划还可以减少后续法院内破产程序的费用和时间支出。每个前置的法院外清理程序都为消费者提供了信用咨询服务，咨询不仅可以帮助债务人收集债务信息，提出解决债务问题的方案，还可以教给债务人如何管理好自己的财务状况，在破产后成为一个健康的经济生活参与者。达成偿债计划并非法院外债务清理程序前置主义的唯一目的，实际上很多国家采用法院外债务清理程序前置主义的目的在于帮助陷入债务困境的消费者选择最合适的解决债务问题的方法，这也是许多国家将此程序视为社会公益事业的原因。例如卢森堡就建立

---

① Jason J. Kilborn, *Comparative Consumer Bankruptcy*, Carolina Academic Press, 2007, p. 28.

② See Law of 8 Dec. 2000, art. 3, art. 4, available at http://www.legilux.public.lu/leg/a/archives/2001/1341411/1341411.pdf? SID = be962d0991ea47fec6885ae2534a33bd # page= 2 (last visited Aug. 20, 2009).

③ Jason J. Kilborn, *Continuity, Change and Innovation in Emerging Consumer Bankruptcy Systems: Belgium and Luxembourg*, 14 Am. Bankr. Inst. L. Rev. 69, 80(2006).

了以社会福利为导向的债务咨询机制，为过度负债的消费者提供指导，早在20世纪90年代初期，几个公益性组织就开始给消费者提供免费的债务咨询，并将此作为他们社会福利使命的一部分，后来这些公益性组织和卢森堡家庭部（the Ministry of Families）一起开始运作一个统一的、由国家资助的咨询项目——“抗击过度负债的国民服务”（National Service for the Fight Against Overindebtedness，简称 NSFAO）。① 因此，对消费者债务人而言，法院外债务清理程序前置主义的存在无疑为其解决债务困境增加了一条出路，并且在法国、卢森堡等国家这条出路还是免费享有的。

第三，对法院而言，法院外债务清理程序前置主义极大地减轻了法院的负担。一方面，法院外债务清理程序前置主义承担了后续法院内正式破产程序中的工作，在债务信息收集、偿还计划的制定等多方面分担了法院的工作量。例如在法国的个人过度负债委员会程序中，委员会不但负责审查债务人是否具有申请资格、调查债务情况、提出偿债计划，促进当事人之间协商达成和解，在调解不成的情况下，委员会还应债务人的请求，先行提出建议措施，而后由法院对建议措施进行审查并赋予法律效力。② 委员会的建议为法院判决提供了重要的参考，这在很大程度上减轻了法院的工作量。另一方面，法院外债务清理程序前置主义规定消费者破产案件首先必须经过协商谈判，这增加了债务人与债权人就债务问题达成偿还计划的可能性，使案件尽可能以法院外和解的方式结案，势必减少进入法院内正式破产程序的案件数量，因而得以减轻法院负担。在绝大多数国家，消费者破产案件都占整个破产案件数量的绝对多数，例如美国1980—2008年消费者申请破产的案件数量在整个破产案件中所占的比重维持在80%以上，近十年这一数字更是达到了97%左右，③ 法院外债务清理程序前置主义强制债务人和债权人承担协商谈判的义务，增加了他们之间达成偿债计划的可能性，可以减少申请法院内正式破产程序的案件数量，减轻法院的受案量。例如，法国在立法规定个人过度负债委员会程序后的最初3年间，就有23万件以上的消费者破产

---

① Jason J. Kilborn, *Comparative Consumer Bankruptcy*, Carolina Academic Press, 2007, pp. 33-34.

② See Art. L. 331-7 (C. Consom.).

③ See ABI, *Annual Business and Non-business Filings by Year* (1980-2008), available at http://www.abiworld.org/AM/AMTemplate.cfm?Section=Home&CONTENTID=57826&TEMPLATE=/CM/ContentDisplay.cfm (last visited Aug. 20, 2009).

案件经由法院外程序得到解决,① 在1997—2007年10年间,在个人过度负债委员会受理的所有案件中,有60%～70%的案件是通过双方达成债务偿还计划而结案的,② 这无疑大大减轻了司法负担。

第四,对社会而言,通过债务人与债权人之间的法院外解决途径可以避免债务人破产,降低破产率。一直以来,破产都素有恶名,在很多国家破产被作为债务人逃避责任、盲目消费的代名词。破产率也被用来作为衡量社会经济运行情况的指标,例如在经历2008年金融风暴之后,美国2009年5月消费者破产案件的申请量比2008年同期增长了37%,对此美国破产协会执行理事Samuel J. Gerdano表示随着失业率和抵押品止赎率的上升,消费者破产案件的申请数量将继续增长。③ 所以破产率的高低成为衡量社会经济运行良好与否的标志之一,法院外债务清理程序前置主义使得消费者债务人在申请破产之前必须进行和解程序,破产程序不再是无力偿债消费者的唯一选择,这为破产率的降低提供了契机。

虽然各国因法院外债务清理程序的制度设计不同各有不足之处,但采该模式立法的一个共性缺点是会延长消费者债务清理程序,增加时间上的花费,特别对于那些债务情况极端恶劣的消费者债务人而言,法院外债务清理程序前置主义往往只能流于形式,而他们急需进行的法院内破产免责程序则因此延迟,不仅于债务问题的解决无益,而且不利于债务人经济能力的恢复。美国在2005年采取破产前强制信用咨询制度之后,一份来自信用咨询产业的研究显示只有约3%的破产前信用咨询客户合意达成了解决方案,因此有学者质疑如此低的和解率是否值得将其他97%的债务人都纳入咨询程序中去浪费时间、金钱和咨询服务资源。④ 不可否认的是法院外债务清理程序对于部分消费者债务人而言确实为其提供了解决债务问题的非破产路径,但是对于那些完全无和解可能的案件,一概强制进行法院外债务清理程序只能使其债务问题进一步恶化。因而,为了在享用强制性信用咨询带来便捷的

---

① 陈彦希:《中英法破产法之免责制度之功能》,载《司法研究年报》第18辑第3篇,台湾"司法院"1998年版,第29页。

② Jason J. Kilborn, *Comparative Consumer Bankruptcy*, Carolina Academic Press, 2007, p. 33.

③ ABI, *Consumer Bankruptcy Filings up 37 Percent in May*, available at http: //www. abiworld. org/AM/Template. cfm? Section = Home&CONTENTID = 57680&TEMPLATE =/CM/ContentDisplay. cfm(last visited Aug. 20, 2009).

④ Jason J. Kilborn, *Comparative Consumer Bankruptcy*, Carolina Academic Press, 2007, p. 26.

同时避免其造成债务清理程序的冗长，部分国家的立法对其进行改革，限制强制性信用咨询的适用范围，使得那些无和解可能的消费者债务人得以直接进入法院内破产程序，以减少当事人的费用支出，加速破产程序的进行，节省法院外债务清理程序的服务资源。

我国台湾地区2008年《消费者债务清理条例》就只对部分债务采取法院外债务清理程序前置主义的模式，仅就债务人对于金融机构因消费借贷、自用住宅借款、信用卡或现金卡契约而负之债务采取强制性法院外协商程序。债务人就上述范围内的债务应于申请破产重整或破产清算之前，提出债权人清册，以书面形式向最大金融机构请求协商债务清偿方案，并标明共同协商之意旨。① 债务人如未向金融机构请求进行债务协商，而直接向法院申请重整或清算，应属申请条件不齐备，法院应命债务人先提出债务协商的请求。② 德国2006年对消费者破产程序提出的修正案草案也试图对强制性法院外协商程序的适用加以限制，对于债务偿还计划显然无成立之望者无强制进行协商程序的必要，"显然无成立之望者"系指基于债务清理计划，可预见债权人之债权连5%都不能得到满足，或债权人多于20人的情形。③ 在奥地利，只有那些缺乏足够资金（一般在25～185美元）以支付正式破产程序费用的债务人，才被强制要求在经许可的咨询代理机构的协助下与债权人进行申请前的非正式协商。④ 美国2005年BAPCPA中也为强制性信用咨询的适用规定了例外条款。⑤ 对强制性法院外债务清理程序的适用范围加以限制逐渐成为采取前置主义立法模式国家的改革方向。

二、法院外债务清理程序选择主义的立法模式

与前置主义的立法模式相对，法院外债务清理程序选择主义的立法模式并不强制要求在正式的法院内破产程序开始前先进行法院外债务清理程序，破产申请人可以选择进行法院外债务清理程序，也可以直接申请进入法院内正式破产程序。采取这种立法模式的国家主要有英国、澳大利亚、日本、瑞典，美国在2005年BAPCPA生效前也是采取选择主义立法模式的代表。英

① 参见中国台湾地区2008年《消费者债务清理条例》第151条。

② 参见中国台湾地区2008年《消费者债务清理条例》第8条。

③ 沈冠伶：《从德国法之立法趋势评析我国消费者债务清理条例——基于债务人与债权人利益衡平保障之观点》，载《台湾本土法学》2008年特刊，第75页。

④ Jason J. Kilborn, *Comparative Consumer Bankruptcy*, Carolina Academic Press, 2007, p. 41.

⑤ See 11 U. S. C. § 109(h).

国自1971年伯明翰解决金钱纠纷咨询中心（Birmingham Settlement Money Advice Centre）成立以来，债务咨询产业也得到了迅速发展，但由于消费者破产并非英国破产法的关注重点，所以立法也未对债务咨询问题予以规定，① 也未强制要求在申请破产之前必须经过法院外的债务咨询，债务咨询只是作为一种可选择的服务提供给消费者债务人。英国的债务咨询是通过非成文立法的路径发展起来的，这与前述采取法院外债务清理程序前置主义的国家有着显著的差别。② 日本原本在旧破产法③中设有强制协商制度④，但后来随着《民事再生法》和新《破产法》的实施，旧法被随之废除，消费者债务人可以在民事再生程序和清算破产程序之间自由选择，但无论选择哪种程序，在向法院提出申请时都没有事先进行法院外协商程序的强制要求。即使针对自用住宅，日本法虽规定不论在通常再生程序中，还是小规模个人再生程序或薪资所得个人再生程序中，债务人于提出订有住宅贷款特别条款的再生计划前，负有与住宅资金贷款债权人事前协议的义务，且住宅资金贷款债权人亦负有提供必要建议之义务，⑤ 但其性质上仅为训示规定，如有违反并无罚则。因而，虽然日本2001年由金融界、产业界等人士组成的研究会颁布了《私的整理指导原则》(《私的整理关するガイドライン》）以期推动由金融机构主导的法院外债务协商机制的发展，但其并不具有法律拘束力，日本消费者破产法制也未采取强制性的事前债务协商机制。⑥

法院外债务清理程序选择主义的立法模式既为消费者提供了债务咨询协商程序，又不强制要求债务人在申请正式法院内破产程序之前必须接受法院外咨询协商程序，从理论效果上说可以使消费者债务人利用法院外程序便利的同时，不至于为该程序的强制性所限制和拖累。但从实际效果上看，消费者债务人往往为了节省时间和金钱上的支出而直接申请法院内的破产程序，

---

① See Conaty et al, *Private and Public Concerns—Unemployment, Credit and Debt in Britain: An Overview*, in Udo Reifner and Janet Ford (eds.), *Banking for People: Social Banking and New Poverty Consumer Debts and Unemployment in Europe-National Reports*, Walter de Gruyter, 1992, p. 533.

② Jacob S. Ziegel, *Comparative Consumer Insolvency Regimes—A Canadian Perspective*, Hart Publishing, 2003, p. 124.

③ 日本旧破产法是指2004年6月2日新破产法施行前适用的破产法。

④ 参见日本旧破产法第290条。

⑤ 日本《民事再生规则》第101条第1项。

⑥ 王志诚：《从日本个人债务清理法制论我国消费者债务清理条例之立法得失》，载《台湾本土法学》2008年特刊，第150页。

这使得一些本可以获得和解解决的案件也被提交到法院，不但降低了消费者案件的庭外和解率，而且极大地增加了法院负担，因为法院内正式破产程序失去了强制性法院外债务清理程序这一“守门人”。所以一些采取选择主义立法模式的国家往往另辟蹊径以减轻法院的负担，例如澳大利亚《破产法》规定只要涉及消费者破产程序，债务人必须向司法部秘书处任命的官方接收人（Official Receiver）提交申请，并附上情况说明，由官方接收人负责审查案件是否可以进入法院破产程序。不仅如此澳大利亚法律还特别规定“预先声明制度”，即消费者在提交上述申请之前可以选择提交一份意图提交申请的声明，提交声明可以使债权人对债务人个人或其财产的执行程序中止7天，澳大利亚1998年引入预先声明制度的目的就在于降低破产的出错率，并鼓励债务人寻求其他破产外的途径解决债务问题。①

三、对强制性法院外债务清理程序的扬弃

（一）美国引入强制性法院外咨询程序

1. 美国信用咨询制度的产生和历史

信用咨询产业在美国消费者债务困境服务市场中占有重要的份额，每年约有900万美国人向信用咨询顾问寻求帮助。② 由于债权人普遍对消费者破产抱有抵触情绪，许多立法者也认为信用咨询和债务管理计划是第7章和第13章破产程序的一个有效替代品。③ 早在20世纪60年代早期，非营利性组织美国信用咨询基金会（National Foundation for Credit Counseling，简称NFCC）就组建了一些覆盖信用咨询和债务管理服务的机构，这些机构被称为消费者信用咨询服务（Consumer Credit Counseling Services，简称CCCS）机构。④ 随着个人破产申请数量的增长，以商业银行为代表的部分债权人也开始组建消费者信用咨询机构。⑤ 为了应对其消费者客户中日益增长的无力

---

① See Jacob S. Ziegel, *Comparative Consumer Insolvency Regimes—A Canadian Perspective*, Hart Publishing, 2003, pp. 96-97.

② See Caroline E. Mayer, *"Alarming Abuses" in Credit Counseling; Senate Panel Issues Scathing Comments on Agencies It Probed*, Wash. Post, Mar. 24, 2004, at E1.

③ See *Bankruptcy Abuse Prevention and Consumer Protection Act of 2005*, Pub. L. No. 109-8, 106.

④ See Abby Sniderman Milstein & Bruce C. Ratner, *Consumer Credit Counseling Service: A Consumer-Oriented View*, 56 N. Y. U. L. Rev. 978, 980-81 (1981).

⑤ See Abby Sniderman Milstein & Bruce C. Ratner, *Consumer Credit Counseling Service: A Consumer-Oriented View*, 56 N. Y. U. L. Rev. 978, 986 (1981).

偿债比率和个人破产程序申请率，这些商业银行在全美范围内建立了最初的信用“咨询”机构网络，其主要目标在于鼓励和促进信贷机构和消费者之间就经济问题进行谈判，引导消费者放弃正式的破产程序和债务免责。① 在20世纪60~70年代，立法者在立法中并不禁止营利性的信用咨询机构，而是将营利性和非营利性的债务咨询人做出区分，对于后者给予一些立法上的支持，因为他们相信非营利性的消费者信用咨询机构可以为消费者提供充分的保护。② 在20世纪80~90年代早期，随着消费者债务的增长，信用咨询产业急剧扩张，越来越多的债务人寻求信用咨询机构的帮助解决债务问题。③ 1994年，一些信用咨询机构根据《反垄断法》起诉NFCC和他的成员，声称NFCC和债权人达成不合法的协议限制信用咨询市场的竞争，④ 这一诉讼打开了信用咨询市场的大门，一些其他贸易组织陆续加入到信用咨询产业中，⑤ 使得竞争进一步加剧。雪上加霜的是一些企业家看到了信用咨询产业的商机，他们认识到如果将其企业伪装成一个非营利性的商业机构，那么信贷的增长和债权人的资金资助可以为其带来巨大的收益，⑥ 他们的加入加剧了行业竞争。但信用咨询产业的服务质量并未得到相应的提升，申请信用咨询服务的消费者债务人数量的增加使得服务资源短缺，许多咨询顾问表示为了节省时间，可以限制或放弃面对面的咨询，对所有或绝大多数案件采用电话或网络咨询的方式，这使许多原本可以通过法院外程序解决的案件得

---

① Jason J. Kilborn, *Comparative Consumer Bankruptcy*, Carolina Academic Press, 2007, p. 21.

② See Abby Sniderman Milstein & Bruce C. Ratner, *Consumer Credit Counseling Service: A Consumer-Oriented View*, 56 N. Y. U. L. Rev. 978, 984-85 (1981).

③ See David Lander, *Developments Imperil Those Debt Counseling Agencies That Provide Effective Education and Counseling*, 4 Norton Bankr. L. Adviser 7, 14-15 (2001).

④ In Re Consumer Credit Counseling Servs. Antitrust Litig., Nos. MDL 97MS233, 97-CV-1741, 1997 WL 755019 (D. D. C. Dec. 4, 1997). 这一诉讼的结果是当事人双方最终达成和解协议，根据该协议禁止债权人在NFCC的董事局任职。

⑤ The National Consumer Law Center (NCLC) and the Consumer Federation of America (CFA), *Credit Counseling in Crisis: The Impact on Consumers of Funding Cuts, Higher Fees and Aggressive New Market Entrants*, available at http://www.consumerfed.org/pdfs/credit_counseling_report.pdf, p. 8 (last visited Aug. 20).

⑥ 美国参议院的一个调查委员会在2004年曾经发布了题为“非盈利产业中的暴利：信用咨询滥用实践”的调查报告，揭示了信用咨询产业存在的暴利问题。See *Profiteering in a Nonprofit Industry: Abusive Practices in Credit Counseling: Hearings Before Permanent Subcommittee on Investigations*, 108th Cong., 2nd Sess. 3 (2004).

不到充分的咨询服务，延误了消费者债务问题的解决。① 作为信用咨询机构运作资金主要来源的债权人也在逐步削减资金支持额度，并对咨询机构的资金支持加以严格限制。案件数量的增加、资金来源的短缺、行业内竞争的加剧使得美国信用咨询产业在21世纪初面临着巨大的考验，改革呼声不断。② 因此在2005年BAPCPA中，美国立法者对信用咨询制度做出了重大改革。

2. 美国信用咨询制度的运作

信用咨询首先包含咨询服务，例如通过制定良好预算以及控制支出和借贷的方式帮助消费者进行财务管理，提供建议和指导。在美国绝大部分案件中，这一程序继续进行就会将单纯的咨询程序转化为谈判程序。虽然美国立法者对信用咨询强制要求的用意是好的，但在实践中信用咨询机构常常会偏离立法者的初衷，将同债务人达成“债务管理计划”(Debt Management Plan，简称为DMP) 作为自己服务的中心和目的。

在出现严重债务问题的案件中，信用咨询的最好结果（也是其目标）便是达成折中的偿还方案，这种折中偿还方案即被称为债务管理计划。通常来说，债务管理计划要求债务人在3～5年的时间内对未偿还的债务按月进行偿付（房屋贷款和汽车贷款等担保债权除外），再由信用咨询机构将偿还额交给债权人。美国的债权人一般不愿意给予债务人一定程度的应还债款免除，但是他们通常会在利率、手续费、偿还期限等方面提供一定的免责。为了鼓励债务人达成债务管理计划，一些债权人通常会采用降低利率、降低后续手续费、延长还款期限从而降低月还款额等方式。

3. 2005年BAPCPA对信用咨询制度的改革

2005年BAPCPA对所有寻求《联邦破产法》保护的个人增加了信用咨询的强制要求。现行《联邦破产法》第109（h）条要求个人债务人在提出破产申请前180天内须在经授权的非营利性咨询机构接受信用咨询。③ 强制性信用咨询要求的出台，是因为美国国会认识到越来越多的消费者债务人将

① Jason J. Kilborn, *Comparative Consumer Bankruptcy*, Carolina Academic Press, 2007, p. 24.

② See The National Consumer Law Center (NCLC) and the Consumer Federation of America (CFA), *Credit Counseling in Crisis: The Impact on Consumers of Funding Cuts, Higher Fees and Aggressive New Market Entrants*, available at http://www.consumerfed.org/pdfs/credit_counseling_report.pdf (last visited Aug. 20, 2009).

③ 11 U.S.C.A § 109(h)(1).

破产作为一种捷径，在一些案件中破产成为他们的首选而不是最后选择。① 国会在 BAPCPA 中制定新的信用咨询条款，意在鼓励债务人将破产作为最后的救济方法，迫使消费者了解提交破产的结果以及可选择的非破产程序。② 也有国会议员一针见血地指出，面对个人破产案件申请数量的急剧增长③，强制性信用咨询要求出台的根本目的在于降低破产案件的申请量。④ 与之前的《联邦破产法》相比，2005 年修正之后的新法对申请破产的债务人规定了更加严格的限制条件⑤，而强制性信用咨询要求符合这一大的立法方向。

BAPCPA 中的强制性信用咨询制度在实践上饱受批评。首先，已经陷入债务困境的消费者债务人必须负担咨询费用，使得其在寻求破产保护之前又得面对一个额外障碍。因为美国的强制性信用咨询制度缺乏政府的资金支持，因此法律允许信用咨询机构向其委托人收取一定的费用，这无疑增加了已经无偿债能力的消费者债务人的经济负担。⑥ BAPCPA 中明确规定了信用咨询机构可以收取合理的费用用于咨询服务，但同时又指出咨询机构提供服务时不得考虑消费者债务人是否有能力负担咨询费用。⑦ 美国立法者们并未明确指出何为“合理的费用”，也未明确表示该条款是否表明当债务人无力支付咨询费时，咨询机构也必须提供咨询服务。其次，信用咨询要求的例外在实践中很难落实。法院外债务清理程序前置主义面临的一个主要问题就是，对于那些完全无支付能力的债务人而言，法院外的咨询和谈判程序根本无法使其与债权人达成和解协议，这样还必须按部就班地进行法院外债务清理程序无异是时间和金钱上的浪费。美国新破产法为了避免这个问题，为强制性信用咨询规定了三个例外：（1）债务人居住地距离经授权的信用咨询机构非常远可以免于咨询程序的要求；⑧（2）经破产法院同意免除信用咨询，如果债务人证明其负债情况非常紧急，并且他已经提出咨询申请但未在

---

① 2005 U. S. C. C. A. N. 88, 90.

② 2005 U. S. C. C. A. N. 88, 89.

③ See Clifford J. White III, *USTP's Top Priority: Making Bankruptcy Reform Work*, 25-5 Am. Bankr. Inst. J. 16(2006).

④ 151 Cong. Rec. E685, E704(2005)(statement of Rep. Moore).

⑤ 151 Cong. Rec. E685, E704(2005)(statement of Rep. Moore).

⑥ See Leslie E. Linfield, *Strange Bedfellows: Bankruptcy Reform and Mandatory Credit Counseling*, 24-4 Am. Bankr. Inst. J. 12(2005).

⑦ See 11 U. S. C. § 111(c)(2)(B).

⑧ See 11 U. S. C. § 109(h)(2).

提出申请之日起5日内接受到咨询服务，那么破产法院可以准许其免除信用咨询程序；①（3）残障人士和在军事作战区的现役军人可以免除咨询程序。② 但随着电话咨询、网络咨询等新兴咨询方式的普及，以距离因素作为免于信用咨询的理由并不充分。经法院准许的免除也因立法对“紧急情况”的界定不明确而在实践中很难得到适用。因而，对于几乎所有的消费者债务人而言，要想免除破产申请前的信用咨询程序都相当困难。再次，信用咨询会造成程序上的重复。作为破产前咨询程序的必要前奏，咨询顾问要进行收入测试和预算分析，而这些在随后的正式破产程序中债务人的律师和破产管理人都还会再做一次。迫使每一债务人进行重复的预算分析对债务人而言是时间和金钱的浪费，对咨询顾问而言是对宝贵咨询服务资源的不合理配置。③ 最后，BAPCPA对不满足强制性信用咨询要求的破产申请人该如何处理也没有做出明确规定，这使得法院在适用该规定时无所适从，是选择驳回起诉（dismiss）还是不予受理（strike），法律并未给出明确答案。

为何在欧陆国家饱受争议，甚至已经遭某些国家废弃的④法院外债务清理程序前置主义却被美国破产法的改革者们大举引入？笔者认为除了由于该制度本身所具有的提高破产案件和解率、降低破产案件申请量、减轻法院负担等优势外，还与美国消费者破产面临的实际情况紧密相关。消费者滥用破产程序一直是令美国立法者们头疼的大问题，美国人均破产申请数居高不下，1980年美国每一千人中有1.7个破产，2004年这个数字上升到7.0，而同期英国和澳大利亚千人破产比分别只有1.1和1.6，2006年加拿大千人破产比也只有3.8⑤，千人破产比反映的是一个国家消费者破产的使用率，美国消费者债务人对破产程序的使用率无疑是世界各国中最高的，由此而产生的消费者滥用破产程序问题也是世界各国中最为严重的。诚如美国前总统布什在签署BAPCPA时指出：“如果有人不偿还其债务，社会也不会为其行

① See 11 U. S. C. § 109(h)(3).

② See 11 U. S. C. § 109(h)(4).

③ Jason J. Kilborn, *Out with the New*, *In with the Old*: *As Sweden Aggressively Streamlines Its Consumer Bankruptcy System*, *Have U. S. Reformers Fallen Off the Learning Curve*?, 80 Am. Bankr. L. J. 435, 467(2006).

④ 例如下文所提到的瑞典。

⑤ OSB, *An Overview of Canadian Insolvency Statistics Up to* 2006, available at http://www.ic.gc.ca/eic/site/bsf-osb.nsf/eng/br01770.html, p. 21(last visited July 9, 2009).

为埋单。最近太多人滥用破产法了，即使他们明明有偿还能力也不去偿还债务。”① 为防止消费者滥用破产程序，曾被誉为世界上最为自由的美国消费者破产制度②也不得不开始为消费者债务人申请正式的破产程序设置种种障碍。强制性破产前信用咨询程序的引入便是美国立法者为破产免责设置的第一道障碍。立法者规定强制性信用咨询要求的立法意图是可取的，通过为债务人提供一个正式破产程序以外的债务解决措施降低破产案件申请数量的同时，引导消费者债务人养成良好的理财方式，为今后的经济生活打下基础。至于某些具体问题的确需要在今后的立法中逐步完善。由于美国债务人的负债水平较高和偿还能力较差③，该制度在实践中的效果可能不如欧陆国家那样显著，但毕竟为消费者债务人和债权人之间达成和解方案提供了机会，因此可以说符合了美国立法者限制破产程序滥用的总体思路。

（二）瑞典废除强制性法院外咨询程序

在2007年1月1日瑞典新《债务调整法》④ 生效以前，瑞典的消费者破产程序明确划分为三个依次进行的步骤。每个消费者破产案件必须从“第一步骤”（Step One）开始，该步骤是债务人通过自己的努力与债权人达成非正式的自愿偿债安排。正如在其他国家一样，如果债权人全盘接受债务人提出的偿还计划，案件将以这种和解的方式解决，即使债务人可能会因为偿债计划履行困难而重新回到谈判桌上。如果债权人拒绝接受自愿偿还计划，这也是实践中大多数案件中都会发生的情况，那么案件将继续进行到

---

① Press Release, The White House, President Signs Bankruptcy Abuse Prevention and Consumer Protection Act (Apr. 20, 2005), available at http://georgewbush-whitehouse.archives.gov/news/releases/2005/04/20050420-5.html (last visited Aug. 20, 2009).

② See Teresa A. Sullivan, Elizabeth Warren and Jay Lawrence Westbrook, *Consumer Bankruptcy in the United States: A Study of Alleged Abuse and of Local Legal Culture*, 20 Journal of Consumer Policy 223 (1997).

③ See Nat'l Found for Credit Counseling, *Meeting the Mandate: Consumer Counseling and Education Under the Bankruptcy Abuse Prevention and Consumer protection Act*, available at http://www.nfcc.org/Newsroom/NFCC%206%20month%20report%20FINAL.pdf, pp. 6-7 (last visited Aug. 20, 2009).

④ 瑞典旧《债务调整法》（Skuldsaneringslagen）于1994年5月5日在国会通过，1994年7月1日生效，2006年5月19日国会通过了对原《债务调整法》的修正案，修正后的《债务调整法》于2007年1月1日生效，为了表述上的方便本书将1994—2006年施行的《债务调整法》称为瑞典旧《债务调整法》，将2007年至今施行的《债务调整法》称为瑞典新《债务调整法》。

“第二步骤”，由债务人向各省的执行机构（Kronofogdemyndigheten，简称KFM）提交申请，以进入正式的债务调整程序。KFM的主要职能是作为官方的强制执行机构，类似于美国的治安官（County Sheriff）。在消费者债务调整制度中，KFM主要负责接受免责申请并且检查申请人是否符合进入正式免责程序的条件，如果可以便在税务局的指导下制订偿债计划。在2007年新法生效前，KFM没有强制执行偿债计划的权力，如果债权人不接受在第二步骤中制订的偿债计划，则KFM将案件移交给最后的“第三步骤”，由法院对债务偿还和免责进行判决。①

瑞典新《债务调整法》在名称、具体条文、语言表述上都和原1994年法律非常类似，但是消费者破产程序却发生了根本性的变化。最重要的改变之一就是废除了旧法中第一步骤，不再强制要求消费者债务人在申请正式的破产程序之前同债权人进行谈判。即使债务人仍然可向当地的咨询服务机构寻求预算和债务咨询，但不再强制要求债务人在申请正式免责之前和债权人进行制订偿债计划的谈判。② 虽然债务人的破产申请仍然需要向KFM这一非法院机构提出，并由其制订偿债方案，但是KFM已经不仅仅是一个协助当事人自力救济的机构，它具有准司法性，按照新《债务调整法》其有权将最终的债务偿还计划强加给债权人，也有权修改或取消正在进行中的偿债计划，而法院只是作为债务人或债权人不服KFM命令上诉的一个后备选项。因此可以说，瑞典成为第一个废除将法院外信用咨询和和解作为开始正式免责程序强制条件的欧洲大陆国家。③ 在这一点上，瑞典的立法者选择了一条与美国2005年BAPCPA截然相反的道路。

究其原因，还需从瑞典旧《债务调整法》“第一步骤”的立法目的进行分析，在第一步骤中要求债务人尝试与债权人寻求非正式的解决方案，是想强调债务人自己对控制和管理其经济事务的责任，因此所要求的第一

---

① See Jason J. Kilborn, *Out with the New, In with the Old: As Sweden Aggressively Streamlines Its Consumer Bankruptcy System, Have U. S. Reformers Fallen Off the Learning Curve?*, 80 Am. Bankr. L. J. 435, 439-440(2006).

② Jason J. Kilborn, *Out with the New, In with the Old: As Sweden Aggressively Streamlines Its Consumer Bankruptcy System, Have U. S. Reformers Fallen Off the Learning Curve?*, 80 Am. Bankr. L. J. 435, 458(2006).

③ Jason J. Kilborn, *Comparative Consumer Bankruptcy*, Carolina Academic Press, 2007, p. 48.

步骤被称为“自力尝试”（own attempt）。① 但是在实践过程中，立法者们发现往往事与愿违，绝大多数债务人既没有能力解决过度负债的问题，也没有能力在没有债务咨询顾问的帮助下自己承担这项义务。② 这主要还是由消费者破产的特性决定的，在消费者无偿还能力需要申请破产的情况下，其大多数已无财产或仅有很少财产可以提供给债权人用来换取一定程度上的债务免除或者其他方面的让步，使得债务人和债权人双方的谈判进行得异常困难，很难达成一致的和解计划，因而第一步骤在实践中非但没有起到自力救济的立法意图，反而“使满足法定条件的债务人不能及时进行正式的债务调整”。③

呼吁取消被视为浪费时间的第一步骤强制性非正式解决方案的建议由来已久。与德国及荷兰一样，对这一步骤最主要的指责在于这一强制性步骤对需要获得立刻免责的债务人来说常常造成重大的延迟。在第一步骤中，等待期因地而异，和债务咨询人初次约见的等待期从 2 ~ 4 个星期至长达 9 个月不等，此后还要经历长达 10 ~ 17 周的时间去制订一个折中的偿债计划，然后再经历 7 ~ 10 周的时间等待债权人接受或者拒绝和解计划。总的来说，瑞典的债权人在寻求正式的免责之前，平均得花上 7 个月的时间去尝试与债权人达成和解以解决债务纠纷。至少对于那些具备正式免责条件的债务人来说，这么长的等待过程几乎没有哪个证明是值得的。④

笔者认为瑞典虽然放弃了法院外债务清理程序前置主义的立法模式，但并不代表瑞典立法者们否定信用咨询及和解程序的积极意义。而是因为他们强调应该将咨询顾问的工作重点和资源集中到那些可能提出解决方案

---

① Jason J. Kilborn, *Comparative Consumer Bankruptcy*, Carolina Academic Press, 2007, p. 45.

② Jason J. Kilborn, *Out with the New, In with the Old: As Sweden Aggressively Streamlines Its Consumer Bankruptcy System, Have U. S. Reformers Fallen Off the Learning Curve?*, 80 Am. Bankr. L. J. 435, 459(2006).

③ See Statens Offentliga Utredningar [SOU] 2004: 81 Ett steg mot ett enklare och snabbare skuldsaneringsforfarande 209 [government report series] (Swed.), available at http://www.regeringen.se/sb/d/108/a/28107 (last visited Aug. 23, 2009), citing from Jason J. Kilborn, *Out with the New, In with the Old: As Sweden Aggressively Streamlines Its Consumer Bankruptcy System, Have U. S. Reformers Fallen Off the Learning Curve?*, 80 Am. Bankr. L. J. 435, 459(2006).

④ Jason J. Kilborn, *Comparative Consumer Bankruptcy*, Carolina Academic Press, 2007, p. 46.

的案件中去，而不是为那些无希望的案件分散咨询资源。立法者们认为要求第一步骤作为正式免责的前置条件是一种形式主义的浪费，对于承担过多债务负担的债务人来说没什么作用。① 瑞典敢于这样做而不用像美国立法者那样担心消费者债务人会滥用破产免责制度的重要原因在于，瑞典的新《债务调整法》赋予了 KFM 对进入正式破产程序的资格审查权和制订、强制执行偿债计划的权力。KFM 并非司法机关，它作为官方的强制执行机构，在消费者债务调整程序中主要负责接收免责申请并且审查申请人是否符合进入正式免责程序的条件，如果可以，则要求根据税务局的预算指导制订偿债计划，该偿债计划通常是在超过 5 年的时间内将债务人的可支配收入全部用于向债权人偿还债务。按照瑞典新《债务调整法》，即使债权人不同意该偿债计划，KFM 也可以强制执行其制订的偿债计划。这等于是说瑞典的消费者破产法在法院破产程序之前，还有一个 KFM 的债务调整程序，而这一程序是法院程序的前置程序，实际上充当了消费者破产程序的守门人。在新法生效前，KFM 每年驳回了大量的破产申请案件。在新法生效之后，KFM 不仅仅只是消费者破产程序的守门人，还具备了强制执行偿债计划的准司法功能，因而可以进一步减轻法院负担。正因为 KFM 的存在和功能，使得其他采取法院外债务清理程序前置主义国家的主要目的，即减轻法院负担和防止滥用免责都可以在瑞典的 KFM 程序中得到实现，瑞典放弃了原本的法院外债务清理程序前置主义模式也避免了职能上的重复。

纵观上述两种法院外债务清理程序的立法模式，笔者认为，在当今各国司法资源相对紧张的前提下，随着信贷市场的开放和发展，消费者破产案件数量的急剧上升，为了缓解这一矛盾，减轻法院的诉讼负担已成为各国破产法改革必须面对的命题。就目前的消费者破产制度来看，法院外债务清理程序前置主义的立法模式虽然有其内在缺陷，但其在提高消费者破产案件的庭外和解率、优化司法资源配置等方面的作用对各国立法者来说都有着巨大的吸引力，这也是这一立法模式被越来越多的国家采用的根本原因。至于其在

① See Statens Offentliga Utredningar [SOU] 2004: 81 Ett steg mot ett enklare och snabbare skuldsaneringsforfarande 212-13 [government report series] (Swed.), available at http://www.regeringen.se/sb/d/108/a/28107 (last visited Aug. 23, 2009), citing from Jason J. Kilborn, *Out with the New, In with the Old: As Sweden Aggressively Streamlines Its Consumer Bankruptcy System, Have U. S. Reformers Fallen Off the Learning Curve?*, 80 Am. Bankr. L. J. 435, 459(2006).

程序方面的消极作用主要可以通过以下几种方法加以缓解：第一，简化法院外债务清理程序，通过减少向债权人提出债务偿还计划之后的等待期、引入电话和网络咨询服务等方式使法院外债务清理程序变得更加便捷；第二，规定特殊程序，对于那些无财产可供清偿的债务人令其可以直接转入法院内正式破产程序，以免其在法院外程序上浪费时间和金钱，避免其经济状况进一步恶化；第三，规定例外条款，为了防止消费者债务人因为强制性法院外债务清理程序本身的问题而无法获得法院内正式破产程序的救济，为一些在特定时间和情况下无法完成法院外债务清理程序的债务人规定例外条款，使其可以向法院申请破产程序的保护；第四，弱化债权人在强制性法院外债务清理程序中的地位和作用，加强该程序的社会公益性，以体现当代消费者破产立法保护债务人的基本理念。

第二节　法院外消费者债务清理机构的运作

一、法院外消费者债务清理机构的组织架构

法院外消费者债务清理机构以中间人的角色负责法院外债务清理程序的运作。其组织架构是指消费者破产法中规定的提供法院外债务清理程序的机构和人员组成，法院外消费者债务清理程序说到底是一种服务，而债务清理的从业机构和从业人员直接关系到这种服务质量的好坏和服务效率的高低，因此各国在法院外消费者债务清理机构的组织架构设计上都煞费苦心，有的国家采取许可的方式利用现有的民间机构落实法院外清理程序的准入条件，有的国家直接在全国范围内建立起专门负责法院外债务清理程序的行政机构，还有的依赖社会公益性组织提供某种国民福利性质的法院外债务清理服务。法院外消费者债务清理制度固然可以使法院减轻一定的负担，但其实际运作也必然导致其他公私机构负担的加重，因此程序受理机关的选取乃是该制度中最困难的课题。① 以下撷取在这一方面有代表性的美国、德国、法国为例，探讨法院外消费者债务清理机制的机构设置问题。

美国对破产前信用咨询的从业机构规定得非常广泛，只要经美国托管人

① 参见蔡广升：《消费者破产之研究——自制法比较出发》，载《司法研究年报》第22辑第2篇，台湾“司法院”2002年版，第161页。

计划（U. S. Trustee Program，简称 USTP）① 许可的非营利性机构都可以作为申请前信用咨询服务的提供者。在美国，可以提供信用咨询服务的组织可谓五花八门，非营利性机构、营利性组织、学校、教会、法律援助组织、律师等都可以提供信用咨询服务。② 但这些组织要想成为破产法中许可的非营利性预算和信用咨询机构（a nonprofit budget and credit counseling agency），并载于 USTP 核准的名单上，必须满足下列要求：（1）董事会中的大部分成员都不是该机构的雇员，并且不会间接或直接地从该机构提供咨询服务的结果中获得利益；（2）如果咨询服务收取费用，必须在合理的范围内收费，并且在提供服务时不考虑债务人支付费用的能力；（3）为客户资金提供安全保护和支付保障，包括对信托账户进行年度审计；（4）向客户充分公布相关财务事项，包括资金来源、顾问资格、信用报告可能存在的影响、以及客户将要为该计划支付的费用以及这种费用支付的方式；（5）能够为客户的信用问题提供充分的咨询服务，包括分析客户的财务现状、分析导致该财务状况的原因、除了消极的分期偿还外客户可以制定怎样的偿还计划以解决债务问题；（6）能够提供经过专业训练的咨询顾问，并且顾问不能根据该机构提供咨询服务的结果收取佣金和奖金，顾问还需要有足够的经验，且接受过向遇到财务困难的个人提供咨询服务的培训；（7）证明其在提供信用咨询方面有足够的经验和背景；（8）有充分的资金来源为整个偿还计划中的预算安排提供持续的支持服务。③ 笔者认为美国之所以没有像欧洲国家那

---

① USTP 是美国司法部的组成部门，其宗旨在于通过破产法的实施促进破产制度的效率以及保护和保持其公正性。USTP 致力于保证破产案件得到公正、快速、经济的解决，对破产案件当事人的行为进行监管以确保其符合法律和程序规定的要求，鉴别并调查破产欺诈和滥用，监督破产案件中的管理工作。为了适应美国托管人计划的目的，美国划分了 21 个地区，由司法部长为每一地区任命一名联邦破产管理人（United States Trustee），任期为 5 年。联邦破产管理人不同于由美国托管人协会任命或债权人选举出的私人破产托管人（private trustee），前者是联邦政府官员，负责指派该地区破产案件托管人，以及对破产案件当事人、私人破产托管人和其他具有监督职能的监察人员行为的监管，以确保在符合法律程序规定的前提下公平、快速并实用地处理案件，从而维护社会公众的利益并促进整个破产体系的完整性和高效性。此外他还与联邦检察官、联邦调查局和其他的法律执行机构一起负责界定和调查破产欺诈和破产滥用的案件。See USTP, *About the United States Trustee Program & Bankruptcy*, available at http://www.usdoj.gov/ust/eo/ust_org/about_ustp.htm (last visited Sep. 19, 2009).

② Sue Ann Slates, *A New Role for U. S. Trustees: Approval of Credit Counseling Services*, 18-5 ABIJ 10 (1999).

③ 11 U. S. C. § 111(c)(2).

样由政府出资在全国各地设立专门法院外咨询机构，是基于以下几点考虑：首先，美国的国土范围广阔，全国有3042个郡县（county），在如此广阔的范围内依靠政府的力量建立起专门的消费者咨询服务机构网络是一项巨大的人力物力开支，至少在目前看来不具有现实可行性。其次，美国的信用咨询产业自20世纪60年代产生以来发展迅速，已经有大量的组织和机构从事这项事业，并且这些机构已经培养出一批专业的咨询顾问，2005年BAPCPA将申请前信用咨询作为进入法院内破产程序的强制要求之后，正好可以利用这些现有的法院外信用咨询机构，无必要再由政府出资新起炉灶。最后，即便如此，立法者们仍然担心消费者债务人会因为地域问题无法获得信用咨询服务而不具备申请破产程序的资格，因而专门为此规定了例外条款①，这从另一个角度解决了美国信用咨询机构的覆盖面问题，使因为地域偏远而无法获得信用咨询的债务人仍可获得破产救济。所以，美国的法院外消费者债务清理机构并非单一机构，而是包含了消费者协会、破产协会、律师事务所等多种性质的组织和机构，只要经USTP的许可即可提供破产法要求的申请前信用咨询服务。类似于美国这样，采取多元化的法院外消费者债务清理机构的国家占了大多数，主要包括德国、奥地利、卢森堡和荷兰等。

德国1994年破产法第305条第1款第1项规定了债务人与债权人在法院内破产程序开始前，必须先在"适当的个人或机构"的协助下进行法院外协商程序。至于何谓"适当的个人或机构"，德国法规定各州有权决定哪些个人或机构适合提供债务协商服务，这些个人和机构通常包括消费者保护中心、债务咨询中心、律师、公证人、会计师和仲裁人，② 其中最常见的就是律师和债务咨询中心的咨询顾问。但德国的律师一般不愿意承接那些出力多、收费低的消费者破产案件，因此德国的债务人在进行法院外债务调解时，往往得到的是那些遍布全德的由国家资助的债务咨询中心（Schuldnerberatungsstelle）提供的帮助。③ 很多国家都像德国一样，虽然允许多元化的法院外消费者债务清理机构的存在，但消费者债务人主要还是以利用其中的公立机构为主。例如在荷兰，即使还有一些其他的社会服务机构和私人组织也提供类似的咨询服务，但市立信贷银行（Gemeentelijke

① See 11 U. S. C. § 109(h)(2)(A).

② 沈冠伶：《消费者债务清理制度之研究——从德国法之发展评析我国消费者债务清理条例》，载《台北大学法学论丛》2007年第63期，第141页。

③ Jason J. Kilborn, *Comparative Consumer Bankruptcy*, Carolina Academic Press, 2007, p. 40.

Kredietbanken，简称 GKB）① 却是荷兰破产前信用咨询服务最主要的提供者。②

与德国、美国相比，法国的特殊之处在于在全国范围内设立了117个个人过度负债委员会，专司消费者法院外债务清理程序。依照法国《消费者法》第331-1条规定，各省应设立至少一处“个人过度负债委员会”（以下简称“委员会”），其组成人员包括六人：主席由国家在该省的代表担任，副主席由国库主计官担任、秘书由法兰西银行③在当地的代表担任，其他组成人员还包括税务处主管，以及由国家在该省的代表分别从全法信用机构与投资企业协会、消费者与家庭协会所推荐的名单中各自遴选出一人。④ 此外，还有社工和法律专家从旁协助委员会的工作。委员会的工作主要包括两方面：一方面审查债务人提出的申请文件，判断债务人是否处于过度负债的境地，以及债务是否属于善意自然人的非营业性债务。在法国，只有消费性债务可以适用委员会的协商程序，营业性债务则被排除在外。⑤ 另一方面委员会对上述问题的回答如为肯定，则会制定出一份协商建议，在尽量满足债务人支付能力要求的同时尽量满足债权人的合法偿还要求，以谋求债务双方之间达成经合意的偿还方案。笔者认为与其他国家的法院外债务清理机构相比，法国的委员会的组成人员最为科学和全面，这体现在以下几方面：第一，法院外债务清理机构的人员组成代表了债务人、债权人双方的利益。一

---

① 荷兰的消费者破产法也将法院外债务偿还方案的协商作为进入正式消费者债务免除程序的强制性条件，即要求债务人在其免责申请中提供一份声明，解释为什么没有足够的财产完成法院外债务清偿计划。这份声明必须由债务人所在市的当地政府作出，通常是由当地政府授权的地方信用咨询机构做出。荷兰地方政府通常将这一权力授予当地的“市立信贷银行”，市立信贷银行因而成为各地信用咨询服务的主要提供者。自20世纪30年代起，荷兰的信用管制规范就对营利性消费者信贷设置了严格的限制，但是这些法律规范鼓励各市设立本地非营利性银行向其市民消费者提供低息贷款，由当地议会出资和控制。市立信贷银行体系由此产生了。20世纪50年代，当“二战”后的消费者信贷剧烈增长的时候，金融公司和商业银行重获了该领域的统治地位，这些市立信贷银行便开始承担一项新的使命——信用咨询。

② Jason J. Kilborn, *Comparative Consumer Bankruptcy*, Carolina Academic Press, 2007, p. 42.

③ 法兰西银行并不是商业银行，而是法国的中央银行，负责监管全国的商业银行和银行体系，其功能类似于中国人民银行、美国的联邦储备银行（U. S. Federal Reserve Bank）。

④ Art. L. 331-1（C. Consum.）.

⑤ Jason J. Kilborn, *Comparative Consumer Bankruptcy*, Carolina Academic Press, 2007, p. 29.

般认为，全法信用机构与投资企业协会推荐的人是作为债权人利益的代表存在的，消费者与家庭协会所推荐的人是作为消费者债务人的代表存在的。委员会的其他四名组成人员皆属于有政府背景的工作人员，在委员会中不带有利益色彩。第二，法兰西银行在当地的代表作为委员会秘书在实际上负责管理法院外消费者债务清理程序的进行，有效发挥了法院外债务清理程序的运行效率。委员会秘书负责收集债务人的财务信息，在此基础上结合债权人做出的适当让步制订偿还计划，如果委员会通过了该计划，秘书则开始在债务人与债权人之间居中调解。因为法兰西银行掌握着全法的金融数据和信用信息，因此由法兰西银行在各地的代表管理着法院外债务清理程序，有利于充分提高该程序的效率。同时由于法兰西银行在事实上对金融机构的监督权甚强，因而委员会的影响力相当大，在实践中有不错的调解实效。① 第三，委员会的结论充分参考了社工和法律专家的意见，具有一定的科学性。社工会根据消费者债务人的个人和家庭状况，向委员会建议最为可行的偿还计划。法律专家负责审核债权人债权的合法性，以及确保案件被移交至法院时符合法律规定的要求。这两位专家的意见分别从社会工作和法律的角度帮助委员会进行法院外债务清理程序，以确保程序的顺利进行。这样一个代表利益均衡、运作高效、汇集专业人士的委员会无疑为法国法院外债务清理程序的高调解率做出了贡献。从1997—2007年10年间，法国有60%～70%的案件是在法院外债务清理程序中以双方达成债务偿还计划的方式终结的。②

总的来说，利用民间组织和机构发展法院外消费者债务清理机构可以减少政府在这一方面的支出和投入，扩大债务清理机构的覆盖面，但是这类机构的中立性不如政府公立机构那么有保障。然而像法国这样建立专门的法院外债务清理机构的成本和运作费用又相对高昂，对于那些地广人多的国家可能并不适用。因此，一国在建立法院外消费者债务清理机构的时候，需要综合考虑本国现有咨询服务的发展状况、政府人力物力的投入能力、法院外债务清理程序的目的宗旨等方面进行选择和设计。

二、法院外消费者债务清理机构的资金来源

法院外消费者债务清理机构的资金来源不仅关系到该机构的正常运作，

---

① 蔡广升：《消费者破产之研究——自制法比较出发》，载《司法研究年报》第22辑第2篇，台湾“司法院”2002年版，第162页。

② Jason J. Kilborn, *Comparative Consumer Bankruptcy*, Carolina Academic Press, 2007, p. 33.

更关系到这些机构在充当第三方调解人时的利益倾向。套用中国的一句老话"吃人家的嘴软、拿人家的手短"，法院外消费者债务清理机构的资金来源决定了这些机构能否在为消费者债务人提供咨询服务、调解服务或教育服务时保持一个中立性的立场，以保证通过法院外债务清理程序形成的偿还计划的公正合理。

在这个问题上美国信用咨询机构曾经有过惨痛的教训。美国立法最初并未禁止营利性的信用咨询机构①，但在实践中美国信用咨询机构为了获得税收上的减免，通常依据《国内税收法》（*Internal Revenue Code*，简称 IRC）②的规定作为非营利性的公益组织设立和运作，其运作资金来源于债权人。债权人一般将债务人偿还总额的 12% ~15% 提供给信用咨询机构作为"公平份额"（fair share），通俗地讲就是回扣，这些回扣成为美国信用咨询机构运作最主要的资金来源。这一资金来源必然造成的结果就是，许多咨询人专注于为尽可能多的消费者债务人制订尽可能大偿还额的债务管理计划，而不是专注于为前来寻求帮助的消费者债务人选择最合适的解决债务问题的方案。信用咨询机构的这种对非营利性地位的滥用，一度成为批评的焦点。③ 20 世纪 90 年代末，美国信用产业更是遭遇了空前的危机：一方面，随着美国消费者负债比率的上升，申请信用咨询服务的案件数量急剧增长；④ 另一方面，许多债权人反而减少他们对信用咨询产业的经济支持，当债权人开始重新考虑他们用以支持信用咨询的资金是否物有所值时，许多债权人认为"公平份额"的费用过高，并且咨询机构并不能保证他们能够收回债权，所

① See Abby Sniderman Milstein & Bruce C. Ratner，*Consumer Credit Counseling Service*：*A Consumer-Oriented View*，56 N. Y. U. L. Rev. 978，984-85(1981).

② See 26 U. S. C. 501(c)(3)(2000).

③ See Internal Revenue Service，*FTC*，*IRS*，*and State Regulators Urge Care When Seeking Help from Credit Counseling Organizations*，available at http：//www. irs. gov/newsroom/article/0，id=114574，00. html(last visited Aug. 20)；Federal Trade Commission，*FTC*：*Credit Counselors Must Be Honest and Fair*：*Testimony Expresses Concern That Some Firms May Be Deceiving Consumers*，available at http：//www. ftc. gov/opa/2003/11/credcounseling. htm(last visited Aug. 20，2009)；Federal Trade Commission，*FTC Files Lawsuit Against AmeriDebt*，available at http：//www. ftc. gov/opa/2003/11/ameridebt. htm(last visited Aug. 20).

④ Leslie E. Linfield，*Consumer Credit Counseling Reform*：*The Good*，*the Bad and the Ugly*，23-9 ABIJ 14(2004).

以债权人开始大力缩减甚至取消他们对信用咨询机构的经济支持①，并且给咨询机构获得经济支持设置严格而复杂的标准。② 这使得信用咨询产业面临崩溃的边缘。为了支撑其岌岌可危的财务运行，一些咨询机构开始采取收费措施，向消费者债务人收取高昂的费用。现如今美国信用咨询机构的资金主要来源有两块，一块是向债务人收取的费用，另一块是债权人根据一定的业绩考核标准支付的费用。但债权人不再支付统一的公平份额给所有的信用咨询人，取而代之的是“按绩效付费计划”(Pay For Performance Program)，由债权人根据严格的标准去评估信用咨询人的工作，在此基础上进行付费。“按绩效付费计划”将债权人的资金支持与债务管理计划的成功率挂钩③，通常综合考虑债务管理计划的偿还数额、信用咨询机构的失败率、消费者信用账户的使用年限④等。为了保护消费者债务人在信用咨询中的利益，美国 2005 年破产法修正案中明确规定消费者债务人提交破产申请时必须提交已在经许可的非营利性咨询机构接受专业信用咨询的证明。⑤ 这一规定的出台明确了美国信用咨询机构的定位，从而在一定程度上缓解了其在促成债务管理计划中的利益冲突，有利于信用咨询价值的真正体现。

因此法院外债务清理程序的资金来源不仅关系到相关机构的正常运作，更关系到该机构能否在法院外程序中保持客观中立，真正为陷入债务困境的消费者提供解决措施，同时也在债务清理程序中维护债权人的利益。总结各

---

① See David Lander, *Developments Imperil Those Debt Counseling Agencies That Provide Effective Education and Counseling*, 4 Norton Bankr. L. Adviser 7(2001); Consumer Federation of America & National Consumer Law Center, *Credit Counseling in Crisis: The Impact on Consumers of Funding Cuts, Higher Fees and Aggressive New Market Entrants*, available at http://www.consumerfed.org/credit counseling report.pdf, p. 10 (last visited Aug. 20, 2009).

② See NFCC Advisory Council, *Credit Counseling Consumer Protection Standards*, available at http://www.nfcc.org/mo/membership/Consume-Protection-Standards-072503.pdf (last visited Aug. 20, 2009).

③ The National Consumer Law Center (NCLC) and the Consumer Federation of America (CFA), *Credit Counseling in Crisis: The Impact on Consumers of Funding Cuts, Higher Fees and Aggressive New Market Entrants*, available at http://www.consumerfed.org/pdfs/credit_counseling_report.pdf, p. 12 (last visited Aug. 20, 2009).

④ See Permanent Subcommittee on Investigations of the Committee on Homeland Security and Governmental Affairs, *Profiteering in a Non-Profit Industry: Abusive Practices in Credit Counseling, Washington: U. S. G. P. O.*, Rep. No. 109-55, 2005, p. 37.

⑤ 11 U. S. C. A § 109(h)(1).

国法院外债务清理程序的资金来源，可以分为三种情况：

（一）政府出资

法国的法院外消费者债务清理制度带有浓厚的官方色彩，不仅个人过度负债委员会由政府设立，而且该委员会中的很多成员本身就是政府官员①，因此法国委员会的设立和运作资金皆由政府承担，并且消费者债务人在适用个人过度负债委员会程序时也属无偿使用，无须付费②。法国的个人过度负债委员会既不向债权人收取费用，也不向消费者债务人收取费用，从性质上说更类似于为债务双方提供调解服务的政府机构，因此在法院外程序中能够最大程度地保持其中立地位，因为消费者过度负债案件的处理结果对机构本身的收益并无任何影响。同法国等大多数欧洲国家一样，德国当局为了应对消费者过度负债的数量增加和程度加重，也开始在全国设立或资助各种消费者债务咨询中心③，虽然德国消费者破产法仅规定在“适当的人士或机构”进行破产前信用咨询，但在实务中仍是以国立或公共的消费债务咨询机构为主。④ 奥地利自20世纪80年代末起，也在全国范围内建立了与德国相类似的公立消费者债务咨询体系。⑤

笔者认为越来越多的国家依靠公共资金设立或资助法院外消费者债务清理机构的原因有以下两个方面：首先，也是国家出资最大的好处在于能够保持法院外债务清理机构的中立性，从而使其公正地协助债务双方处理消费者过度负债问题。美国的教训给立法者们的警示是一旦法院外债务清理机构的存在和运作依赖于债权人的资助，那么就很难保证消费者债务人在法院外程序中得到正确的信息和积极的帮助。其次，在采取法院外债务清理程序前置主义立法的国家，国家必须保障居民进行法院外债务清理程序的权利。如果某些国家的消费者破产法将进行法院外债务清理程序作为进入法院内破产程序的前置条件，等于将法院外程序纳入到消费者过度负债问题解决的制度化体系中去，那么政府有责任为消费者债务人依法享受到法院外债务清理服务

---

① 例如前文提到的国家在该省的代表、该省的国库主计官、该省的税务处主管。

② Frédéric Ferrière, Pierre-Laurent Chatain, Frédéric Leplat, *Surendettement des Particuliers*, Dalloz, 3e édition, 2006, p. 241.

③ Jason J. Kilborn, *Comparative Consumer Bankruptcy*, Carolina Academic Press, 2007, p. 40.

④ 蔡广升：《消费者破产之研究——自制法比较出发》，载《司法研究年报》第22辑第2篇，台湾“司法院”2002年版，第162页。

⑤ Jason J. Kilborn, *Comparative Consumer Bankruptcy*, Carolina Academic Press, 2007, p. 41.

提供配套机构，而不应该将该服务的供应完全交给市场。

（二）自筹资金

有些国家的法院外债务清理机构的运作不依赖于政府资助，而是通过向债务双方收取一定费用的方法自己筹集资金，最典型的就是美国的信用咨询机构。如前所述，美国政府对符合条件的信用咨询机构只有免税的优惠，并不直接给予咨询机构资金支持，这些机构的资金主要来源于其本身的收费。美国信用咨询机构的收费项目很多，一方面是针对债权人收取的“公平份额”；另一方面是针对债务人收取的受理费（Set-up fee）、每月的 DMP 管理费（Monthly Fee）、预算咨询服务费等其他费用。①

这种资金来源方式饱受批评，因而很少为其他国家采用。首先，上述这种完全依托自筹资金设立和维持法院外债务清理机构的做法是在资金来源问题上舍本逐末的做法。债务清理程序应强烈要求政府提供经济支持，因为政府在刺激信贷的同时，也应当承担起信贷增长引发的责任。同时，良好的债务清理程序可以更好地服务于社会公共利益，因此政府为建立覆盖全国的债务咨询网络进行投资是非常必要的。其次，这种方式向本已陷入财务困难的债务人收取各种费用，即使这些费用可能是在“合理”范围内为了维持债务咨询服务的成本开支而收取的，但是在实际上还是加重了消费者债务人的经济负担，并且“合理”的标准在实践中很难衡量和界定。最后，一旦允许法院外债务清理机构收费，这类机构本身的非营利性就很难保证。关于资本的逐利性有一段非常经典的论述：“一旦有适当的利润，资本就胆大起来。如果有 10% 的利润，它就保证到处被使用；有 20% 的利润，它就活跃起来；有 50% 的利润，它就铤而走险；为了 100% 的利润，它就敢践踏一切人间法律；有 300% 的利润，它就敢犯任何罪行，甚至冒绞首的危险。”②这段论述在美国信用咨询机构的发展中得到了印证。而一旦非营利性地位发生动摇，就会从本质上影响法院外消费者债务清理机构的根基，使法院外程序渐失债务人的信任。因而笔者认为，类似于美国这样主要依靠向债务双方收取费用的资金来源方式不值得提倡。

---

① Deanne Loonin and Travis Plunkett, *Credit Counseling in Crisis: The Impact on Consumers of Funding Cuts, Higher Fees and Aggressive New Market Entrants*, A Report by The National Consumer Law Center and Consumer Federation of America April 9, 2003, p. 15.

② 托·约·登宁：《工联和罢工》，1860 年伦敦版，第 35、36 页；转引自马克思：《资本论》第 1 卷，人民出版社 1975 年版，第 829 页。

（三）多渠道资金来源

从长远来看，依靠政府资金维持法院外消费者债务清理机构的运作，有利于保持该机构的独立性和公正性。但是对于法院外债务清理制度刚刚起步的国家，要完成在全国范围内的网点建设，又要维持机构的运转和人员的开支，同时满足日益增多的过度负债消费者申请法院外程序的需要，仅仅依靠政府投入可能是不够的。这时不妨考虑在以政府资金为主的基础上多方筹集资金，吸纳社会公益资金，并向债务双方收取较低的合理费用。但应该注意的是费用的收取不能与债务清理程序的结果挂钩，并且收费应以满足程序运作为限，即不能改变债务清理机构非营利性的本质。从传统上说，在大多数欧洲国家是由政府和私人组织共同承担债务咨询顾问工作的费用支出。例如在丹麦和芬兰，由政府向托管人支付债务清理程序的费用，但而今由于许多政府面临预算紧张的问题，其资助不能满足债务清理机制运作的需要，所以有必要寻找其他的资金来源。① 实际上，由于法院外债务清理机构的多元化，大多数国家（包括前述的德国、奥地利）的法院外债务清理机制都是采取多种资金来源的做法。例如，英国的债务咨询服务的提供者既包括社会慈善资金资助的公民咨询局（Citizens Advice Bureau，简称 CAB）② 和独立咨询中心（例如前文提及的伯明翰金钱纠纷咨询中心），也包括受政府资金资助的地方当局，甚至还包括一些商业性债务咨询管理机构。③ 笔者认为商业性的债务咨询管理机构完全属于市场化的服务产业，因而不属于本书法院外消费者债务清理程序的讨论范畴。

三、法院外消费者债务清理机构的服务事项

各国的法院外消费者债务清理机制对法院外债务清理机构的设置和要求各不相同，导致不同债务清理机构的服务事项也不尽相同。例如美国信用咨询基金会（National Foundation for Credit Counseling，简称 NFCC）④ 提供的

---

① Nick Huls, *Overindebtedness and Overlegalization: Consumer Bankruptcy as A Field for Alternative Dispute Resolution*, 20 Journal of Consumer Policy 143, 152(1997).

② CAB 是英国最大的债务咨询服务提供者，在全国有 900 多个分支机构，其中有 100 多个提供专业的债务咨询服务。

③ See Jacob S. Ziegel, *Comparative Consumer Insolvency Regimes—A Canadian Perspective*, Hart Publishing, 2003, pp. 124-125.

④ NFCC 系全美最大、历史最悠久的全国性信用咨询网络，有超过 100 个成员机构和近 850 个办公机构分布在全国各地，每年有超过 320 万的消费者通过 NFCC 机构寻求债务问题和财务控制等方面的帮助。因此，作为全美最具影响力的信用咨询机构，NFCC 提供的服务事项在美国法院外债务清理机构中颇具代表性。

信用咨询服务包括：(1) 为客户提供财务管理方面的建议；(2) 为客户面临的财务问题提供解决措施；(3) 为客户制订个性化的计划以帮助其预防将来可能出现的困难；(4) 如果客户面临严重的债务问题，还可同客户达成债务管理计划（DMP)。① 英国公民咨询局提供的债务咨询服务包括：收集和处理债务信息；编制收入和支出预算；分析债务构成，寻找偿还措施；帮助债务人与债权人进行协商。② 上述种种服务大体上可归结为两类：咨询服务和调解服务。

咨询服务既包含对债务人财务信息的调查汇总，也包括为债务人提出可供选择的解决措施，还包括对消费者债务人进行适当的引导和教育。咨询服务是法院外机构提供调解服务的基础，因为该服务帮助法院外债务清理机构充分掌握消费者债务人的财务状况，为其选择债务解决措施和提供偿还计划奠定了基础。

调解是法院外消费者债务清理程序的核心，是决定法院外程序所追求的破产之外的替代性解决方式能否成功的关键。例如美国的信用咨询机构在调解中的主要工作是厘清债务，评估收入和支出预算，同债权人就利率、偿还期限、偿还额等问题进行协商，并游说消费者债务人同其订立债务管理计划，由消费者按该计划每月向信用咨询机构支付偿还额，再由信用咨询机构支付给债权人。荷兰的做法是由市立信贷银行根据《债务安排行为守则》(*Code of Conduct for Debt Arrangement*, *Gedragscode Schuldregeling*) 的要求，在衡量债务人的支付能力和债务负担之后，判断债权人是否可能接受标准化的3年偿债计划所带来的潜在损失，进而分析偿债计划的可行性，如果可行则提交给债权人表决，债权人表决的结果决定了调解程序是否能获得成功③，法国的做法也与此类似。法院外债务清理机构在调解服务中的主要任务是评估债务人的可支配收入，说服债权人做出有限的让步，在此基础上提出一个债务偿还计划供债权人选择是否接受，接受意味着调解程序的胜利完成。虽然达成债务偿还计划是法院外债务清理程序成功的标志，但其却并非法院外程序的最终目标，例如法国个人过度负债委员会设立的目的并非给债

---

① NFCC, *Credit Counseling*, available at http://www.nfcc.org/CreditCounseling/counseling_01.cfm (last visited Sep. 26, 2009).

② See CAB, *Help with Debt*, available at http://www.adviceguide.org.uk/index/life/debt/help_with_debt.htm#consumer_credit_counselling_service_(cccs) (last visited Sep. 26, 2009).

③ Jason J. Kilborn, *Comparative Consumer Bankruptcy*, Carolina Academic Press, 2007, pp. 42-43.

权人施压迫使他们为解决债务双方的争议提供免责，委员会的目标在于促进和解，并在债权人和债务人之间进行调解为债务困境的解决寻找到一个平和的解决方案。① 因此可以说，调解同咨询一样，只是法院外消费者债务清理程序的手段，并非法院外消费者债务清理程序的目标，法院外债务清理机构在行使其职责时，不能舍本逐末地只追求债务双方达成和解协议，而应着眼于提供最合适的债务解决建议。

咨询服务和调解服务两者不仅有着内在联系，而且在目的、手段、内容等方面都是一致的。咨询服务是调解程序的先导，绝大多数进行法院外债务清理的案件在咨询程序之后都进入了下一步调解程序。因为这两种法院外债务清理的基本服务，从目的上说都是为了协助债务人在法院外解决债务困境，从手段上说都是采用提出建议的方式帮助债务人，从内容上看都是协助债务人建立预算、平衡收支。因此，无论在理论上，还是在实践中，各国都未将这两种程序单独分开，我国台湾地区“行政院”曾建议仿效美国 2005 年 BAPCPA 的规定，在协商程序之外增设“信用咨询”，但因这两种程序分别规定的必要性受到质疑，此项建议也未获立法通过。② 将这两种服务融合在一起，使债务人和债权人可以在各类债务咨询机构进行债务协商，提高这类咨询机构利用率的同时，简化了法院外程序，使咨询和调解一并进行。

第三节　法院外消费者债务清理程序的发展趋向

一、法院外消费者债务清理程序的本质

（一）法院外消费者债务清理程序与 ADR

法院外消费者债务清理程序的本质是一种替代性纠纷解决机制（Alternative Dispute Resolution，简称 ADR）。ADR 实际上是解决争议的一组程序群，所有诉讼以外的解决争议的方式被统称为 ADR，主要包括传统的仲裁、法院附属仲裁、建议性仲裁、调解—仲裁、棒球仲裁、调解、微型审

① Jason J. Kilborn, *Comparative Consumer Bankruptcy*, Carolina Academic Press, 2007, p. 29.

② 沈冠伶：《从德国法之立法趋势评析我国消费者债务清理条例——基于债务人与债权人利益衡平保障之观点》，载《台湾本土法学》2008 年特刊，第 76 页。

判、简易陪审审判、中立专家认定事实等。① 具体而言，笔者认为法院外消费者债务清理程序是一种含有咨询服务的调解，因为在该程序中，法院外债务清理机构作为中间人的角色积极介入债务双方的协商程序中，并且在有些国家还主动向债务人和债权人提出债务偿还方案的建议，而按照我国法学界的一般观点，调解和和解的最大区别在于调解中有第三方介入。但现今很多学者认为调解与和解通常被互换使用，在怎样界定它们这个问题上，没有普遍的一致意见。② 更确切地说，调解是手段和工具，和解是结果或目的，调解可能产生和解的结果，也可能是诉讼或继续审判。③ 法院外消费者债务清理制度也印证了上述观点，法院外债务清理机构居中调解的目的在于使债务双方进行协商最终达成一个关于债务偿还方案的和解计划书。所以，笔者认为法院外消费者债务清理程序的本质是一种调解程序。

结合 Röhl 教授提出的 ADR 兴起的原因④，我们可以发现在消费者破产领域，法院外债务清理机制作为一种 ADR 程序，其在发达国家日益受到立法上的重视和实践中逐渐盛行乃是必然的发展趋势。第一，优化司法资源的配置。在司法资源相对有限的前提下，减轻法院负担成为许多国家所力图实现的目标，ADR 程序作为正式司法程序外的争议解决方式正是在这种背景下产生的，而法院外消费者债务清理程序的核心价值也正在于此。第二，使获得正义的途径多样化。ADR 的另一常用中文译法为“选择性争议解决方式”，顾名思义，即为当事人解决争议提供了更多法院程序之外的途径。特别是在一些未设置专门消费者破产程序的国家，对极度贫困的债务人而言进行破产程序的成本过于高昂，所以有必要为其建立起一种法院程序以外的较为灵活便利的纠纷解决程序。第三，纠纷解决措施的改进，法院对于当事人

---

① 郭玉军、甘勇：《美国选择性争议解决方式（ADR）介评》，载《中国法学》2000 年第 5 期，第 127 页。

② Alan Bedfern and Martin Hunter, *Law and Practice of International Commercial Arbitration*, Sweet & Maxwell, 1999, p. 218；郭玉军、孙敏洁：《美国诉讼和解与中国法院调解之比较研究》，载《法学评论》2006 年第 2 期，第 19 页。

③ 郭玉军、孙敏洁：《美国诉讼和解与中国法院调解之比较研究》，载《法学评论》2006 年第 2 期，第 20 页。

④ Röhl, K. F., *Rechtspolitische und ideologische Hintergründe der Diskussion über Alternativen zur Justiz*, in E. Blankenburg, W. Gottwald & D. Strempel (eds.), *Alternative in der Ziviljustiz*, Köln: Bundesanzeiger Verlag, 1982, pp. 15-27; Citing from Nick Huls, *Overindebtedness and Overlegalization: Consumer Bankruptcy as A Field for Alternative Dispute Resolution*, 20 Journal of Consumer Policy 143, 155-156 (1997).

的请求一般只有给出否定或肯定的二元答案，但是冲突的复杂性往往不是由简单的允否就能够解决的，这其间存在着很多中间地带的解决方式，人们期望他们的问题能够获得更多的解决方案，但很多方案业已超出了法律专业人士的能力范畴①，而ADR程序的灵活和开放可以为纠纷的解决吸纳其他途径的解决意见。对法院外消费者债务清理制度而言，专门化和专业化也因此成为对咨询顾问的关键要求，顾问不仅需要具备一定的法律专业知识，还必须具备家庭财务管理知识、掌握谈判技巧、拥有必要的社会经验以理解客户出现的问题②，只有这样才能站在比法院更加广阔的背景下处理负债问题。第四，ADR的兴盛代表了私力救济的发达，法院外消费者债务清理制度顺应了这种趋势。在法院外消费者债务清理程序中，虽然有咨询顾问从中协调，但是债务偿还协议的最终达成还是取决于债务双方的合意，关键是取决于债务人承诺做出的偿还努力和债权人做出的让步，因此也属于当事人对过度负债问题的自我调整和解决。作为ADR程序的一种，法院外消费者债务清理制度在世界范围内的迅速发展顺应并体现了一些法治化程度较高国家（美国、英国、德国、日本、挪威、澳大利亚等）将ADR作为司法改革热点③的发展趋势。

（二）法院外消费者债务清理程序与破产和解程序

清算、和解与重整三大程序构成了现代破产法的基本体系。其中之一的破产和解程序与法院外消费者债务清理程序都属于和解程序的一种，但是也有着显著区别。破产和解是指债务人不能清偿债务时，以预防破产为目的，与债权人达成清偿债务的契约，经法院许可而发生效力，然后按和解协议调整债务人的债务，减轻债务人的负担，使债务人恢复生机，并使债权人之债权有可能得到比通过破产程序所能得到的更大满足的一种法律程序。无论破产和解处于怎样的程序阶段，也无论其立法例如何，它的形成自始至终都必须经过三个阶段：一是债务人和解申请的提出与和解协议的拟定；二是债权人会议对和解协议草案的讨论与通过；三是法院对通过的和解协议进行审查

① Nick Huls, *Overindebtedness and Overlegalization*: *Consumer Bankruptcy as A Field for Alternative Dispute Resolution*, 20 Journal of Consumer Policy 143, 155(1997).

② Nick Huls, *Overindebtedness and Overlegalization*: *Consumer Bankruptcy as A Field for Alternative Dispute Resolution*, 20 Journal of Consumer Policy 143, 151(1997).

③ 张敏、赵元勤：《对英美ADR实践的法哲学思考》，载《法治论丛》2003年第18卷第6期，第57页。

与认可。① 上述三个阶段也分别从债务人、债权人和法院三个方面，归纳出了破产和解程序的特点。法院外消费者债务清理制度与和解程序相比至少在以下几个方面存在着区别：第一，顾名思义，法院外消费者债务清理程序是独立于法院外的程序，债务人无须向法院提出和解申请和提交和解协议草案；而破产和解程序属于法院内的程序，无论在采取和解前置主义②的国家，还是在采取和解分离主义的国家，和解程序的启动都必须由债务人向法院提出申请。第二，在法院外消费者债务清理程序中，和解协议的达成只需要债权人和债务人双方达成合意即可，不需要经过法院的认可；而在破产和解程序中，和解协议草案经债权人会议通过后，还需要得到法院的审查和认可方能成立和生效。第三，经破产和解程序达成的和解协议具有强制执行力，如果债务人不履行，债权人可以向法院申请强制执行，而经法院外程序达成的和解协议一般则不具有此特性。

笔者认为，从法律性质上说，法院外消费者债务清理程序还属于一般的民事契约，而破产和解协议则属于“诉讼契约”或“强制契约”③，后者从申请到做出到生效都在法院程序内完成，司法性质显然强于前者。所以，法院外消费者债务清理程序和破产和解程序并不冲突，而是相辅相成的，因此在实践中很多国家都同时规定有这两种程序。例如，美国的消费者破产制度

① 汤维建：《破产和解制度的改革与完善》，载《中国法学》1995年第2期，第39页。

② 在破产和解制度上，素有和解分离主义和和解前置主义的分野，和解分离主义是指在立法上对破产制度和和解制度采取二元立法，分别加以规定，两种程序并行；和解前置主义是将和解法和破产法统一在一部法典中，法院在宣告债务人破产前应先进行和解。从传统上说，采取和解分离主义的国家主要是一些欧陆国家，例如瑞士、丹麦、意大利、法国、德国、奥地利、挪威等；采取和解前置主义的国家主要是英国，但近年来法国、德国等欧陆国家也转向和解分离主义。

③ 诉讼契约是民事诉讼理论上的一个范畴，它不同于民事契约，尽管它也是诉讼程序中双方当事人共同意志表现的结果，但它的目的不在于或不直接在于设定变更或消灭民事实体法律关系，而在于通过它约束双方当事人的诉讼行为，改变诉讼程序的发展方向。民事诉讼中这类契约有许多，比如选择管辖的契约、约定交付仲裁的契约、合意停止诉讼程序的契约、撤回诉讼的契约、诉讼上的和解协议等。诉讼契约有三大特征：一是法无明文规定的不得为之。亦即，诉讼契约的订立都是由法律所明文允许的，法律未作规定的，则推定为不允许。二是当事人之间订立诉讼契约，必须直接向法院做出，并受法院的审查和监督，法院有权将它否决。三是诉讼契约一经法院认可，随即产生法律效力。参见汤维建：《破产和解制度的改革与完善》，载《中国法学》1995年第2期，第40页。

在规定申请前强制信用咨询的同时，还规定了含有破产和解制度的第 13 章“个人债务调整程序”①；德国消费者破产制度规定法院外债务协商程序如果失败，债务人及债权人均得向法院申请开始破产程序，但若仅是债务人提出申请，法院并不直接进入破产开始的裁定程序，而是先进行法院内的债务和解程序。

二、法院外消费者债务清理程序的实践优势

回顾上述国家的法院外消费者债务清理制度，我们可以发现从消费者债务人的实际出发，法院外消费者债务清理程序相对于法院内的破产清算和重整程序而言存在着以下的优点：

第一，申请门槛低。因为法院内的破产清算和重整程序往往包含强制性债务免责，因此立法会对债务人的申请设置一定限制条件，特别是破产清算程序往往对申请人负债严重情况的要求更高。而法院外债务清理程序对申请者的资格要求相对较低，因为该程序中结果的达成最终还是取决于债务双方当事人的同意，所以没有必要对申请者设置严格的申请条件。

第二，经济性。由于法院外消费者债务清理程序无须经过法院，因此在大多数情况下不需要聘请律师、会计师等专业人士，省却了专业人士高昂的服务费用。在经由法院外债务清理程序达成偿债计划之后，偿债计划的履行也无须通过专门的破产管理人来进行，省却了用于债务偿还的行政管理费用。因此可以降低债务人的费用支出。

第三，灵活性。因为法院外债务清理程序本质上属于债务双方的协商和解程序，因此在此过程中，债务人可以就资产处理、偿还期限、利率等事项与债权人进行较充分的协商，表达自己的建议，有利于债务问题在更尊重债务人实际情况的前提下得到解决。并且，与法院内的个人重整程序不同的是，法院外债务清理程序对消费者债务人可以保有的资产、用于偿债的未来收入余额、偿还期限等往往不做法定的限制，因此在这些事项上，法院外程

① 关于美国《联邦破产法》第 13 章规定的程序，有学者认为其属于适用于有固定收入的自然人的重整程序，参见[美]戴维·G. 爱泼斯坦、史蒂夫·H. 尼克尔斯、詹姆斯·J. 怀特：《美国破产法》，韩长印等译，中国政法大学出版社 2003 年版，第 651 页；有学者认为其属于破产和解程序，参见文秀峰：《个人破产法律制度研究——兼论我国个人破产制度的构建》，中国人民公安大学出版社 2006 年版，第 114 ~ 115 页。笔者认为第 13 章属于破产和解程序和破产重整程序的融合，美国破产法在引入欧陆国家和解程序的时候，将和解和重整融合在一起，难以截然分开，无论章节的名称是“重整 reorganization”还是“调整 adjustment”，在程序设计上都涵盖了和解程序和重整程序，类似的章节还有第 9 章、第 11 章和第 12 章，这四个章节的程序都是属兼具和解和重整性质的混合型程序，只是适用于不同的对象。

序有更多灵活处理的空间。

第四，降低对个人的影响。法院外债务清理程序不涉及法律程序，可以减少对个人声誉及工作的不利影响。如果通过法院的破产程序，不仅会留有长时间的破产记录，而且还会因破产人的地位在职业方面受到种种限制。因此法院外程序特别适合那些从事敏感行业的债务人，如公务员及银行、保险、金融、纪律部队从业人员等，可以通过较为私人化的法院外程序，降低对职业生涯的损害。

第五，便捷性。法院内程序有其固定的步骤和手续，而法院外债务清理程序相对简单，只需要偿债计划获得债权人的同意即可，在时间花费上往往更加便捷。例如在香港，通过法院外的“债务舒缓计划”最快即日即可向债权人提交偿还方案，银行一般在 2 ~4 天即可完成核批；而如果通过法院的个人自愿安排机制，提交偿还方案至少需要 1 个星期，获得债权人批准则至少需要 4 个月的时间。① 时间上的缩短，可以使债务人尽快开始还款，减少利息的支付。

正因为法院外债务清理程序在上述方面给消费者债务人带来的特殊利益，因而对他们而言具有越来越大的吸引力，有需求才会有市场，越来越多的消费者债务人选择法院外债务清理程序解决过度负债问题，这无疑成为推动法院外消费者债务清理机制进一步发展的直接动力。

三、法院外消费者债务清理程序的制度化优势

与一般的 ADR 程序相比，法院外消费者债务清理程序适用范围广泛、使用频率高、涉及作为社会根基的普通消费者自然人的切身利益，因而对此创设专门的制度，明确规定该程序运行机制显得十分必要。以我国香港地区为例，香港地区的消费者破产制度承袭英国，针对法院内正式程序规定有个人自愿安排机制及个人破产两种程序，但随着 1997 年亚洲金融危机后，企业贷款需求和不动产担保贷款金额显著降低，香港金融机构转而拓展个人消费金融业务，但随着经济衰退导致的失业率上升，个人破产案件激增②，2001 年以前全港仅有一位法官处理破产案件，2001—2002 年则需要四位全

① 资料来源：http：//news. bankruptcy. hk/898. typepad. com/bankruptcy _ news/drpdebt_ relief_ plan/index. html，2009 年 12 月 15 日访问。

② 就个人破产案件而言，1997 年全年仅有 829 件破产申请案件，其中 639 件受颁破产令，而 1998 年个人破产申请案件数为1 362件，其中有 893 件受颁破产令。到了 2002 年每个月都有超过1 000件的案件申请量。参见香港特别行政区政府破产管理署统计数字，资料来源：http://www. oro. gov. hk/cgi-bin/oro/stat_c. cgi,2009 年 12 月 15 日访问。

职法官来处理大量涌现的破产案件。① 为了应对消费者无力偿债案件的增长、更加高效地解决消费者的负债问题，2002 年 6 月，香港银行公会、存款公司公会、香港信贷机构联合有限公司及香港持牌放债人公会于 2002 年 6 月认可《债务舒缓计划协议》。② 该协议的金融机构表明愿意提供债务舒缓计划（Debt Relief Plan，简称 DRP）作为债务人于破产程序和个人自愿安排机制之外的缓解债务的替代性选择。其适用对象原则上为拖欠两个以上债权金融机构且债务总额不低于港币 10 万元的自然人客户，且不经司法程序，故其本质上为司法外之债务协商。③ 债务舒缓计划是债务重组的方法之一，可以说是 IVA 的简化版，其中最大的区别在于无须通过法律程序，更可与个别的债权人直接商谈还款金额及年期，使欠债人避免破产的同时可令债务人减轻负担，重回正常生活，并在指定的期间还清债款。

四、法院外消费者债务清理制度在我国的现实意义

在我国自然人尚不具有破产能力的情况下，妄论消费者破产曾经只是纸上谈兵的话题，但在 2009 年之后，这一纸上话题也已经演变成了我国信贷市场发展的现实需要。中国银监会于 2009 年正式发布《消费金融公司试点管理办法》（以下简称《办法》），启动消费金融公司试点审批工作，此类机构首先在北京、天津、上海和成都四地进行试点，成功后即将进行全国推广。虽然在消费金融公司之前，许多银行都推出了一些无抵押贷款业务，但笔者认为在金融危机的背景下，消费需求不足、经济机构不合理已经成为制约我国经济增长的瓶颈，《办法》在这一情况下适时出台，通过信贷市场促进我国经济结构从投资拉动向消费拉动转变的用意十分明显，消费金融公司的试点是我国消费信贷产业将快速发展的一个信号。但与经济领域对消费信贷的逐步重视相比，在我国现行法律领域针对因消费信贷产生的消费者无力偿债问题尚未做出立法规定。

从法律角度讲，消费金融公司的设立至少有三层意义：第一，使消费者无担保贷款常态化。在此之前，我国消费者从银行获得的信贷品种很少，以房屋按揭贷款、汽车按揭贷款和信用卡为主，而消费金融公司以个人耐用消

① 李思行：《香港经验——恶意破产应设防卫机制》，载《经济日报》2006 年 2 月 22 日第 A14 版。

② 何东、姚欢恩、李剑雄：《亚洲区的个人信贷增长情况》，载《香港金融管理局季报》2005 年 3 月号，第 18 页。

③ 林继恒等：《破产法修正暨债务清理法制之研究》，载《“立法院”部会报告》2006 年第 6 届第 3 会期，第 12 页。

费品贷款及一般用途个人消费贷款为主。与车贷、房贷相比，这类信贷业务产生的债权是无担保债权，相较之前的有担保债权风险更大；与信用卡业务相比，消费金融公司提供的信贷额度一般较大，对债权人而言风险随之增加。第二，消费信贷的债权人多元化，以往我国的消费者只能从银行获得信贷业务，消费金融公司的设立使得消费信贷领域的从业机构变得更加多元化，标志着消费信贷市场的进一步放开。第三，消费金融公司在基准利率上浮 4 倍以内以借款人风险作为利率定价标准，对消费者债务人而言可能带来更高的利率和风险。对本书的研究而言，相对于我国之前的信贷市场发展水平，消费金融公司的设立使消费者在面临更多信贷产品的同时也面临着更大的清偿义务，对债权人而言在面对更大信贷市场的同时也面临了更高资金风险。因此引发的消费者债务人无力偿债问题乃是不可避免的，债权人和消费者债务人之间的无力偿债纠纷该如何解决？《办法》并未给出答案。但是《办法》在颁布的同时显然预计到了可能产生的消费者不能偿还的现象，于是在第 30 条规定："借款人不按照合同约定归还贷款本息的，消费金融公司应采取合法的方式进行催收，不得采用威胁、恐吓、骚扰等不正当手段。"但对于那些非恶意拖欠的、无偿还能力的消费者债务人而言，应使用何种合法的催收手段呢？唯一的途径似乎就是诉诸法院，但无执行力的判决对债权人而言可能并不实际，而法院外咨询协商程序却恰恰可以为债权人催收提供合法的解决途径，同时为消费者债务人的无力偿还提供咨询和帮助。对我国而言，引入法院外消费者债务清理程序的优势可以体现在以下几方面：

（一）对我国立法而言

随着消费金融公司的设立，我国的消费信贷市场被进一步放开，消费者债务人的融资途径也进一步扩大，但与此不相适应的是，我国消费者债务清理法制却没有跟上消费信贷市场改革的步伐。对我国消费者债务人而言，出现无力偿债的危机时，没有任何途径可以寻求救济。在立法否定了自然人破产能力的前提下，通过法院申请破产免责和债务重整的途径已经毫无可能。但是在法院外债务清理程序中，偿债计划的本质是债务人、债权人双方达成关于债务偿还的契约，即使债权人在某些方面做出一些让步，或者债务人更改了原本的偿还安排，这都是双方自愿达成的约定，因此与我国现行立法并不冲突。与正式的消费者破产程序相比，法院外债务清理程序顺利避开了我国否定自然人破产能力的立法障碍。

不仅如此，回顾欧美国家消费者破产制度的产生历史，不难看出消费者破产制度是信贷市场发展到一定阶段的必然产物，随着我国经济结构的进一步调整，消费信贷市场的发展和成熟，进行消费者破产立法是必然趋势。国外有识之士甚至早已看到了消费者破产立法对中国商品经济发展的现实意义。① 法院外消费者债务清理程序的建立可以为今后我国进行消费者破产立法打下经验基础，也便于与今后的法院内消费者破产程序进行衔接，使我国今后的消费者破产立法更加科学。

（二）对消费者债务人而言

在绝大多数案件中破产问题是一个关于引导和管理的问题，而非纠纷解决问题②，消费者破产案件也不例外。对善意消费者债务人而言，需要解决的首要问题并非确定偿还数额，而是找到偿还的方式。因为从 Insolvency 的含义就可以看出，对绝大多数债务人而言是有钱不还，还是无力偿还，这就决定了消费者债务问题的解决不能只注重争议的解决，而需要对消费者债务人进行财务管理和消费方式的引导和帮助。法院外债务清理程序主要提供两方面的服务：一方面是咨询服务，例如为消费者管理其财务提供建议和指导，通过制定良好预算以及控制支出和借贷帮助消费者进行财务管理，帮助消费者分析资产负债情况为其债务问题的解决提出建议等；另一方面是协商服务，指债务咨询顾问在债务人和债权人中间居间调解，促进二者对债务偿还方案的条款进行谈判，从债权人那里获得一些有限的让步以使得债务人得以重新开始偿还债务并避免整个财务状况的崩溃。各国的法院外债务清理程序不论名称如何，制度如何构筑，都包含了这两种核心业务。其实，咨询服务和协商服务的关系密不可分，相当于一个硬币的正反两面③，如果说咨询程序只是为债务人单方提供的顾问服务，那么协商程序则将债权人也纳入法院外债务清理程序中去，而消费者过度负债问题的解决，无疑需要债务人和债权人双方的共同努力。更何况在一些国家，法院外消费者债务清理程序是作为一项公益事业运作的，咨询与和解服务都是免费提供给消费者债务人的，这对陷入债务困境的消费者而言无异于“雪中送炭”，为其处理债务问题提供了最直接而便宜的服务。虽然一些法院外咨询机构最初是由债权人代表方设立的，但是其最直接的受益者却是消费者债务人。

---

① 参见［日］佐藤铁男：《日中比较破产法概论》，载《外国法译评》1993 年第 3 期，第 60～61 页。

② David T. Stanley and Marjorie Girth, *Bankruptcy: Problem, Process, Reform*, Brookings Institution, 1971, p. 207.

③ Jason J. Kilborn, *Comparative Consumer Bankruptcy*, Carolina Academic Press, 2007, p. 21.

（三）对债权人而言

以商业银行为代表的金融机构是消费者债务问题中最主要的债权人类别，在消费者无力偿还债务的情况下，银行等金融机构有着较强的和解意愿。这是因为相对于以法院判决的方式结案，和解能够在相对较短的时间内了解案件，降低案件的受理费和律师费等费用支出，在与消费者债务人协商达成和解方案的情况下债务人的履约意愿也较强，有利于和解方案的顺利执行以实现债权。北京西城区人民法院对信用卡欠款案件的调研结果显示在结案方式中调解比例提升，2009 年之前受理的信用卡纠纷案件中，银行坚决主张本金、罚息、滞纳金、诉讼费等诉讼请求，导致案件调解难度较大，大多数案件最终都以判决方式结案。而近期受理的该类案件中，银行加强了与持卡人的沟通，只要持卡人书面承诺尽快偿还本金及部分利息，多数银行都能做出让步与持卡人达成调解协议。① 虽然我国当前法律不承认自然人的破产能力，银行等金融机构的索要欠款等诉讼请求最终能够得到法院判决的支持，但是对于那些几乎无财产可供执行的消费者债务人而言，这样的判决对银行等金融机构来说可谓得不偿失。所以越来越多的金融机构认识到与其将时间和金钱花费在法院诉讼上，不如与债务人进行和解做出适当让步，换取消费者债务人偿还债务。

但对债权人而言，从程序和效果上来看，这种法院内的调解模式远不如专门的法院外债务清理程序。首先，法院诉讼有着严格的程序规定，对债权人而言手续上的繁琐和时间上的耗费不可避免，而法院外债务清理程序不属于严格的司法程序，可以灵活机动地处理债务偿还问题，为债权人寻求和解提供便利。其次，相对于国外其他国家通过法院外债务清理程序达成的偿还计划，我国法院内调解形成的调解书过于笼统，一般只对偿还金额、利息、滞纳金等事项做出规定，但是对于消费者债务人究竟以何种方式、按照何种步骤、在多久的时限范围内偿还债务等具体问题不做约定，这就使得达成和解方案之后的执行问题尚不明晰。最后，专门的法院外债务清理程序在处理消费者无力偿还的问题上比法院调解程序更加专业、细致，法院外债务清理程序由专门的债务咨询机构进行，这些咨询机构中的从业人员都是精通债务清理的专业人士，对债务人资产负债信息的收集、偿还措施的建议、和解方案的拟定等方面更加专业和熟练。特别是在偿还计划的执行方式上，法院外

① 魏志斌、徐楠：《西城法院调研初新经济环境下信用卡纠纷案件特点》，资料来源于北京法院网：http：//bjgy. chinacourt. org/public/detail. php？id=76949，2009 年 9 月 7 日访问。

债务清理程序中的咨询顾问可以在综合债务人的生活水平、家庭开支、薪资收入等信息的条件下制定利用剩余可支配收入偿还债务的长期偿还方案，这可以帮助债务人按照和解计划中的预算建立适当的消费方式，以确保其能够顺利履行和解计划，而这些内容在我国法院调解程序中几乎不可能出现在和解书上。

（四）对法院而言

如前所述，法院外消费者债务清理程序在减轻法院负担方面的作用不言而喻，其能大大减少提交至法院的消费者债务清理案件的数量以及为法院审理消费者债务清理案件提供相关建议和帮助。值得一提的是，在我国当前司法实践中，法院受理的消费者过度负债案件都是由债权人提起的，主要是消费者信用卡纠纷案件，这其中有相当一部分是公告送达和判决的，造成在后期要耗费大量的司法资源去解决执行问题，且效果甚微。究其原因，除了我国个人征信体制尚不完善，当事人恶意逃避法律外，还有一方面是因为债务人出于对法院诉讼的不了解进而心存疑虑和不安，不愿参加诉讼，而法院外消费者债务清理程序为债务人提供一种相对宽松的环境，较易达成和解。在此基础上，可以说，法院外消费者债务清理程序对优化司法资源配置、提高司法效率也有着积极的作用。

五、代结语：金融危机下我国消费者债务清理立法的危机

瑞士世界贸易研究所所长托马斯·考蒂埃（Thomas Cottier）教授在谈到当前的金融危机时认为“金融危机也是一种社会科学的危机，尤其是法律、经济和国际关系理论的危机”①。在金融危机的影响下，我国通过设立消费金融公司这样一类新型金融机构，来促进我国经济从投资主导型向消费主导型转变，但遗憾的是我国立法的脚步并未跟上消费金融改革的步伐，使得以后在相当长的时间内，我国消费者在面对无力偿债的困境时无法获得救济手段，得不到应有的保护。在这一问题上，信贷消费发达国家的法院外消费者债务清理制度为我国提供了借鉴。该制度可以在不撼动我国现行《企业破产法》中企业破产原则的基础上，为消费者债务人提供法院外的案件和解途径，为我国消费者债务清理制度的立法危机指明了现实可行的解决方向。

---

① Thomas Cottier, *Challenges Ahead in International Economic Law*, Journal of International Economic Law, 2009, 12, pp. 3-15.

第三章　法院内消费者债务清理程序

——以消费者破产免责制度为核心

相对于非正式的法院外消费者债务清理程序而言，通过正式诉讼途径进行债务清理的程序被称为法院内消费者债务清理程序，即正式的破产程序。同一般破产法一样，涉及消费者破产程序的法律规范也兼具程序法和实体法双重内容，既规定了消费者债务人申请破产的程序性事项，如管辖法院、申请材料、申请步骤、破产宣告等；又有关于消费者债务人、债权人实体权利义务的规定，例如自由财产、失权与复权、免责事项等。

消费者破产的程序性规定与商业破产程序大同小异，但也有许多国家为了满足消费者破产案件破产财产较少、支付能力十分有限的实际情况，专门制定了主要适用于消费者债务人的破产程序，例如德国 1994 年《破产法》第 9 章“消费者破产程序和其他小型破产程序”、法国《消费者法》中的“个人过度负债委员会的程序”和“个人重整程序”、美国《联邦破产法》第 13 章“有固定收入的个人债务调整程序”、日本《民事再生法》中的“小规模个人再生程序”和“薪资所得者再生程序”等。这些针对无力偿债的消费者设置的破产程序，大多是相关商业破产清算程序或重整程序的简化版，旨在通过程序上的便捷减少债务人申请破产的障碍，加强对消费者的保护。

在实体性规范上，消费者破产因其申请主体的特殊性与一般商业破产存在着较大的差异。例如为了保障申请人及其家庭的基本生活和人格尊严而设置的自由财产制度，为了解决主体延续性给申请人带来的破产后债务负担而设置的免责制度，这两个制度的存在从根本上说都是消费者保护理念在破产中的具体体现。免责制度是消费者破产法上最为核心的制度，必须给消费者破产法中的免责制度以单独考虑：一方面从立法上看消费者破产免责之规定通常异于一般破产法中的免责制度，例如在我国台湾地区破产法上之免责采取当然免责，亦即于破产程序终结后当然免责，而《消费者债务清理条例》采取许可免责，须做出免责裁定后始生免责之效力。另一方面对消费者债务人而言，申请破产很大一部分动因是想获得债务免除，因此消费者免责制度的宽严程度直接决定了消费者破产案件的申请量，反映的是消费者债务人对消费者破产法所提供救济的认可度。一个典型的例子是西班牙，其虽然于2003年在破产法中专门规定了消费者破产程序，但却没有规定免责制度，因而西班牙无商业行为的个人破产案件申请量一直很小，2005年为60件，2007年为96件，2008年为374件。① 美国在2005年BAPCPA生效之后，对消费者免责的限制性规定增多了，非商业破产案件的申请量急剧下降②，从2005年的2 039 214件陡降至2006年的597 965件。③ 德国、法国则提供了完全相反的例证。在德国，含有免责制度的新破产法生效之后，法院受理的消费者破产案件数量从1999年的1 634件上升至2008年的103 085件。④ 法国在2004年引入了规定直接免责的"个人恢复"程序之后，进入该程序的案件数量已从当年的16 321件上升至2008年的33 378件，而同期法院破产案件的受案量只增长了4%。⑤ 从上述两方面数字不难看出，破产免责制度是一国消费者破产法的灵魂所在，其内容及立法水平直接决定了消费者对破产程序的使用率，因此本章将以消费者破产免责程序为核心，对法院内的消费者破产机制进行探讨。

---

① Instituto National de Estadistica, *Bankrupt Debtors by Legal Status*, available at http://www.ine.es/jaxiBD/tabla.do?per=12&type=db&divi=EPC&idtab=5 (last visited Nov. 25, 2009).

② Maria Gerhardt, *Consumer Bankruptcy Regimes and Credit Default in the US and Europe—A Comparative Study*, CEPS Working Document No. 318/July 2009, p. 8, available at http://www.ceps.eu/book/consumer-bankruptcy-regimes-and-credit-default-us-and-europe, p. 4 (last visited Nov. 25, 2009).

③ ABI, *Annual Business and Non-business Filings by Year* (1980-2008), available at http://www.abiworld.org/AM/AMTemplate.cfm?Section=Home&TEMPLATE=/CM/ContentDisplay.cfm&CONTENTID=57826 (last visited July 9, 2009).

④ Maria Gerhardt, *Consumer Bankruptcy Regimes and Credit Default in the US and Europe—A Comparative Study*, CEPS Working Document No. 318/July 2009, p. 8, available at http://www.ceps.eu/book/consumer-bankruptcy-regimes-and-credit-default-us-and-europe, p. 9 (last visited Nov. 25, 2009).

⑤ Maria Gerhardt, *Consumer Bankruptcy Regimes and Credit Default in the US and Europe—A Comparative Study*, CEPS Working Document No. 318/July 2009, p. 8, available at http://www.ceps.eu/book/consumer-bankruptcy-regimes-and-credit-default-us-and-europe, p. 10 (last visited Nov. 25, 2009).

第一节 消费者破产免责制度的立法模式

消费者免责制度通常都规定在各国破产法中的债务免除（debt forgiveness）条款内，这类条款集中反映了各国对消费者破产免责制度的立法选择。所谓免责制度是指债务人在遭逢财务困难，导致无法清偿到期债务，而需要申请破产宣告之时，得以在无任何条件或一定条件之下，免除其在破产宣告之前所负的全部或部分未清偿债务的一种法定制度。

免责制度只适用于自然人破产，因为法人清偿债务以其全部财产为限，且因破产清算的终结而丧失主体资格，所以不存在破产免责的问题。① 而消费者属于自然人，其主体资格并不会随着破产宣告而终结，因而在破产之后仍有持续偿债的能力。正如澳大利亚学者哈默（Ron. Harmer）所言，免责应从狭义上理解，它仅对自然人而言才有意义，对法人则无必要。② 如果消费者破产法中没有免责制度的话，再加上消费者通常只有薪资可供偿债，破产程序之于消费者可谓乏善可陈，例如德国旧破产法③未规定债务免除制度，未经破产程序受偿的债务，债权人仍可请求，且消灭时效长达 30 年。所以现今各国破产法普遍规定，免责制度只针对自然人而言，而不是为法人或其他经济实体而规定的。④ 日本现行《破产法》第 248 条规定："属于个人的债务人（在做出破产程序开始的决定之后为破产人）在破产程序开始的申请被提出之日起到破产程序开始的决定生效之日后一个月的当日为止，可以向破产法院提出免责许可的申请。" 德国 1994 年《破产法》第 286 条规定："债务人为自然人的，以本法第 287 ~ 303 条的规定为准，免除其相对于破产债务人的、在破产程序中未得到清偿的债务。" 美国《联邦破产法》第 727（a）

---

① 邹海林：《破产程序和破产法实体制度比较研究》，法律出版社 1995 年版，第 392 页。

② 转引自汤维建：《"企业破产与重整法国际研讨会"研究综述（下）》，资料来源于中国民商法律网：http：//www. civillaw. com. cn/Article/default. asp? id = 9570，2010 年 1 月 22 日访问。并参见王艳梅、孙璐：《破产法》，中山大学出版社 2005 年版，第 15 页。

③ 德国旧破产法制定于 1877 年，沿用至 1998 年，该法不区分商人或消费者、法人或自然人，而一体适用于所有债务人，且无免责制度。德国现行破产法是 1994 年通过立法，1999 年正式施行的，并于 2001 年对其进行了修正，2006 年又由德国联邦司法部提出了新的修正草案。

④ 文秀峰：《个人破产法律制度研究——兼论我国个人破产制度的构建》，中国人民公安大学出版社 2006 年版，第 172 页。

(1) 条规定“债务人不是自然人”时，法院不能赋予其破产免责。

关于破产法中免责制度存在的理由有多种看法：有学者认为破产免责制度的存在是为了促使破产债务人在破产程序中展现合作的态度，因为破产免责制度的设计提供给破产债务人与破产管理人、债权人合作的诱因，从而有助于破产债权人债权的实现；有学者认为破产债务人获得破产免责，能够帮助其重返经济社会贡献生产力；有学者认为破产免责制度的存在是基于人性尊严的考虑，向遭逢不幸而面临破产的债务人提供重新开始的机会；有学者认为由于人类欲望无穷，往往无法有效控制自己的消费冲动，因此容易发生债台高筑的困境，而破产免责的制度设计有效地将此风险控制的责任配置给提供融资的债权人，促使其监控债务人的信用融资状况，避免其举债过高情形的出现；也有学者认为破产免责制度专属于自然人债务人，提供了一个对其债务仅负有限责任的机制，从某个角度看来，具有鼓励自然人创业投资的作用。① 上述观点分别从不同的角度论述了免责制度存在的理由，笔者认为免责制度存在的最主要目的是为了在保障所有相关破产债权人平等受偿的前提下，保护破产债务人得以获得经济重生的机会。

消费者破产免责制度关系到债权人（通常是银行等信贷机构）的切身利益，以及作为债务人的消费者能否通过破产重获参与经济活动的能力，因而成为决定一国消费经济能否适当运作的基石，构成了消费者破产法制的基础。本节将从比较法的角度对这一制度的立法现状和原因做出分析，总结出消费者破产法领域免责制度的立法趋向。

一、消费者破产免责制度的产生和发展

（一）破产免责制度的诞生

最早的破产免责制度诞生于英美法系。1705 年英国国会制定的《安妮法案》（*the Statute of* 4 *Anne*），是世界上首先规定破产免责制度的法律。该法规定诚实且合作的债务人能够就破产宣告前的债务获得免责，但破产免责并不是自动生效（not self-executing）的，破产人要获得免责，必须由破产行政管理人（bankruptcy commissioners）向大法官（the Chancellor）证实破产人符合该法律能获得免责之规定。当破产程序终结后，破产债权人若仍然向破产人请求清偿债务，破产人必须主动出示证明其已获免责的证明文件（即“遵从证明文件” the certificate of conformity）作为抗辩，破产人若未积

① See Charles Jondan Tabb, *The Scope of the Fresh Start in Bankruptcy: Collateral Conversion and the Dischargeability Debate*, 59 Geo. Wash. L. Rev. 56, 89-103 (1990).

极主动地主张已获得免责，其仍然须对该债务负清偿责任。① 英国法创立的这一套破产免责效力行使制度，为美国所仿效直到 1970 年。在当时仍相当注重债权人利益保护的立法考量下，免责证书的授予是相当谨慎且严格的。② 不过最初该法案并未赋予债权人阻碍免责证书授予的权利。该法关于破产免责制度的适用范围，有两点是需要注意的：第一点是只有商人得以适用该法律而获得破产免责；第二点则是仍然只有非自愿性破产制度，债务人主动申请破产的自愿性破产制度尚未建立。在 *the Statute of* 4 *Anne* 中，除了规定诚实且合作的债务人可获得免责外，对于不老实的债务人则采取极严酷的惩罚手段——处以死刑。破产免责制度是立法者对于债务人配合揭露财务信息及移交财产给破产行政管理人的奖赏；而死刑是立法者对于不合作债务人的惩罚。

1705 年的破产免责规定为期短暂，1706 年英国国会又通过法案③规定破产债务人要获得免责，须取得债权人的同意，自此之后，债权人对于破产债务人是否得以免责的主导权几乎一直持续到 20 世纪。依据 1706 年法案的规定，破产债务人要获得免责，必须有占债权人总人数 4/5 以上及占债权总额 4/5 以上的债权人在免责证书上签名④，获得免责的条件异常苛刻。

在接下来的几十年间，英国国会对于破产法上的免责制度并没有任何大幅度的变动。1732 年，在乔治二世统治下，英国国会通过了《防止破产人欺诈犯罪法案》（*An Act to Prevent the Committing of Frauds by Bankrupts*）⑤，该法案是英国破产法的一次大编纂和修订，这个法案与其后的几个修正案，构成了持续近 100 年的英国破产法规范。该法案生效实行的时期，美国独立革命正在进行，因此该法案不仅影响美国制宪者制定的破产条款⑥，亦深深地影响美国第一部破产法典。该法案维持了先前破产免责制度的基本特色，未有重大变革。依据该法案破产人要获得免责必须取得免责证书：首先，破产管理人要向大法官证明破产人有依法配合破产程序的进行；其次，该免责证书须获得债权人的同意签名；最后，破产人须宣誓免责证书及债权人的同意是经由正当的方法获得的。*The Statute of* 4 *Anne* 中就债务

① 4 Anne, c. 17, §7 (1705).

② See Charles Jordan Tabb, *The Historical Evolution of The Bankruptcy Discharge*, 65 Am. Bankr. L. J. 325, 328(1991).

③ 5 Anne, c. 22, §2(1706).

④ 5 Anne, c. 22, §2(1706).

⑤ 5 Geo. 2, c. 30(1732).

⑥ U. S. CONST. art. 1, §8, cl. 4.

人合作与否的赏罚制度，仍然在该法案中延续，同时1732年法案为免责设定了一些限制。①

1800年美国第一部联邦破产法典诞生，此部法典几乎承袭了英国1732年破产法案的规定，对于破产免责并未做出新的发展，它仍然是一部倾向债权人一方的破产法典。仍然只有商人可以适用破产法，仍然只有非自愿性破产的制度，仍然只有合作的债务人可以获得免责，诈欺破产仍然是一种刑事犯罪行为。

（二）消费者破产免责制度的形成

1841年的美国《联邦破产法》是英美法上首次采取保护债务人立场而制定的破产法典，是破产法历史上具有里程碑意义的法典。该法在两个方面对破产免责制度做出了重大的发展：其一是首次规定了自愿性破产制度，债务人有权提出破产申请，而且如果债权人同意的话，该破产债务人可以获得免责；② 其二是该法打破了以往破产法只适用于商人的限制，明文规定破产法适用于任何债务人③，这就使得破产免责的适用范围首次扩及至消费者债务人，现代意义上的消费者破产免责制度也由此诞生。该法对免责的获得仍规定需要取得一定比例的债权人的同意，并且由于破产法适用范围的扩大也增加了不可免责的事由④，对于破产免责的效力仍规定须有破产债务人主动主张已获得免责才能阻止并拒绝破产债权人继续求偿的行为。⑤ 1841年的美国《联邦破产法》，在英美法破产免责制度的演进上，具有重要的里程碑地位。不过，由于美国20世纪30年代后期经济恐慌中的受害者纷纷利用破产法的相关规定提出自愿申请继而追逐免责利益，使得债权人从债务人的破产程序中所获甚少，并且破产程序的成本和费用很高，导致1841年美国《联邦破产法》在仅实施18个月后就被废止了。⑥ 1841年美国《联邦破产

---

① 例如，该法案规定破产人如因其子女结婚而赠与一定金额的财产，该破产人嗣后即不能获得免责，除非他能证明其进行财产移转时，仍具备清偿能力。See 5 Geo. 2, c. 30, §12(1732).

② Bankruptcy Act of 1841, ch. 9, §1, 5 Stat. 441(1841)(repealed 1843).

③ 虽然仍限制非自愿性破产制度仅适用于商人。

④ Bankruptcy Act of 1841, ch. 9, §4, 5 Stat. 443-44(1841)(repealed 1843).

⑤ Bankruptcy Act of 1841, ch. 9, §4, 5 Stat. 444(1841)(repealed 1843).

⑥ [美]戴维·G. 爱泼斯坦、史蒂夫·H. 尼克尔斯、詹姆斯·J. 怀特：《美国破产法》，韩长印等译，中国政法大学出版社2003年版，译者前言第2页。

法》才算是将破产法的债务救济功能和债权保障功能融为一体①，它开创了破产法历史上为消费者债务人提供免责救济的先河。在英国，对消费者自然人获得破产和免责的限制直至1869年才被正式废除。②

此后，1883年英国破产法和1898年美国破产法一致废除了债务人免责的取得要获得一定数量的债权人同意或满足一定数额的清偿比例的规定，于是将破产债务人是否能获得破产免责的决定权，永远地从债权人身上剥除。但对债务人能否获得免责的决定权，1898年美国破产法和1883年英国破产法则有不同的规定，依照1898年及其后的美国联邦法，破产债务人能否获得免责，国会已在《联邦破产法》中明确规定，法院并没有裁量判断的余地；而1883年的英国破产法，将破产债务人是否能获得破产免责的决定权移交给法院，法院对于是否令破产债务人获得免责有充分的裁量权，这也是英国破产法和1898年之后的美国破产法，在破产免责制度上的最大不同。不管是由谁决定债务人破产免责的获得，都代表着破产免责制度不再像以往那样，基于债权人的利益考虑，被当做诱使债务人偿还债务的手段，而是被认为是基于公共利益，帮助诚实但遭遇不幸的债务人重返经济社会，而再造社会生产力的制度设计，这构成了现代消费者破产免责制度的基本立法理念之一。

免责制度在诞生之初并非是为了消费者债务人而设计，但是随着破产法的立法理念从单纯的满足债权人债权向保护债务人方向发展，免责制度的适用范围和存在价值也发生了重大的变化，这种变化在消费者破产免责制度中得到了很好的诠释。消费者破产免责制度为占债务人绝大多数的消费者提供免责保护，使得他们有机会通过免责救济摆脱债务困境，重获参与社会经济生活的能力，既有利于破产法保护债务人理念的落实，又有利于破产法调节社会经济运行功能的实现。

（三）欧陆国家对消费者破产免责制度的引入

正因为如此，这种诞生并发展于英美破产法中的消费者破产免责制度，也越来越多地被大陆法系国家的破产法所吸纳。在20世纪80年代，欧洲国家实施的破产法大多仍是19世纪制定的，这些破产法中没有规定任何的免责条款，非商业破产在欧陆国家也不常见。欧洲国家长期认为债务免除制度

① Douglas G. Baird & Thomas H. Jackson, *Cases, Problems and Materials on Bankruptcy*, Little Brown and Company, 1985, p. 25.

② See Johanna Niemi-Kiesiläinen, *Consumer Bankruptcy in Comparison: Do We Cure A Market Failure or A Social Problem?*, 37 Osgoode Hall Law Journal 473, 479(1999).

过于激进，例如在法国和比利时，曾经只有商人和法人可以申请或者被申请破产；制定于19世纪末的德国破产法和荷兰破产法也没有给债务人任何免责，债务人对清算程序中未清偿的债务仍负有偿还责任。① 欧陆学者从法社会学的视角去考察消费者破产问题时，发现消费者过度负债现象的大量出现，是引发欧洲国家大规模引入消费者免责制度最主要的原因。② 从20世纪80年代起，原本管制严格的欧洲信贷市场开始放松，这导致了对消费者的信贷供应量急剧上升，消费信贷市场十分繁荣。但是好景不长，当经济开始衰退的时候，失业率随之上升，这对个人债务偿还产生了极大的影响，甚至一些中产阶级也面临着过度负债的问题。与以前的穷苦债务人不同的是，这些受过良好教育的中产阶级债务人善于表达他们负债过多的痛苦，并且从政治上施压要求缓解负债过多带来的压力。有着深厚罗马法传统的欧洲大陆国家，在合同法领域一贯坚持“约定必须信守原则”（pacta sunt servanda），并且对消费者债务人和债权人之间的合同履行也坚持适用该原则，但消费者过度负债所引发的痛苦和社会问题促使立法者们开始反思立法中对债权人责任的规定。消费者债务人支付不能情况的出现不应只是消费者个人的责任，债权人在信用市场上的扩张行为、对消费者债务人的放贷行为、以及在消费者债务人无力支付后所应承担的义务等，都表明不应只由消费者债务人为无力偿债负上全部责任，以信贷机构为主的债权人同样需要承担一定的责任。欧洲各国立法对免责制度的引入正好实现这一目的，例如法国和比利时消费者破产制度的一个直接目标就是使借款人为其向消费者推广信贷产品的行为负责。③ 实际上在许多欧洲国家，消费者和其他非商业债务人并未被排除在正式的破产程序之外，然而因为各种原因，消费者并不愿使用破产作为解决其债务问题的方法。破产的成本和由此带来的不便是非商自然人在实践中被破产程序排除在外的原因之一，但更为重要的原因是破产程序没有提供债务免除（免责制度），因此对那些没有什么资产的债务人而言几乎是无用的。所以，当20世纪80年代末90年代初家庭债务风险凸现之时，法律需要为

① Nick Huls, *American Influences on European Consumer Bankruptcy Law*, 15 Journal of Consumer Policy 125, 126(1992).

② See Jacob S. Ziegel, *The Challenges of Comparative Consumer Insolvencies*, 23 Penn St. Int'l L. Rev. 639, 651(2005).

③ Jason J. Kilborn, *Two Decades, Three Key Questions and Evolving Answers in European Consumer Insolvency Law: Responsibility, Discretion and Sacrifice*, available at SSRN: http://ssrn.com/abstract=1080252, pp. 4-5(last visited August 5, 2009).

消费者过度负债问题提供新的解决方案。① 正是在这种背景下，丹麦1984年修订后的破产法、德国1994年破产法皆开始采用消费者破产免责制度。至此，消费者破产免责制度在世界范围内逐渐确立起来，并影响到日本、巴西等亚非拉国家的破产法立法。

二、三种立法模式并存

在过去的20年间，许多国家在消费者破产领域经历了巨大的变革。从总体而言，这些变革有着共同的目的，即为那些不堪债务重负的消费者减轻经济压力，但是不同的国家对破产免责模式的选择以及消费者对这一制度的利用程度都存在着显著的差异。以立法对消费者破产免责的限制程度为标准，消费者破产免责制度可以划分为三种立法模式。

（一）不免责主义的立法模式

采取不免责主义立法模式的国家破产程序的核心特征是没有为消费者提供破产免责制度。这些国家又可以细分为两类：第一类国家规定所有的非商人（non-merchant）都不能提起破产申请，消费者连提出破产请求的权利都没有，就更谈不上获得债务免除了，中南美洲国家是采取这种立法模式的代表，包括巴西、墨西哥、阿根廷、玻利维亚、萨尔瓦多、洪都拉斯、巴拿马和委内瑞拉，其他的如中国、越南、蒙古、保加利亚、乌克兰、匈牙利、土耳其、沙特阿拉伯、意大利和瑞士也是采取这种立法方式；第二类国家虽然规定所有个人（无论商人还是非商人）都可以申请破产保护，但是非商人无权获得债务免除，比前一类立法更进一步的是消费者可以提出破产申请了，但仍然无权享受免责制度的保护，对于破产清算之后无法偿还的债务，仍需要用将来的收入或财产去偿还，例如捷克、智利和埃及就属此类国家。上述两类国家的共同之处在于所有的消费者都无权获得债务免除，而这些国家破产制度的设计是以债权人为导向的，侧重于保护债权人的利益，忽视了对陷入债务困境的消费者的利益保护。

（二）许可免责主义的立法模式

采取许可免责主义立法模式的国家在其消费者破产法中都规定有免责制度，丧失清偿能力的消费者有权向法院申请债务免除，法官根据法律规定并行使自由裁量权决定是否免除申请者的债务，或者在什么条件下免除申请者的债务。这种免责制度使消费者能否获得债务免除处于不确定的状态，破产

① Johanna Niemi-Kiesiläinen, *Changing Directions in Consumer Bankruptcy Law and Practice in Europe and USA*, 20 Journal of Consumer Policy 133, 134(1997).

程序的开始并不必然导致债务免除的实现，债务最终能否免除还要取决于法官的裁决结果。采取这种立法模式的国家很多，且分散在世界各处，主要包括：印度、巴基斯坦、日本、新加坡、菲律宾等亚洲国家；丹麦、挪威、芬兰等斯堪的纳维亚国家；奥地利、德国、法国等欧洲大陆国家；葡萄牙、西班牙、以色列等地中海国家；南非、肯尼亚、乌干达等非洲国家。

根据这些国家关于消费者免责制度的立法，从理论上讲消费者是可以获得债务免除的，但是实际结果往往与理论差之万里。例如在以色列，只有不到5%的申请人最终在法院的裁定下获得债务免除。① 英国虽然现今采取的是当然免责主义的立法模式，但在1976年破产程序改革之前采取的也是许可免责主义的立法模式，其破产改革委员会就认识到了这种模式的缺陷，认为“大量破产的出现却并没有促进其中债务免除的获得，这一现象成为本世纪当前破产法体系中最让人头疼的问题”。② 在这些国家，实践中很少有消费者申请和获得债务免除的原因不外乎以下两种：一种是因为有些国家的立法为消费者破产免责的申请规定了欠债的下限，使得部分破产消费者因不能清偿的债务未达到法定的数目而被动地放弃申请，例如在菲律宾只有欠债1000比索以上的人才能申请债务免除；③ 另一种原因是消费者自身对破产免责程序知之甚少，或者害怕因申请造成更多人知道自己破产的事实而主动放弃申请。

（三）当然免责主义的立法模式

采取当然免责主义立法模式的国家规定的是一个更加宽松和便捷的免责制度，消费者债务人在破产程序终结之后一般都可以获得债务免除，除非有不可免责事由的存在，免责的获得无须法院进行专门的审查许可，也即破产消费者能够在一个相对较短的时间内自动获得免责。美国是当然免责主义立法模式的典型，也是世界上消费者免责制度最为宽松的国家。④ 根据美国《联邦破产法》第7章的规定，债务人的大多数债务都可以获得免除⑤，并

---

① See Philip Shuchman, *Field Observations and Archival Data On Execution Process and Bankruptcy in Jerusalem*, 52 Am. Bankr. L. J. 341, 356-364(1978).

② Brit. Sec. of the Int'l Comm. of Jurists, Justice, Bankruptcy 25, 1975.

③ Richard H. W. Maloy, *Comparative Bankruptcy*, 24 Suffolk Transnat'l L. Rev. 1, 2000, p. 19.

④ See Charles J. Tabb, *The Historical Evolution of the Bankruptcy Discharge*, 65 Am. Bankr. L. J. 325, 1991, p. 329.

⑤ See 11 U. S. C. §727(a), (b)(1994).

且可以保留申请破产之后获得的收入。① 除非有人向法院提出异议申请书②，或者是债务人被证明从事了某种禁止性行为③，债务人即可在破产申请开始的约 4 个月之后自动获得免责。④ 不仅如此，在第 13 章破产程序中规定："除非法院在本章救济裁定发布之后批准了由债务人签名盖章的书面放弃免责的声明，在债务人根据方案完成所有的清偿之后，法院应当批准债务人对所有方案规定的债务或根据本法第 502 条没有批准的债务都免责。"只要债务人完成第 13 章程序中制定的重整方案之后，就可以获得比第 7 章程序中免责范围更大的债务免除⑤，并且可以保有更多的豁免财产。

类似美国这样在破产法中对消费者破产采取当然免责主义的国家和地区还有英国、加拿大、澳大利亚、新西兰、俄罗斯和中国香港特别行政区、中国台湾地区等，这些国家和地区中的大部分是前英国殖民地或者是受英国法影响的国家。根据英国法，自愿申请破产保护的个人债务人可以在 12 个月⑥之后自动获得其所申请的债务的免除⑦，但在此期间内申请人的行为会受到诸多限制。⑧ 之所以将英国法上的这种免责称为自动免责，是因为只需要相关期限届满，债务免除便自动发生效力。⑨ 澳大利亚现行 1966 年破产法规定，除非托管人和官方接收人提出异议⑩，破产人有权在提交破产申请之日起 3 年后获得自动解除⑪，而破产的自动解除会产生免除破产中已确认的所有债务的效力。⑫ 俄罗斯《联邦无支付能力法》第 212 条第 1 款规定：除了不可免责的债权外，"与债权人结算完毕后，被确认为破产的公民，免

---

① 11 U. S. C. §541(a)(6)(1994).

② See 11 U. S. C. §523(a)(1994).

③ See 11 U. S. C. §727(a)(1994).

④ See FED. R. BANKR. P. 4004(a), 2003(a).

⑤ See 11 U. S. C. §1328(a)(1994) and 11 U. S. C. §523(a)(1994).

⑥ 英国 1986 年破产法(Insolvency Act of 1986)第 279(2)(b)条规定获得自动免责的时间期限为 3 年，2002 年企业法(Enterprise Act 2002)将其修正为 12 个月，并于 2004 年 4 月 1 日起生效。

⑦ See Insolvency Act of 1986 ss 279(1)(b) and (2)(b), 281(1).

⑧ See Insolvency Act of 1986 ss 288-291.

⑨ Stephen Schaw Miller, Edward Bailey & Christopher Berry, *Personal Insolvency Law and Practice*, 3rd ed., Butterworths, p. 437.

⑩ See Bankruptcy Act 1966(Cth), s 149B.

⑪ See Bankruptcy Act 1966(Cth), s 149(4).

⑫ See Bankruptcy Act 1966(Cth), s 153(1).

于继续履行债权人在破产程序阶段申报的债权”①。当然免责主义的立法模式是上述三种模式中最为自由的免责模式，将消费者获得债务免除视为一般原则，将托管人异议、债务人的不当行为等视为原则的例外，有助于实现消费者债务人通过破产程序获得免责的预期，从而扩大破产程序的适用。

三、立法差异存在的原因

（一）历史原因——法律传统的不同

导致上述三种立法模式并存的原因很多，不同国家的立法传统是一个无法回避的理由。特别是在那些曾经作为殖民地的亚非拉国家，消费者破产制度的设计在很大程度上受到了前殖民国破产法影响。例如前述不免责主义立法模式的代表——巴西等中南美洲国家，在破产免责制度中，将消费者以非商人的名义排除在外，显然可以追溯到西班牙殖民统治时期的1829年《西班牙商法典》，这部法典对非商人破产持抵触态度。② 相反，那些曾经在英国殖民统治下的国家，例如印度、巴基斯坦、肯尼亚、乌干达和以色列的消费者破产立法与英国旧破产法具有很大的相似性，特别是其消费者破产立法中的免责制度都不约而同地规定了由法官最终决定是否同意消费者的债务免除申请，这些国家采取许可免责主义的立法模式都受到了英国殖民统治时期破产制度的影响。③

（二）经济原因——对消费信贷市场的管制不同

在过去的20年间，各国消费者破产立法中免责制度出现差异的另一原因是各国对消费信贷市场的管制力度不同。如果一国放松对消费信贷市场的管制，会导致消费信贷企业间竞争的加强，而高度的竞争必然会增加消费信贷产品供应量，最终会使得消费者更容易获得更多的贷款，这势必会导致很多消费者因过度消费而陷入经济困境。当越来越多的消费者承担过多债务无法清偿陷入经济困境的时候，许多国家的立法者就会大力推动其国内消费者破产法的修订，以解决过度负债消费者的经济负担问题，使得这些消费者能够尽快重返经济社会，从而维持经济的有效运行。

---

① 李飞主编：《当代外国破产法》，郑冲等译，中国法制出版社2006年版，第326页。

② See David C. Cook, *Prospects for A North American Bankruptcy Agreement*, 2 S. W. J. L. & Trade Am. 81, 1995, p. 99.

③ See Rafael Efrat, *The Evolution of the Fresh Start Policy in Israeli Bankruptcy Law*, 32 Vand. J. Transnat'l L. 49, pp. 62-63.

澳大利亚在20世纪80年代开始放松对金融市场的监管，与此同时，它在1980年将自动债务免除条款引入破产法体系，从而放松对消费者破产免责的限制。① 同样，斯堪的纳维亚国家和西欧国家也放松了对消费者破产中的重新开始政策的限制，而在此之前这些国家对消费信贷市场的管制力度都经历了显著的降低。例如，20世纪80年代早期，英国放松了对消费信贷市场的管制，导致消费者债务的大量增加，这直接导致了英国在1986年减少了对消费者破产免责制度的限制。②

而一些来自中东、非洲和东欧的国家恰好相反，对于那些建立在现金交易基础上的消费系统而言，消费信贷受到高度的管制，立法者发现没有必要降低申请破产免责的条件，反而选择加强对消费者债务免除的限制。例如，1998年俄罗斯新破产法实施之前，消费者不能申请破产保护，立法者认为"缺乏一项促进个人重整或减轻其债务的制度并不重要，因为在俄罗斯个人几乎只能从事现金交易"③。我国也正是这种情况，信贷产业受到政府的高度管制，所以个人没有法定途径免除其过度的债务负担。

（三）社会原因——国家福利政策的不同

各国施行不同的社会福利政策也是导致消费者破产免责立法存在差异的原因之一。从理论上来说，一国政府提供给国民的社会福利政策越不健全，个人越有可能通过借贷的方式获取产品或服务，特别是在教育、医疗和住房等大额消费方面。薄弱的社会福利机制往往不可避免地造成消费者无法清偿债务的问题，这就会迫使立法者们放松对破产免责的限制，以弥补在社会福利政策方面的不足。美国就是这方面的典型例证，美国消费者经济困境产生的原因之一便是政府提供的社会福利相对有限④，而大量消费者经济困境的存在在一定程度上为美国破产法中宽松的免责制度提供了理由。曾被誉为

---

① Lewis Arndell Neil, Dennis Rose & Lewis, *Australian Bankruptcy Law*, 10th ed, The Law Book Company, 1994, p. 226.

② See Pat Conaty, *Credit, Debt and Financial Control in Great Britain*, in *Banking for People Social Banking and New Poverty Consumer Debts and Unemployment in Europe-National Reports*, Udo Reifner & Janet Ford eds., Walter de Gruyter Berlyn, 1992, pp. 71 & 81.

③ Steve Campbell, Comment, Brother, *Can You Spare a Ruble? The Development of Bankruptcy Legislation in the New Russia*, 10 Bankr. Dev. J. 343, 1994, p. 374.

④ See Teresa A. Sullivan et al., *The Fragile Middle Class: Americans in Debt*, Yale University Press, 2000, p. 259.

“世界上第一个福利国家”的新西兰①，从20世纪90年代起开始削减社会福利开支②，与此相呼应的是新西兰破产法中也恰好开始提供相对自由的债务免除程序，这两方面的结合导致了新西兰消费者破产案件数量的急剧上升。③

反面的例子出现在斯堪的纳维亚国家，这些国家的公民享有广泛的社会福利，例如各种失业救济、全民保健、高等教育和公共住房，因此几乎不需要为医疗、住房、教育等消费进行借贷④，因而在这些国家消费者破产领域实施宽松的免责制度就没有太大的意义，它们往往不会选择当然免责主义的立法模式。总的而言，绝大多数社会福利健全并内容广泛的国家，都不会在消费者破产立法中选择宽松的债务免责制度，转而不规定债务免除制度，或者选择建立在司法裁判基础上的许可免责制度。

在世界范围内，消费者破产免责制度的立法既有差异，又有共性，不管是差异还是共性实际上都受到上述三点原因的影响。在分析一个国家的消费者破产免责制度的成因时要综合这三个因素来考察，不能孤立地看待其中的某个因素。以我国为例，我国的社会保障体系广为诟病，住房、教育、医疗甚至被称为压在中国老百姓头上的“新三座大山”⑤，尽管在相对较弱的社会福利保障体系下，我国采取的仍是世界范围内几乎最为保守的消费者破产免责制度。从我国立法传统来看，在漫长的农业社会，个人债务依靠的是“父债子偿”的习惯法和伦理观念来调整的；进入半殖民地半封建社会后，作为舶来品的破产法在很长一段时间内采用的也是商人破产主义⑥，不承认

① 钱星博：《“福利国家”的改革——新西兰经济重振之路》，载《国际市场》1999年第6期，第13页。

② 参见[意]哥斯塔·艾斯平-安德森编：《转变中的福利国家》，周晓亮译，重庆出版社2003年版，第135~136页。

③ See Paul Heath, *Consumer Bankruptcies: A New Zealand Perspective*, 37 Osgoode Hall L. J. 427, 1999, pp. 439 & 445.

④ [丹]本特·格雷夫主编：《比较福利制度——变革时期的斯堪的纳维亚模式》，许耀桐等译，重庆出版社2006年版，第87~95页。

⑤ 舒圣祥：《新“三座大山”让百姓不敢消费》，载《中国改革报》2005年11月7日第2版。

⑥ 参见文秀峰：《个人破产法律制度研究——兼论我国个人破产制度的构建》，中国人民公安大学出版社2006年版，第30~31页。

作为消费者的自然人具有破产能力①，这一立法传统一直保持到现在。从我国对信贷消费的管制力度来看，我国信贷消费起步晚、领域有限、受国家政策的限制较多，因而信贷消费市场相对来说并不发达。正是基于以上两方面的原因，虽然我国当前社会福利制度较为落后，但是仍未建立起与之相适应的消费者破产免责制度。

第二节　消费者破产免责制度的新发展

免责制度作为对消费者无力偿债最直接的救济途径，在近几十年间随着消费者负债问题的日渐突出而处在不断的变化中，一些代表性国家的立法在消费者破产免责领域有新的发展，透过这些新的发展动向可以看出世界范围内消费者破产免责制度的发展趋向。

一、大陆法系国家消费者破产免责制度的新发展

欧洲大陆法系国家现今消费者破产免责制度不是一蹴而就形成的，其发展经历了从无到有，再到逐步宽松的过程，这一过程与大洋彼岸的美国消费者破产免责制度的发展趋势相向而行、日渐趋同。法国、比利时、德国等欧陆国家近年来对消费者破产免责制度的改革更是直接反映了这一趋势。消费者破产免责的本质是公权对私权的干预，公权力在一定条件下限制全部或部分债权的行使，变更原有的债权债务关系，因此欧陆国家对这一制度的引进和发展十分谨慎，这种谨慎在立法上主要体现于两方面：一方面是对消费者破产免责的适用规定严格的限制条件，另一方面是对债务免除本身的内容进行限制。近年来，这些限制却因为种种原因逐步得到放宽，欧陆国家的消费者免责制度朝着更加宽松、开放和灵活的方向发展。

（一）法国：免责层次逐步提高

和其他欧陆国家一样，法国的破产免责制度原本只适用于商人②，消费

---

① 直至1935年，经国民党政府立法院民法委员会的起草，我国才有了规定普通自然人破产免责的第一部法律，但在大陆地区施行时间较短，然而在我国台湾地区几经修订沿用至今。但是由于该法采取的一般破产主义，未区别法人破产和自然人破产，不能满足台湾地区消费者破产发展的需要，因而台湾地区“立法院”于2007年6月8日通过了《消费者债务清理条例》，已于2008年4月11日正式施行，该条例采取的是类似于美国的当然免责主义。

② See Daniel Desurvire, *Histoire De La Banqueroute Et Faillite Contemporaine*, L'Harmattan, 1992, pp. 63-64.

者未能偿还债务被认为是一种失败，通常不能获得免责的救济。然而在20世纪70～80年代，越来越多的消费者被卷入开放的信贷市场中，伴随着经济衰退导致的失业率上升，立法者们开始逐渐地倾向于采取积极的措施对债权人与消费者债务人之间的债务问题进行干预，干预的程度在法国消费者破产法的发展历程中逐步深入，法国自1989年末对消费者过度负债进行成文立法①以来，对该法进行了三次重大的修正，提供给消费者债务人的免责层次也随之提高。如前所述，在法国，绝大多数消费者过度负债案件都是通过法院外债务调解程序解决的，但仍有近35%的案件，个人过度负债委员会无法使债权人达成法院外和解计划，在这种情况下法国现行破产制度为消费者强制免责提供了三种途径。但与美国的消费者免责制度不同的是，债务人对这三种途径没有选择权，而是由个人过度负债委员会或法院根据各个案件中债务人经济困难的严重程度，来决定案件适用何种免责途径。

1. 一般措施

法国立法者们显然从一开始就预见到了债权人可能会拒绝做出一定的让步，为了防止因债权人拒绝合作而导致消费者过度负债案件陷入僵局，立法者授权个人过度负债委员会可以建议法院强制执行其在协商程序的偿债方案中提出的措施，如果个人过度负债委员会所提之建议措施程度适中，法院一般都会采纳并赋予偿债协议以强制执行力。按照法国《消费者法》第331-7条的规定，若个人过度负债委员会在法院外债务清理程序中居间调解失败，委员会得应债务人的请求，并在征求利害关系人的意见之后，建议采取下列措施之全部或部分：债务延期支付、优先支付本金、降低贷款利率、在债务人的主要住宅被强行拍卖的情况下斟酌债务人的收入与负担能力而削减该不动产拍卖后仍不足支付给信用机构的房贷余额，原则上上述建议措施的期间最长不超过10年。② 上述措施适用于所有未达成法院外偿债计划的消费者，在实践中被称为“一般措施”③，这是法国消费者破产制度为消费者债务人提供的最低层次的免责措施。除了对强制拍卖之后仍不能偿还的住宅抵押贷款余额进行部分或全部免除之外，第一层次的免责措施不涉及任何消费者债务人债务偿还义务的减免，因此这一层次的免责措施给予无力偿债消费者的救济非常有限。

---

① Loi n° 89-1010 du 31 décembre 1989.

② See C. consomm. art. L. 331-7(2004).

③ “一般措施”和“特殊措施”是法国消费者债务清理实践中采用的专门术语，用来区别委员会根据《消费者法》第331-7条和第331-7-1条提出的建议。

1995—2004年，在个人过度负债委员会处理的所有案件中，法院强制执行的偿债计划中含有上述一般措施的案件约占15%。① 一般措施是法国消费者债务清理中运用得最为广泛的措施，因为在法国将近80%的案件都是以形成某种折中偿还计划的方式结案的②，大多数偿还计划是在法院外债务清理程序中通过委员会居间调解的方式由债务双方协商达成的，其他的偿还计划是法院强加给债权人的，无论采取哪种方式形成偿还计划，其中提供的债务免除措施一般只是延期支付或者降低利息，除了拍卖后的住宅抵押贷款余额外并不触及债务本金的免除。虽然这种措施对消费者债务的免除范围非常有限，但由于法国相对于美国、德国而言债务问题要轻微得多，所以这一低层次的免责措施对法国消费者债务人而言仍能发挥一定的作用。尽管类似于法国一般免责措施所采取的延期支付或降低利息也经常出现在我国经法院调解程序达成的调解书中，但是一个显著的区别是法国法院对于一般免责措施有强制执行权，因为这些免责措施是法律明确规定的。而在我国，消费者债务人是否能通过延期支付和降低应付利息的方式减轻还款责任完全取决于债权人的同意，法律并未规定消费者债务人可以通过这些方式获得免责利益，因此法院对这些方式的采取没有决定权，所以这些措施在我国并不构成免责措施。

2. 特别措施

1989年《个人债务清理法》实施后仅几年的时间，个人过度负债委员会和法院在越来越多的案件中发现法律未能给债务人提供有效的免责。20世纪90年代早期，严重的经济衰退席卷欧洲，使得许多消费者失业，与此同时在经历了20世纪80年代末的信贷改革后他们的债务水平达到了历史新高。对于许多经济状况严重恶化的债务人而言，采取10年延期支付和降低利率的措施仍不足以使其能够完全偿还债务本金，在这类型案件中即使以偿债计划的方式结案，但因为债务人严重恶化的经济状况，该计划最终仍摆脱不了失败的命运。法律最初并没有规定任何方法，去根据债务人的庞大债务和有限偿还能力而减免其本金偿还义务。在第一个偿还计划失败之后，债务人可以提出新的免责申请，免责程序将在没有任何最终成功希望的情况下再

① Jason J. Kilborn, *La Responsabilisation De L'economie: What The United States Can Learn From The New French Law On Consumer Overindebtedness*, 26 Mich. J. Int'l L. 619, 647 (2006).

② Jason J. Kilborn, *Comparative Consumer Bankruptcy*, Carolina Academic Press, 2007, p. 64.

次重复进行。没有对本金余额采取部分免除的真正免责制度的存在，这些债务人只能别无选择地继续在债务短期延缓的旋转门之间周而复始。①

为了弥补这一不足，法国的立法将强制免责制度向前推进了一步。1998年法国对免责措施进行了修正，规定从1999年2月1日起，如果债权人拒绝接受协商计划，个人过度负债委员会可以建议法院采取特殊措施，这一措施比一般措施中简单的延长偿还期限和降低利率更为强劲。根据新的规定，如果个人过度负债委员会认为债务人因为无收入或无可扣押之物而“无支付能力”（insolvent），就可以建议法院在2年内暂停对债务人的债权请求。这一期间是用来让债务人改善其经济状况的。在期间届满后，个人过度负债委员会会重新评估债务人的经济状况。如果债务人的财务状况好转，且被证实包含一般免责措施的偿还计划就足以使其摆脱困境，则个人过度负债委员会就会建议一个包含上述一般措施的偿债计划。如果债务人在2年期满后仍“无支付能力”，个人过度负债委员会必须建议对部分或绝大多数债务人未偿付的债务给予免责，法律将决定债务人偿还义务的免责比例留给个人过度负债委员会根据个案自由裁量。债务人获得特殊措施提供的债务免除的时间间隔是8年。②

只有在财务状况非常困难的情况下，债务人才可以申请这一较高水平的免责。只有当债务人符合了法律所规定的“无支付能力”的条件时，个人过度负债委员会才可以建议特别免责措施。“债务人无支付能力（insolvency of the debtor）”从本意上是指根本缺乏资金或可供执行的财产以满足债务人的全部或部分债务，并且实施包含一般免责措施的偿债计划行不通。按照法律规定，只有在债务人完全没有拥有豁免财产以外的财产，并且完全没有非豁免收入的情况下，“无支付能力”才能成立，否则债务人至少有部分债务可以得到满足。在实践中，个人过度负债委员会和法院都曾将“无支付能力”的定义作扩大解释，这在实际上造成可以适用特别免责措施的债务人范围的扩大。早在特别免责措施实行之初，法国经济部就力促委员会放弃法律上对“无支付能力”的严格定义，建议如果债务人在一段合理的时期内（一般是10年内）不能清偿其所有债务，就可被认为是“无支付能力（insolvent）”。③ 这一解释虽

① Jason J. Kilborn, *Comparative Consumer Bankruptcy*, Carolina Academic Press, 2007, p. 65.

② See C. consomm. art. L. 331-7-1(2004).

③ Jason J. Kilborn, *La Responsabilisation De L'economie: What The United States Can Learn From The New French Law On Consumer Overindebtedness*, 26 Mich. J. Int'l L. 619, 652 (2006).

然与立法规定的字面意思不相符，但在实践中却得到了个人过度负债委员会和法院的采用，法国高等法院就曾经认定能够偿还部分债务但不能偿还全部债务的债务人具备“无支付能力”的条件。① 这显示了特别免责措施在实际运作中有扩大适用的倾向，对消费者债务人而言，意味着免责制度朝着更加宽松的方向发展。

3. 2004 年“个人恢复程序”的引入

特别免责措施虽然允许免除消费者债务人的部分偿还责任，但是仍要求债务人在一定时期内先对债务进行偿还，所以对那些在经济上已经完全不具备任何偿还能力的债务人而言仍显不够。因此 2004 年 2 月，法国开始实施类似于美国《联邦破产法》第 7 章模式的“个人恢复程序”(Procédure de rétablissement personnel)，使消费者债务人可以经由清算程序获得直接免责，从而完善了法国消费者破产免责体系。

个人恢复程序提供的免责是法国消费者可以获得的最高层次的免责，其要求在案件受理后立即对债务人的非自由财产进行清算，清算后法院即刻命令对所有财产清算程序中未能偿还的债务进行免除，因此立法为个人恢复程序规定了严格的准入条件。消费者债务人得以进入个人恢复程序的情形有三种：(1) 个人过度负债委员会审查申请文件，如果发现善意债务人陷于无可挽回的经济困境，便应将申请文件提交给执行法官，执行法官得经债务人同意，决定开启个人恢复程序；(2) 如果债务人对于过度负债的报告文件、或当事人任一方对于个人过度负债委员会之建议措施或其处理方向有异议，执行法官得经债务人同意，决定开启个人恢复程序；(3) 如果债务人向个人过度负债委员会提出申请文件已届满 9 个月，而委员会尚未判定应依何种程序处理者，债务人可以直接申请法官开启个人恢复程序。② 和美国模式不同的是，无论在理论上还是在实践中，法国消费者破产免责制度仅将这一最高层次的免责措施适用于极少数财务负担最为严重、经济上边缘化了的债务人。只有在委员会和法院认为债务人的情况已经处于无可挽回的境地时，才能适用这一最高层次的免责。无可挽回的境地是指采取较低层次的一般免责措施和特别免责措施拟定偿还计划显然不能起作用。③

在法院正式受理案件之后，程序的进行就同美国破产法院的程序非常类

① Jason J. Kilborn, *Comparative Consumer Bankruptcy*, Carolina Academic Press, 2007, p. 66.

② See C. consomm. art. L. 332-5(2004).

③ C. consomm. art. L. 331-6, L. 331-7, and L. 331-7-1(2004).

似。进入这一阶段的绝大多数案件已经几乎没有什么财产可供清算，法官通常会根据个人过度负债委员会提交的案件材料，对债务人的经济和社会情况进行复查。如果债务人有财产，法院会任命一名托管人或者清算人，托管人或清算人须在4个月内编制资产目录，在1年内卖出资产，并将所得在债权人之间进行分配。和美国《联邦破产法》第7章规定的程序一样，法国的个人恢复程序也不要求债务人用其将来收入所得偿还债务，但是法国立法者并不用像美国立法者那样担心消费者会滥用破产程序，逃脱本可以偿还的债务。因为法国法并没有给予消费者债务人对债务清理程序的选择权，而是由个人过度负债委员会和法院根据债务人的负债情况决定其可以适用的程序，如果债务人有一定的将来可支配收入，其就不具备进入个人恢复程序的条件，法院只会对其采取一般或特别免责措施。在清算程序结束之后，法国消费者法明确规定，“程序结束使债务人所有非营业性债务归于消灭，但保证人或共同债务人代替债务人给付价金所生之债务不在此限”①。如有必要，债务人可以多次进行个人恢复程序，并不受时间间隔的限制。立法上对消费者债务免责的放宽在实践中收到了良好的回应，在个人恢复程序实施的最初几年间，在所有申请强制免责的案件中，个人过度负债委员会将超过1/3的案件移交至法院进行法院内的个人恢复程序，在2006年，这一比例上升至将近一半。② 从法国消费者破产免责制度的发展轨迹可以明显看出，随着消费信贷的迅猛发展，消费者负债问题日益突出，立法为了应对这一现象也逐步提高免责的层次，为消费者提供更加广泛的债务免除。

比利时和卢森堡③的消费者破产免责制度也经历了类似的发展轨道。比利时立法最初只允许法院部分免除债务人的本金偿还义务，消费者债务人至少需要进行为期3年的偿债计划对债务进行部分偿还之后才能获得剩余债务的免除，立法没有为消费者债务提供直接的全部免责，但法院实践带来的挑战最终导致了比利时沿着法国的路径对免责制度进行了改革。比利时宪法法院（Cour d'arbitrage/Arbitragehof）在2003年4月的一份判决中认为，将免责的适用限制在能够偿还部分债务的债务人范围内违反了比利时宪法的公平条款。立法最终认可了这一解释，并且在2005年12月正式对法律条文进行

① C. consomm. art. L. 332-9(2004).

② Jason J. Kilborn, *Comparative Consumer Bankruptcy*, Carolina Academic Press, 2007, p. 69.

③ 比利时和卢森堡是欧陆国家中相对较晚地对消费者过度负债进行立法国家，由于其文化和语言上的相似性，它们理所当然地选择了法国消费者破产制度为参照进行立法，因而这两个国家的消费者破产制度（包括免责制度）与法国有较大的相似性。

修正，对那些债务调解人认为其无力承担偿还计划的债务人，允许其直接进行完全的债务免责。① 这些国家的消费者免责制度有着共同的发展趋向：一是消费者债务人可以获得的债务免除范围越来越大，二是可以获得债务免除的消费者越来越多。在立法和实践中都表现出上述国家的消费者债务免责制度朝着一个更加美国化、更加宽松化的方向发展。

（二）德国：免责制度从无到有

德国旧破产法制定于1877年，该法不区分商人或消费者、法人或自然人，而一体适用于所有债务人，且无债务免责制度，破产程序终结以后，债权人仍可在消灭时效期间内②提出债权请求。③ 当时之所以不采取英美法上的债务免除制度，主要原因在于仍将债权的满足视为破产程序的第一要务，在维护债权人利益的立法目的下认为，债务免除或限制制度有损债权人的权利，且会削弱信用。④ 在这一制度背景下，消费者债务人在经历破产程序之后，所余财产只是其收入中免于扣押的用于维持其基本生活的部分，因为免责制度的缺位和长达30年的消灭时效期间，几乎使得债务人处于终生负债的境地，很难获得经济上重生的机会。然而随着20世纪70年代石油危机带来的世界范围内的经济衰退，德国消费者债务人的无力偿债现象也大量增多，旧破产法能够提供的救济显然已经不能满足解决消费者过度负债问题的需要，因而德国立法者开始着手研究对旧破产法进行修改，并考虑引入免责制度。德国新破产法及专门的消费者破产程序在1994年获立法通过，于1999年起正式生效。德国新破产法第1条规定："对善意的债务人给予免除剩余债务的机会。"该条代表了破产免责制度的引入，标示着德国新破产法进行了根本性变革。德国的免责制度从设立伊始就规定了严格的限制条件⑤，不仅要求债务人必须在破产程序开始之前没有任何损害债权人利益的

① See Jason J. Kilborn, *Comparative Consumer Bankruptcy*, Carolina Academic Press, 2007, pp. 70-72.

② 依德国民法上的规定，一般为30年，如发生时效中断的事由，则会因为中断而获相应延长。

③ See Konk § 164(Ⅰ).

④ Hahn, Die gesammten Materialien zur Konkuesordnung und dem Einfiihrungs-gesetz zu derselben vom i Fcbruar 1877 sowie zu dem Gesetz betreffend die Anfechtung von Rechtshandlungen eines Schuldners außerhalb des Konkursverfahren vom 21. Juli 1879, 1881, S. 342-343；转引自沈冠伶：《从德国法之立法趋势评析我国消费者债务清理条例——基于债务人与债权人利益衡平保障之观点》，载《台湾本土法学》2008年特刊，第51～52页。

⑤ 参见李飞主编：《当代外国破产法》，中国法制出版社2006年版，第6页。

行为，在破产程序中要给予协作，在所提交关于财产、收入、债权等文件中不得做出不完整和不真实的说明，而且专门设置了长达 6 年的“妥善行为期”（Wohlverhaltensperiode）。

妥善行为期是德国消费者免责制度中的一大特色，其兼具了偿债计划和行为约束双重功能，是德国法上防止债务人滥用免责的有效措施。根据德国新破产法，债务人在提出债务免除申请时，应同时声明，在破产程序开始之后 6 年内，债务人须将其所有与工作收入相关的非豁免财产让与给法院指定的受托人，每年由受托人将收取的财产在债权人之间进行分配。债务人在 6 年的妥善行为期内负有如下义务：（1）从事适当工作的义务，如没有工作应致力于求职且不得拒绝合理的工作；（2）因死亡而继承或因将来继承权所取得的财产之半数应交给受托人；（3）及时通知的义务，将住所、职业变更、就业情况、薪酬等消息及时通知法院及受托人；（4）仅向受托人给付，而不使任一破产债权人获得特别利益。① 在此期间债务人也享有相应的权利，包括：（1）获得“激励性折扣”（Motivationsrabatts），为了鼓励债务人在妥善行为期内努力维持债务偿还义务，立法规定自破产程序终结之日起满 4 年，受托人应从其因让与所取得的款项和其他给付中向债务人拨付 10%，自破产程序终结之日起满 5 年，应向债务人拨付 15%；②（2）获得受托人的建议及辅导，法律上虽未明文规定，但一般均认为，受托人于妥善行为期内应提供给债务人适当的建议与辅导，促使债务人强化其履行债务的决心，而能成功地获得债务免除，并使债务人学习规划自己的经济行为与可支付工具；③（3）保有豁免收入，债务人有权根据规定的标准和例外规定保留一定的收入用以维持其个人及家庭的基本开支。

在德国立法者看来，妥善行为期的规定在理论和实践上都发挥了重大的功能。从制度层面上看，债务人在妥善行为期内需要努力求职并接受及从事任何适当的工作，以尽力偿还其未付债务，作为对债务人所做努力的回馈应给予债务人免除剩余债务的额外特权。由于德国消费者破产法未采取美国式的清算与重整双轨制，而规定所有提交破产的案件都必须首先经过清算程序，所以在德国消费者破产中不存在严格的清算程序与重整程序的划分。但从功能上看，妥善行为期制度与美国《联邦破产法》第 13 章中有固定收入

---

① 参见 2004 年《德国破产法》第 295 条第 1 款。

② 参见 2004 年《德国破产法》第 292 条第 1 款。

③ 沈冠伶：《消费者债务清理制度研究——从德国法之发展评析我国消费者债务清理条例》，载《台北大学法学论丛》2007 年 9 月第 63 期，第 152 页。

的个人重整程序类似，都是通过债务人用未来收入之生活结余偿还债务并最终获得剩余债务的免除。从实践层面上看，要求债务人将其在妥善行为期内的非豁免收入转移给托管人，并且努力获得和从事适当的工作，这对希望寻求免责的债务人而言具有警示功效，可以避免一些轻率的免责申请，减轻法院的受案量，以确保免责仅提供给那些准备并且愿意通过工作来履行义务的债务人。从理论层面上看，德国消费者破产制度的创设者们深受美国教授 Thomas Jackson 的影响，认为不能忽略代表了债务人未来收入能力的人力资本中所蕴含的财产价值。① 因为从理论上说消费者信用的扩张不是以当前财产为基础的，而是以未来收入能力为基础，德国的消费者破产制度应该要求债务人遵守这一约定，尽可能用其人力资本来偿还债务，这样才能与消费信贷市场的发展相适应。

对于德国这样一个有着根深蒂固契约观的民法法系国家，消费者债务免责制度在 20 世纪 90 年代经历了一个从无到有的过程，虽然立法为消费者债务人获得债务免责设置了较多的限制，但是新一轮的德国消费者破产法改革却明显朝着更加有利于消费者保护的方向发展。德国现行破产法中消费者债务人获得免责的障碍总的来说体现在两个方面：一方面是程序上的限制，由于德国消费者破产法采取单轨制立法，因而消费者在申请免责之前除了必须进行强制性的法院外债务协商程序之外，还必须经过破产清算程序，虽然 1994 年德国破产法上专为消费者及其他小型破产程序增设了简易破产程序，但是对于那些完全无支付能力甚至连破产程序费用都无法负担的消费者债务人而言，再简易的破产程序也显得多余，并无益于债权人债权的实现；另一方面是实体上的限制，即通过妥善行为期制度要求债务人在努力工作偿还债务达一定期限的基础上，方可获得剩余债务的免除。在新一轮的修法中，德国的立法者也开始倾向于在在消费者破产程序中采取双轨制的立法模式，以减少完全无支付能力的债务人的程序负担。德国联邦司法部长 Brigitte Zypries 表示：完全无支付能力的债务人在向法院提出债务清理协商不成立或显然不可能成立的证明后，可以不进行简易破产程序，而直接进入债务免除程序。② 德国联邦政府 2006 年 3 月 2 日提出的《完全无支付能力者的债

---

① Thomas Jackson, *The Fresh-Start Policy in Bankruptcy Law*, 98 Harv. L. Rev. 1393, 1431-1435(1985).

② BMJ, *Pressemitteilung*: *Reform der Verbraucherinsolvenz-Eckpunkte eines vereinfachten Entschuldungsverfahrens*, available at http://www. bag-sb. de/uploads/tx _ inhalt/Eckpunkte _ RSB141106_01. pdf(last visited Nov. 18,2009).

务免除与消费者破产程序修正草案》也体现了这一修法方向。虽然德国消费者免责制度在目前看来未能像法国法那样在实体上给予消费者更为广泛的债务免除，却力图从程序方面为完全不具备支付能力的债务人提供直接进入债务免除程序的机会，以进一步为消费者债务人获得免责扫除障碍。

（三）荷兰：法定债务解决机制中的免责

荷兰旧破产法（Faillissementswet）从1896年施行至1998年，虽然该破产法已经打破了商人破产主义的限制，适用于所有自然人，但是同德国旧破产法一样，也未向自然人债务人提供免责制度，而只是作为债务集中处理的工具。① 同样是由于20世纪80年代消费者信用管制放宽，荷兰陷入经济困难的消费者数量急剧增长，立法者们开始关注消费者过度负债问题，并且开始寻求通过立法途径解决这一问题。② 和德国一样，荷兰也在通过成立专门委员会检修商业破产法之际，一并提出向消费者提供免责制度的建议，该破产法修正草案于1992年12月提交下议院之后，直至1998年6月才完成其立法程序，其中《自然人债务复兴法》（Wet Schuldsanering Natuurlijke Personen，简称WSNP）③ 作为独立的一章被纳入荷兰破产法中，并于1998年12月1日起正式生效。④ 该法在荷兰原有的自愿债务解决机制外为债务人提供了新的法定程序进行债务清理工作，使债务人在满足一定条件下可向法院申请进行强制性债务调整，此程序与荷兰一般自然人破产程序的主要差别在于后者的终结并不伴随着债务人的重新开始，债务人的全部资产在债权人间进行分配后破产程序就结束了，但未满足之债权并不因此消灭，债权人仍可对未偿付之债务进行收集。而法定债务调整程序的终结则意味着剩余债

---

① See Sir Kenneth Cork & G. A. Weiss（eds.），*European Insolvency Practitioners' Handbook：The AEPPC Compendium of Insolvency Law and Practice*，St. Martin's Press，1984，pp. 193-196.

② See Jason J. Kilborn，*The Hidden Life of Consumer Bankruptcy Reform：Danger Signs for the New U. S. Law from Unexpected Parallels in the Netherlands*，39 Vanderbilt Journal of Transnational Law 77，92(2006).

③ 直译为《自然人债务复兴法》，荷兰学者习惯称之为《消费者破产法》，例如Nadja Jungmann and Nick Huls，*Debt Counselling in the Shadow of the Court：The Dutch Experience*，in Johanna Niemi-Kiesiläinen，Iain Ramsay & William C. Whitford（eds.），*Consumer Credit，Debt and Bankruptcy*，Hart Publishing，2009，p. 419.

④ Nick Huls，et al.，*Can Voluntary Debt Settlement and Consumer Bankruptcy Coexist? The Development of Dutch Insolvency Law*，in Johanna Niemi-Kiesiläinen，Iain Ramsay，William C. Whitford（eds.），*Consumer Bankruptcy in Global Perspective*，Hart Publishing，2003，p. 303.

务的免除。WSNP 的主要立法目标就在于给予债务人重新开始的机会，最终为债务人接受自愿偿还计划创造出一种刺激机制①，因此免责制度成为该法最重要的内容之一。WSNP 规定的消费者免责制度和德国非常类似，在破产法中引入免责制度的同时，亦将进行法院外偿债计划协商程序作为进入法定债务调整程序的前提，并且规定须用未来 3 年的可支配收入偿还债务之后方可获得剩余债务的免除。荷兰对消费者破产法的改革也正在进行当中，消费者破产免责制度正向着更加简化和标准化的方向发展。②

综上可以看出，欧洲大陆法系国家的消费者破产免责制度相对于美国而言，具有起步时间较晚、限制条件严格、免责利益较少的特点，其背后折射出的仍然是欧洲国家消费者破产制度的债权人倾向，这与传统欧洲破产法中保护债权人的立法理念一脉相承。但是自 20 世纪 80 年代末期以来，欧陆国家陆陆续续地引入了消费者破产免责制度，许多国家还在不断地对其进行修正，逐步提高消费者债务人的免责层次，加强对消费者债务人的保护力度。

二、英美法系国家消费者破产免责制度的新发展

（一）美国：消费者破产免责制度的严格化

正当欧洲国家的消费者免责制度向着越来越宽松的方向发展时，它们效仿的对象——美国消费者破产免责制度却向着相反的方向发展。美国《联邦破产法》中的消费者破产免责制度一度被认为是世界上最为慷慨的消费者债务免除制度。③ 但《2005 年防止滥用破产与消费者保护法》（*Bankruptcy Abuse Prevention and Consumer Protection Act of 2005*，简称 BAPCPA）的颁布，标志着美国开始仿效欧陆国家通过对消费者破产免责的限制，防止消费者滥用破产程序，将破产免责给予那些真正面临债务困境的消费者。该法案是美国 1978 年破产法生效以来，对个人破产制度做出的最

① Nadja Jungmann, Nick Huls, *The Dutch Consumer Bankruptcy Act ("Wet Schuldsanering Natuurlijke Personen" or Wsnp): The End of the Voluntary Debt Settlement Procedure or A New Beginning?*, Paper presented at the annual meeting of the The Law and Society Association, available at http://www.allacademic.com/meta/p177361_index.html (last vistited Nov. 24, 2009).

② Jason J. Kilborn, *Comparative Consumer Bankruptcy*, Carolina Academic Press, 2007, p. 87.

③ See Charles Jordan Tabb, *The Historical Evolution of the Bankruptcy Discharge*, 65 Am. Bankr. L. J. 325, 325(1991).

重要修订。①

1. 2005 年 BAPCPA 对消费者破产免责的限制

（1）对债务人程序选择权的限制

如前所述，美国消费者债务人申请破产免责主要通过《联邦破产法》第 7 章规定的清算型破产程序或第 13 章规定的重整型破产程序进行。这两种程序的最大差别在于进入第 13 章破产程序的债务人必须提出一份 3 ~5 年的偿债计划，在用其未来收入履行完该偿债计划部分清偿债权人的债务之后才能获得免责；而进入第 7 章程序的债务人在对非豁免财产进行清算之后即可立刻获得免责。许多消费者债务人在进入破产程序之时实际上已经无产可破，因此通过第 7 章程序被清算的财产并不多，而在第 7 章程序结束后就可以立刻获得免责，所以虽然第 13 章程序给予债务人更大范围的豁免财产和债务免责，但是却必须以 3 ~5 年的偿债计划为代价，这造成了大多数美国消费者债务人都选择第 7 章破产程序②，以一次性地摆脱债务负担，避免未来收入被用做债务偿还。但是对债权人而言，通过第 7 章程序几乎难以获得实质性的债务偿还。

2005 年 BAPCPA 为了防止有偿还能力的债务人滥用第 7 章程序，获得即刻免责，设立了"收入测试"（Means Test）标准，对收入水平达到法定标准的消费者债务人限制其对第 7 章程序的使用，以避免有偿还能力的债务人获得第 7 章程序的即刻免责，尽可能使其通过第 13 章程序部分偿还债务后才获得免责。"收入测试"，是指综合申请人过去 6 个月的平均收入、申请人所在州的平均收入、美国国税局（IRS）所准许的开支及其他开支等日常开销，如果申请人的收入超过了所在州的平均收入水平，并且在按月支付完固定债务和开支之后还能每月至少剩余 100 美元以上，符合上述新标准的债务人将被转移至第 13 章程序，在制定并完成 5 年的偿债计划后方可获得免责。正如美国破产研究所所长 John Penn 所言："新法不再把免除债务看成是理所当然的结果，而是要审查破产申请者是否有能力偿还部分债务，如

① Thomas Evans and Paul B. Lewis, *An Empirical Economic Analysis of the 2005 Bankruptcy Reforms*, 24 Bank. Dev. J. 327, 327(2008).

② See ABI, *Quarterly Non-business Filings by Chapter* (1994-2009), available at http://www.abiworld.org/AM/AMTemplate.cfm?Section=Home&TEMPLATE=/CM/ContentDisplay.cfm&CONTENTID=58410 (last visited Nov. 11, 2009).

果确实有能力偿还，就鼓励申请人通过破产法第 13 章的规定偿还部分债务。”①

（2）可免责债务范围的缩减

2005 年 BAPCPA 扩大了不可免责事项的范围。在第 7 章程序中，将不可免责的学生贷款范围扩展到营利性贷款和非政府组织提供的贷款。在第 13 章程序中，原本债务人可以获得的“超级免责”也被大大缩减了，信托基金税款、在提出破产申请前 2 年内发生的但申请书中未申报或逾期申报的税款、债务人做出欺诈的申请书涉及的相关税款或者意图逃避的税款、按照《联邦破产法》第 523（a）（2）条欺骗或伪造陈述涉及的债务、按照《联邦破产法》第 523（a）（3）条未申报的债务、按照《联邦破产法》第 523（a）（4）条受托人所亏空的公款、以及因为故意或恶意的个人行为所引起的个人损害或死亡的民事损害赔偿等都被排除在“超级免责”的范围之外。② 因此与第 7 章相比，原本债务人可以在第 13 章程序中获得的范围广泛的“超级免责”，就只比第 7 章免责多出三类债务：①财产协议债务（非抚养类债务）；②故意和蓄意毁坏财产引发的债务；③因支付不可免责的税收而引发的债务。③ 究其原因是因为 BAPCPA 已经对债务人的程序选择权做出了严格的限制，这就使得那些未来具有偿还能力的消费者债务人会被强制适用第 13 章程序，因而不再需要对第 13 章程序规定范围广泛的免责以吸引债务人选择该章程序，这样做的实际效果还可以减少债权人的损失。

不仅如此，BAPCPA 还为不可免责事项规定了严格的推定标准，如果欠单一债权人的奢侈商品或服务的消费债务合计达 500 美元，并且该债务由个人债务人欠下或者该债务是在免责命令做出前 90 天内产生，则推定该债务为不可免责债务；如果个人债务人预借现金 750 美元以上或者在免责命令做出前 70 天内预借现金 750 美元以上，该债务也被推定为不可免责之债。④

---

① Martin N., Penn J., *Bankruptcy Law Change*(Transcript of the Washington Post live discussion), available at http://www.washingtonpost.com/wp-dyn/content/discussion/2005/10/06/DI2005100600554(last visited Jan. 10, 2006)；转引自殷慧芬：《美国破产法 2005 年修正案之评介——以消费者破产为视角》，载《安徽大学学报(哲学社会科学版)》2007 年第 1 期，第 73 页。

② See 11 U.S.C. §1328(a)(4).

③ 殷慧芬：《美国破产法 2005 年修正案之评介——以消费者破产为视角》，载《安徽大学学报(哲学社会科学版)》2007 年第 1 期，第 73 页。

④ See 11 U.S.C. §523(a)(2)(C).

这就进一步缩减了可免责债务的范围。

(3) 增加信用咨询和理财教育的要求

信用咨询虽然在美国早已普及，但是2005年以前的破产法并不强制要求债务人在申请正式破产程序前接受专门的信用咨询，BAPCPA生效之后，和许多欧洲国家一样，除了法定的特殊情形之外，信用咨询成为美国消费债务人进入破产程序获得债务免除的必要条件。这无疑增加了债务人获得免责的时间和金钱成本。与此前置程序相对应的是，BAPCPA还仿效欧洲国家消费者破产制度，增设了强制性理财教育的要求，规定在提出破产申请之后，债务人还必须完成关于个人财务管理的指导课程，否则不能获得免责。① 强制性信用咨询和理财教育要求的增加，增加了消费者债务人获得免责的成本，虽然从立法目的上看是希望通过信用咨询和理财教育增强潜在债务人的理财能力②，但在实际效果上却是为债务人获得免责设置了更多的障碍，使得美国原本自由、宽松的消费者免责制度向着严格化的方向发展。

(4) 延长了再次获得免责的时间间隔

在2005年新修正案生效以前，原《联邦破产法》规定已经通过第7章程序获得过破产免责的债务人在6年内不能再提出第7章申请，同时规定债务人提出第13章申请不会受到任何类似的时间限制，可以连续提出第13章申请，唯一的限制是债务人必须在先前的第13章申请被驳回后，等待180天再提出新的申请。BAPCPA对破产免责的时间间隔进行了更加严格的规定，将债务人获得第7章免责的时间间隔从6年延长至8年；③ 同时规定如果债务人通过第7章、第11章或第12章程序获得免责之后，在4年内不能再获得第13章免责；④ 并且为连续申请第13章免责增加了2年时间间隔的限制。⑤ 获得免责的时间间隔的延长再次验证了美国宽松、自由的免责制度趋向严格的立法态势。

2. 美国免责制度严格化的原因

(1) 消费者破产案件急剧增长

美国立法者对消费者破产法进行改革最直接的动因来自于最近30年来

---

① See 11 U. S. C. § §727(a)(11), 1328(g).

② See Victoria L. VanZandt, *The Exigent Circumstances Exception to the Pre-Petition Credit Counseling Requirement Under the Bankruptcy Abuse Prevention and Consumer Protection Act of* 2005: *Exigent or Extreme*?, 6 DePaul Bus. & Comm. L. J. 265, 265(2008).

③ See 11 U. S. C. §727(a)(8).

④ See 11 U. S. C. §1228(f)(1).

⑤ See 11 U. S. C. §1228(f)(2).

消费者破产案件的大量增长，从1979年的225 000件迅速增至2004年改革前的150万件。① 破产案件的大量增长实际上蒸发了原有的社会财富，增加了通货膨胀的压力，不利于经济增长，因此急需改变这种状况。状况的改变就需要找到这种情况出现的原因。但在这个问题上，消费者团体和债权人团体产生了严重的分歧。

债权人认为，许多拥有工作或其他收入的民众，不断地利用破产免责制度，规避原本其所应承担的债务，而债权人为了消化这些未收回债务，保持盈利，只能升高贷款利率，这样等同于把破产人被免除的债务转嫁到一般的美国家庭上②，实际上是向普通的美国民众增收了一笔数目不菲的“破产税”。因而债权人积极走动敦促国会从严修订破产法。而消费者保护团体及支持他们的破产法学者们提出反对意见，认为申请破产的自然人绝大多数都是因为面临严重财务危机，才试图通过申请破产程序获得经济上重新开始的机会。而造成消费者债务人负债的原因，大部分是因为经济衰退使得公司大幅裁员或降低薪资而造成的收入减少，或因离异在失去原本双薪或相对固定的收入来源支撑生活开支，或面对离婚后仍需担负儿女的抚养费及另外支出配偶的赡养费，或因身体疾病必须长期负担大笔医疗费用等。③

笔者认为，这两种观点分别出自债权人和债务人这对自古矛盾的利益对立方，所谓立场的不同导致观点的差异。立法者们所要做的正是在这两种观点中进行协调和平衡，既要考虑到债权人应该对放贷风险承担的责任，也不能忽视对消费者债务人滥用破产程序的遏制。

（2）消费者对破产程序的滥用

在寻找消费者破产案件数量增长原因的时候，研究者们发现，即使在经济繁荣、银行利率较低、失业率也不高的时期，消费者破产案件的增长势头也未得到改变。④ 因此有学者认为虽然传统上通常将消费者申请破产的原因

---

① Todd J. Zywicki, *Institutions*, *Incentives and Consumer Bankruptcy Reform*, 62 Wash & Lee L. Rev. 1071, 1072(2005).

② See Gary Klein, *Consumer Bankruptcy in the Balance*: *The National Bankruptcy Review Commission's Recommendations Tilt toward Creditor*, 5 Am. Bankr. Inst. L. Rev. 293 (1997).

③ Teresa A. Sullivan, Elizabeth Warren & Jay Lawrence Westbrook, *The Fragile Middle Class*: *Americans in Debt*, Yale University Press, 2000, p. 123.

④ Todd J. Zywicki, *Institutions*, *Incentives and Consumer Bankruptcy Reform*, 62 Wash & Lee L. Rev. 1071, 1072(2005).

归结为失业、离婚、疾病等对个人收入和支出产生重大影响的经济事件①，但是这种在世界范围内风行已久的传统理由在解释美国过去几十年间消费者破产申请激增的原由时显得相当乏力。② 经济压力的增长并不是导致消费者破产申请量急剧上升的原因，真正的原因是越来越多的美国人倾向于通过破产解决他们的经济问题。③ 消费者债务人在遭遇经济困难时主要通过缩减开支、增加储蓄的办法解决，但是越来越多的美国人不再通过这种原始的方法解决债务危机，他们选择通过破产获得债务免除来处理他们的债务问题。此时，破产已经不再是债务人解决债务困境的最后防线，而演变成了解决债务困境的首选途径。正是消费者债务人这种观念的转变导致了过去几十年内美国消费者破产案件申请量的上升，而这其中很大部分案件被认为是消费者对破产程序的滥用。

（3）消费者破产立法中宽松的免责制度

而导致上述观念转变的原因主要有两方面。一方面是破产本身所附着的道德耻辱在逐渐降低，破产从其产生之日起便作为失败和耻辱的象征，但是后来随着破产人群体的扩大，破产反而深深融入到美国人的生活④，甚至演变成了他们的一种理财手段。这种心理认知上的变化使得消费者债务人更容易接受破产人的身份和地位，更愿意提出破产申请。

另一方面便归结为美国的消费者破产立法。美国破产法采取当然免责主义的立法模式，为消费者债务人提供广泛而便捷的债务免除，使得消费者债务人非常容易地通过破产程序获得免责，摆脱债务负担。立法对消费者破产案件申请量的影响是得到历史证明的，Whitford 教授在评论 1978 年美国破产法改革时曾言："1978 年破产法修正案显著扩大了消费者通过破产可以获得的债务免除的范围，相对于修正前的破产法而言，如今消费者通过破产能

① See Teresa A. Sullivan, Elizabeth Warren & Jay Lawrence Westbrook, *The Fragile Middle Class: Americans in Debt*, Yale University Press, 2000, p. 263; Also see Teresa A. Sullivan, Elizabeth Warren and Jay Lawrence Westbrook, *Less Stigma or More Financial Distress: An Empirical Analysis of the Extraordinary Increase in Bankruptcy Filings*, 59 Stan. L. Rev. 213, 250(2006).

② Todd J. Zywicki, *An Economic Analysis of the Consumer Bankruptcy Crisis*, 99 Nw. U. L. Rev. 1463, 1540(2005).

③ Todd J. Zywicki, *An Economic Analysis of the Consumer Bankruptcy Crisis*, 99 Nw. U. L. Rev. 1463, 1464, 1465(2005).

④ Elizabeth Warren, *The Growing Threat to Middle Class Families*, 69 Brooklyn L. Rev. 401, 403(2004).

够获得更多的经济利益。因此很难相信新破产法的施行没有对消费者破产申请率产生影响。"① 若干年后在讨论新一轮破产法修订的时候，乔治·梅森大学法学院 Todd Zywicki 教授同样从破产立法入手去解决消费者破产申请量的问题，他认为："促使个人破产数量增加的因素有很多，与债务人欺诈、债权人欺诈以及破产律师为了赢得客户扭曲法律来迎合客户的不正当做法等有直接关系，但最重要的问题还是在于有关法律本身给人赖账提供了保护。"② 正因为如此，美国的立法者 2005 年对破产法进行了一次重大修正，旨在通过对消费者破产中免责制度进行限制，增加消费者债务人获得债务免除的难度，防止消费者债务人滥用破产程序，使得破产免责被提供给那些真正有需要的债务人，从而最终降低破产案件的数量，减少破产对美国社会经济的不良影响。而 2005 年 BAPCPA 施行之后的数据也在事实上证明了这一立法改革的功效。③

（二）加拿大：剩余收入机制的限制

加拿大第一部完全意义上的联邦破产法典制定于 1919 年，该法克服了债权人长期以来的反对，规定了自愿破产和债务人债务免责制度，并一体适用于消费者和商自然人。④ 该法规定无力偿债的债务人可以在法院的许可下获得债务免除，除非债务人曾经犯罪、有其他的不当行为或者其可供偿还的财产价值不足 0.5 加元，否则法院对是否给予债务人免责拥有完全的自由裁量权。⑤ 加拿大 1919 年破产法中的消费者破产免责条款基本是照抄英国 1914 年破产法⑥，此后分别于 1949 年、1992 年、1997 年经历了三次重大的修正，形成了现今加拿大消费者破产法中较为宽松的免责制度。

---

① William C. Whitford, *The Ideal of Individualized Justice: Consumer Bankruptcy as Consumer Protection and Consumer Protection in Consumer Bankruptcy*, 68 Am. Bankr. L. J. 397, 399(1994).

② See Hearings on H. R. 833, Bankruptcy Reform Act of 1999 (March 10, 1999), Statement of Prof. Todd J. Zywicki；转引自殷慧芬：《美国破产法 2005 年修正案述评》，载《比较法研究》2007 年第 2 期，第 123 页。

③ See ABI, *Annual Business and Non-business Filings by Year* (1980-2008), available at http://www.abiworld.org/AM/AMTemplate.cfm?Section=Home&TEMPLATE=/CM/ContentDisplay.cfm&CONTENTID=57826 (last visited July 9, 2009).

④ See TGW Telfer, *The Canadian Bankruptcy Act of 1919: Public Legislation or Private Interest*, 24 Canadian Business Law Journal 357 (1995).

⑤ Bankruptcy Act 1919, s 58(4).

⑥ Jacob S. Ziegel, *Comparative Consumer Insolvency Regimes: A Canadian Perspective*, Hart Publishing, 2003, p. 38.

1949年的修正案将破产人申请免责的时间限定在破产令颁发之后的3~12个月内。① 1992年的修正案首次授权破产人可在法院破产令颁布9个月之后获得自动免责，除非加拿大破产监管局、破产管理人或债权人对免责提出异议②，而在实践中，很少有人对债务人的破产免责提出异议。

1997年，加拿大对其破产免责制度做了又一次重大改动，规定在宣告破产之后获得免责之前，债务人必须将其剩余所得用来偿还债务。在1997年之前，实践中破产管理人可自由裁量与债务人达成适当的偿还协议，虽然立法者希望破产管理人遵循加拿大破产监管局提供的剩余所得指南，但这并不是强制性的。而1997年之后，修正案将其规定为破产人必须遵守的义务，即破产人必须根据破产监管局提供的每年家庭最低收入标准（low income cut off，简称LICO）将其超出的收入用来支付给破产管理人偿还债务。③ 新的剩余收入机制为加拿大消费者破产免责制度设定了新的限制条件，增加了消费者债务人获得债务免除的难度，该机制运行的前3年，显示出了教育性的效果，尽量避免了美国式的破产免责制度在债务偿还比例不足方面的缺陷。在1998—2001年，加拿大个人破产中的用剩余收入偿债的破产人占破产消费者总数的百分比从16.94%上升至19.88%，1997年修正案的立法意图正在逐渐得到实现。④ 加拿大联邦议会之所以制定如此复杂的免责制度，明显是在两个相反的立法意图间努力寻找平衡点，这两个意图分别是使贫穷且不幸的加拿大债务人获得重新开始的机会，及向债务人传达一个强烈的信息：法律不可能在不顾债务人的财务状况、过去行为和未来偿还能力的前提下使其轻易甩掉债务包袱。⑤ 加拿大1997年《破产和无力偿债法修正案》和美国2005年BAPCPA有异曲同工之妙，都是通过增加消费者债务人获得破产免责的障碍，来调整消费者破产制度在消费者保护和债权人债权实现之间的平衡，在给予消费者债务人摆脱债务负担、获得重新开始机会的同时，防止消费者滥用破产免责。

---

① SC 1949, c 7, s 127.

② SC 1992, c. 27, s 61(1).

③ Jacob S. Ziegel, *The Challenges of Comparative Consumer Insolvencies*, 23 Pa. St. Int'l L. Rev. 639, 650(2005).

④ Jacob S. Ziegel, *Comparative Consumer Insolvency Regimes: A Canadian Perspective*, Hart Publishing, 2003, p. 32.

⑤ Jacob S. Ziegel, *Comparative Consumer Insolvency Regimes: A Canadian Perspective*, Hart Publishing, 2003, p. 39.

（三）英国：妥善行为期的缩短

同属于英美法系的英国，其免责制度却像其欧洲邻居一样向着更加宽松的方向发展。① 在欧洲国家中，英国的消费者免责制度同美国最为相似，总体上都可归结为自动免责的立法模式。不同之处在于，英国的免责制度比美国严格，规定消费者在获得债务免除之前须经过一段时间的妥善行为期。近年来，妥善行为期的缩短也反映了英国消费者破产免责宽松化的发展趋势。英国通过2002年《企业法》(*Enterprise Act*, 2002)第10部分对1986年《破产法》(*Insolvency Act*, 1986)和《破产规则》(*Insolvency Rules*, 1986)进行修正，其中一个重大的修改就是将妥善行为期的长度从3年缩减为12个月。② 这一修改使得英国的消费者债务人可以更加容易地获得免责，甚至造成了其他欧盟成员国的债务人通过改变住所来获得英国消费者破产中的免责利益。③

因此根据英格兰和威尔士现行的消费者免责制度，如果债务人未能偿还债务，债务人或债权人都可以申请破产。一旦法院决定给债务人颁发破产令，他的所有财产都会被悉数移交给托管人。可以豁免的财产被限定在债务人职业或家庭需要的范围内，包括住宅在内所有其他财产都须纳入清算财产。显然英国的债务人不能获得美国那样广泛的债务人保护，因为他很可能丧失住宅以及其他有价财产。在12个月之后，除了法院费用或学生贷款等不可免责的债务之外，债务人就可以自动获得剩余债务的免除。

（四）来自大陆法系国家的影响

消费者免责制度起源于英美法，在很长一段时间内，美国法中的免责制度成为包括欧陆国家在内的各国立法效仿的对象。可以说，欧陆国家的消费者破产免责制度最初确实是从英美法中引入的，但是由于欧陆国家根植于罗马法中的契约精神，以及消费者负债水平相对较低等原因，欧陆国家逐渐形成了自己的消费者免责制度，并且反过来影响到美国当代消费者破产法的改革。

---

① 因此在本节中谈及英美法系国家消费者破产免责制度的新发展时，并不是单纯地采用法律体系中大陆法系和英美法系的概念，而是排除了英国这一接近大陆法系国家的特例，具体指的是美国和承袭英美破产法的日本、澳大利亚、加拿大以及我国台湾、香港地区等。

② 该规定于2004年起生效。

③ See Maria Gerhardt, *Consumer Bankruptcy Regimes and Credit Default in the US and Europe—A Comparative Study*, CEPS Working Document No. 318/July 2009, p. 8, available at http: //www. ceps. eu/book/consumer-bankruptcy-regimes-and-credit-default-us-and-europe, pp. 17-18(last visited Nov. 25, 2009).

1. 破产免责的适用范围

在欧洲大陆国家的消费者破产法中，免责作为解决消费者负债问题的最后救济手段，并不主张将其适用于所有申请破产程序的人，而只在真正面临无法摆脱的财务危机、其他救济手段已经行不通时，才可以申请免责。在法国则根据债务负担的严重程度适用不同层次的免责。这点也为美国等英美法系国家学者借鉴。以美国为例，因为其破产法第7章提供即刻免责，使得那些有一定偿还能力的债务人都选择第7章程序申请破产，而避免在第13章程序中用剩余可支配收入偿还债务。在新破产法中美国立法者也区分了债务人的偿还水平，适用不同的破产程序，给予不同的债务免除，强制那些有一定偿还能力的债务人通过第13章程序在3~5年的时间偿还债务，仅对剩余未清偿的债务进行免除。

2. 免责制度中的教化功能

大陆法系国家强化消费者破产免责程序的教化功能。以德国法为代表的民法法系国家对于破产免责制度的理解，采取的是对消费者“再教育”（re-education）的模式，以期平衡债权人与债务人之间的利益。欧盟市场、产品及消费专门小组的研究报告曾指出，欧陆国家向来认为，消费者因错误行为而无法完成债务履行的任务，虽然责任并非完全归于消费者，但其仍应为此负责。因此，在免责问题上，都规定了消费者必须在一定的期限内遵守法定的行为守则，此后才能获得免责，这一期间被称为“妥善行为期间”。不仅是德国，包括法国、奥地利、荷兰、芬兰等欧洲国家，多规定在破产程序终结后须经过一段期间，消费者才能获得免责。有些对消费者教育更为严格的国家，例如奥地利，还规定必须清偿完一定比例的债务之后才能获得免责。①

反观以美国为代表的英美法系国家，认为过度负债是交易生活的自然结果，由于信用提供者是信用制度中的获益者，因此交易产生的风险也由他承担，所以在消费者破产法中采取以消费者为导向的立法取向，希望通过免责使得过度负债的消费者，能够尽快回到消费市场。例如美国自1898年破产法起就将给予诚实但不幸的债务人免除未清偿债务的机会视为一种涉及公共利益的政策，学理上认为，允许债务人得以除去因过度债务所带来的沉重压力，且让其拥有重返经济社会并成为具有生产力的一员，将使整个社会受

① 参见沈冠伶：《消费者债务清理制度研究——从德国法之发展评析我国消费者债务清理条例》，载《台北大学法学论丛》2007年9月第63期，第135页。

益，而社会对诚实债务人的宽恕也体现了人性的关怀。① 但是这种立法取向却因近年来消费者破产案件的急剧增长，而发生了显著变化。以2005年BAPCPA为例，其动摇了美国一贯的立法理念，开始仿效民法法系国家的立法，对消费者债务人增加破产前信用咨询和强制财务管理培训的要求。这些措施的施行都体现了免责制度在美国已经不仅仅只承担救济措施的功能，还希望通过这一制度帮助破产人建立起良好的理财习惯，避免其再度陷入债务困境。加拿大1997年的修法也深受欧洲国家“妥善行为期”制度的启发。

三、消费者破产免责制度的发展趋势

（一）规定免责制度是消费者破产立法的发展趋势

我们回顾欧洲大陆法系国家消费者破产的立法史可以发现，从传统上来讲，民法法系国家对于将破产免责制度扩及消费者领域是持反对态度的。②因为，民法法系国家奉行“约定必须遵守”的法律原则，认为这是合同法律义务的精髓所在，因而在立法取向上选择以债权人为导向，将债权的满足视为破产程序的第一要务。所以在对待债务人的总财产依破产程序处理后仍有不足清偿债权人的部分，民法法系国家原本的处理方式多采取不免责主义的立法模式，即破产人的清偿义务不因破产程序的终结而消灭，其未清偿的部分等将来财力恢复的时候，仍负完全清偿责任。例如，德国旧破产法第164条第1款规定，破产程序终结后，未受清偿的债权，将可对债务人无限期主张其债权。日本修正前的大正11年破产法中也有类似规定。但是20世纪80年代末90年代初，随着信用市场管制的放松和破产消费者数量的急剧增长，许多欧洲大陆法系国家开始重新审视其传统的反对立场。这些国家在立法中也开始设立免责制度，规定在破产程序开始后一定年限届满之后，可以给予过度负债的债务人各种形式的债务免除。③

正如德国前司法部部长Engelhard所言：“在我们这样具有风险且个人得以从事经济活动的经济体制下，创设使负有债务的债务人个人得以经由破

---

① See Charles Jordan Tabb, *The Historical Evolution of the Bankruptcy Discharge*, 65 Am. Bankr. L. J., 1991, pp. 326-365.

② Jacob S. Ziegel, *Facts on the Ground and Reconciliation of Divergent Consumer Insolvency Philosophies*, 7 Theoretical Inq. L. 299, 2006, p. 299.

③ Jacob S. Ziegel, *Facts on the Ground and Reconciliation of Divergent Consumer Insolvency Philosophies*, 7 Theoretical Inq. L. 299, 2006, p. 299.

产程序而免除债务之制度，是一件拥护自由及社会福利的事情。”① 如果缺乏破产免责的规定，债务人就需要终身背负着债务负担，其未来收入也将被用来偿还高额的欠款，债务人剩余的生命将为了偿还债务而工作、生活，难以确立更高层次的生活目标。相比历史上因负债被关入钱债监狱的欧洲中世纪债务人，无法获得免责救济的当代债务人只不过是生活在可以移动的监狱中，其经济生活、社会生活都将受到极大的影响和限制。因而，从世界范围看，在破产法中创设适用于消费者债务人的免责制度是新世纪破产法的发展趋势。

（二）对免责制度加以适度限制是消费者破产立法的改革方向

从上述两大法系立法的变革我们可以看出，不管是传统上以债权人为导向的大陆法系国家，还是长期坚持消费者保护理念的英美法系国家，现阶段对消费者破产免责制度的立法理念都是在消费者和债权人之间寻求最佳的利益平衡点，既希望能够给予诚实且不幸的消费者以债务免除来帮助他们重返经济社会，又希望能在最大程度上保障以信贷机构为代表的债权人的利益；既希望能够通过免责制度加强经济运行的活力，又希望能够尽量避免因消费者过度负债导致的信用风险。显然各国对这一利益平衡点的选择因为商品经济的发达程度和信贷消费的发展水平并不一致，但是一个不可忽视的共同点是，消费者保护的立法理念已经根植入两大法系破产法的土壤。这恐怕是破产制度的创设者们始料未及的，也是那些曾经因为破产而被视为“犯罪”的中世纪债务人们未曾企及的。所不同的是，各国基于本国的法律传统、经济状况和社会福利，在选择消费者与债权人利益平衡点时有所侧重，这种侧重在立法上最直接的反应就是消费者破产免责制度的规定。

免责制度的松严尺度直接关系到消费者破产案件的数量和法院外消费者债务清理机制适用。如果为消费者提供严格的免责制度，那么会大大降低破产程序对消费者债务人的吸引力，使得消费者债务人在遇到无力偿债问题时更多地选择法院外债务清理程序；如果免责制度较为宽松，则会使得消费者债务人可以更加容易地通过法院程序获得债务免除，减轻债务负担，那么必然会导致法院破产案件申请数量的上升。爱尔兰就是一个典型的例子，爱尔兰《破产法》自1988年颁布以来至2009年底，一直未有大的改革，为消费者债务人设立了相当严格的免责制度：一方面表现在豁免财产较少，除了法

① Engelhard, Hans A., *Politische Akzente Einer Insolvenzrechtsreform*, ZIP 1986, S. 1287 ff；转引自沈冠伶：《消费者债务清理制度研究——从德国法之发展评析我国消费者债务清理条例》，载《台北大学法学论丛》2007年9月第63期，第137页。

院特别批准之外总额被限定在3100欧元以内，且不包括住宅；另一方面表现为只有在债权人债权全部得到满足之后或宣告破产的债务人经过了长达12年的妥善行为期之后，法院才可以许可其免责，在妥善行为期内债务人还要接受一定的惩罚，并且其破产记录将被永久登记在册。因此，消费者破产程序在爱尔兰很少被使用，例如2007年只有5个人被宣告破产，只有10个人获得了债务免除，并且这一数字在近年来保持稳定，债务双方在遇到财务困难时更乐意求助法院外的协商程序。①

通过本书的立法比较，我们可看出破产法上任何有关免责债务的许可或限制规定的设计，都与债务双方间权益的平衡密切相关。免责制度的设计如果过于苛刻，可能无法真正落实破产免责提供消费者经济新生的良善美意；但如果制定得过于宽松，则有失破产法立法意旨中对债权人保护的基本原则。因此如何结合本国的实际情况，对免责制度进行适当的限制，在债务人保护和债权人利益之间寻找合适的平衡点是未来各国消费者破产免责制度面临的共同难题，也是学者们讨论和研究的焦点所在。

（三）免责制度的趋同化是消费者破产立法的逻辑结果

虽然欧洲大陆法系国家和英美法系国家在消费者破产免责制度的立法上存在着一定的差异，但是从上述两大法系中代表性国家近年来对免责制度立法的修订可以看出，随着消费者债务问题的日益突出，消费者负债问题的解决开始进入很多国家立法者的视野，结果是使各国免责制度的分歧逐渐地走向融合和趋同。应该说这种立法上的趋同根源于消费信贷市场发展面临的共性问题——消费者过度负债，免责作为消费者摆脱债务负担最直接的法律措施不约而同地得到了立法者们的重视，立法者们难以抉择的是在何种条件和程度上给予消费者债务免除。如前所述，促使消费者债务人尽快从债务负担中摆脱出来重返经济社会和对债权人债权的满足，是一对永存的矛盾，上升到理论层面便是消费者保护和债权人利益之间的矛盾，免责制度如何在这对矛盾中寻找合适的平衡点才是现今各国立法者关注的焦点。平衡点选择偏向消费者债务人一方容易造成消费者滥用破产程序，使债权清偿比率降低；平衡点选择偏向债权人一方则会降低破产程序对消费者债务人的吸引力，不利于债务困境的解决和作为经济社会重要分子的消费者债

① Maria Gerhardt, *Consumer Bankruptcy Regimes and Credit Default in the US and Europe—A Comparative Study*, CEPS Working Document No. 318/July 2009, p. 8, available at http://www. ceps. eu/book/consumer-bankruptcy-regimes-and-credit-default-us-and-urope, p. 1(last visited Nov. 25, 2009).

务人重新开始。

因此，不管是原本消费者免责制度较为宽松的英美法系国家，还是免责制度较为严格的大陆法系国家，大多在近年来对破产免责制度的立法进行了修订，目的就在于重新定位上述平衡点，使立法更能适应消费信贷市场发展的需要。而正因为西方国家在消费信贷市场发展水平上的相似性，使得这一平衡点的选取也越来越接近。具体到消费者免责制度中，对欧陆法系国家而言，就是逐步引入免责制度和放宽对债务免除限制的过程；对英美法系国家而言，就是防止消费者滥用破产免责，促进债权人债权的实现，增加对债务免除限制的过程。

在金融危机的背景下，大西洋两岸的国家皆给予消费者破产以更多的关注①，荷兰、德国和法国正在通过引入未偿还债务的法定免责和重新开始政策向美国模式发展；而相反，美国正在向限制性更强的欧洲模式发展。② 当大西洋两岸国家的消费者免责制度分别从不同的起点相向而行并逐渐趋同时，这也许是经济和法律全球化的逻辑结果。可以认为现代民主经济面临着类似的挑战和趋向于类似的解决途径。③ 随着信贷市场在世界范围内的成熟和发展，给各国消费者造成的过度负债问题也有着共同的特质，使得这些国家的消费者面临着相类似的经济风险，也使得这些国家的社会面临着相类似的社会和经济问题，当不同国家的法律对这些类似问题做出回应时，他们在很大程度上趋向于类似的解决途径也就不足为奇了。

瑞士伯尔尼大学法学教授威甘德（W. Wiegand）认为，战后法律的国际化是西方法律的一个具有重大意义的现象，它主要体现在两个方面：一个是欧洲共同体内部法律的规范化，另一个是欧洲对美国法律的接受。④ 法律的国际化并不一定要求制定统一的国际立法来取代各国的国内立法，它可以

① Maria Gerhardt, *Consumer Bankruptcy Regimes and Credit Default in the US and Europe—A Comparative Study*, CEPS Working Document No. 318/July 2009, available at http://www. ceps. eu/book/consumer-bankruptcy-regimes-and-credit-default-us-and-urope, Abstract(last visited Nov. 25, 2009).

② See Jason J. Kilborn, *The Hidden Life of Consumer Bankruptcy Reform: Danger Signs for the New U. S. Law from Unexpected Parallels in the Netherlands*, 39 Vanderbilt Journal of Transnational Law 77, 91(2006).

③ See Jason J. Kilborn, *The Hidden Life of Consumer Bankruptcy Reform: Danger Signs for the New U. S. Law from Unexpected Parallels in the Netherlands*, 39 Vanderbilt Journal of Transnational Law 77, 123(2006).

④ Wolfgang Wiegand, *The Reception of American Law in Europe*, 39 Am. J. Comp. L. 229, 229(1991).

主要通过各国司法实践和法律教育逐步形成某种类似以中世纪罗马法为基础的普通法，也即主要通过判例和学说而形成一种法律，从而使美国法律成为一种现代的普通法。① 这一点在消费者破产免责制度的发展上表现得尤为突出，美国的破产免责制度对各国破产法产生了深远的影响，同时美国也在慢慢接受欧陆国家的观点对自由破产免责制度进行有效的限制。在世界范围内看，则是消费者破产免责立法的趋同化。

① 沈宗灵：《二战后美国法律对民法法系法律的影响》，载《北京大学学报（哲学社会科学版）》1995 年第 5 期，第 27 页。

第四章 消费者破产案件的国际私法问题研究
——以欧盟《破产程序条例》为视角

各国消费者破产制度不论在实体上还是程序上都存在着一定的差异，但是国际间人员、商品、资金的往来却越来越频繁，因此国际消费者破产纠纷的产生也不可避免。在解决国际消费者破产纠纷时，涉及诸多国际私法问题，主要归结为以下三个方面：

第一，国际消费者破产案件的管辖权问题。一国法院在什么样的情况下可以对含有涉外因素的消费者破产程序行使管辖权。如果有两个以上的国家对同一案件行使管辖权，即出现平行诉讼该如何处理。

第二，国际消费者破产案件的法律适用问题。在国际消费者破产案件中，不仅要考虑破产程序本身的法律适用，还要考虑由破产程序所引发的相关附随问题的准据法选择。

第三，国际消费者破产判决的承认与执行问题。同一般破产程序一样，消费者破产程序的本质是一种债务集中处理程序，这其中不可避免地涉及破产财产的清算和分配，当债务人有财产位于境外时，内国破产判决是否具有域外效力？从另一个角度看，即外国的消费者破产程序在何种条件下可以获得内国法院的承认，如果破产人有财产位于内国，在何种条件下内国法院会执行外国法院已经生效的破产判决，特别是当债务人根据破产程序开始国法已经获得了相应的债务免除时，这种免责能否在其他国家法院，特别是那些采取不免责主义立法国家的法院获得承认和执行？如果债权人在其他国家法院提出债权请求，债务人可否主张根据外国破产程序已获债务免除作为抗辩理由？

上述问题中的大多问题都是国际破产案件面临的共性问题。作为破产程序的一种——消费者破产程序主要还是一种国内法上的程序，因为跨国诉讼的高昂成本和作为消费者的自然人本身生活利益中心的局限，使得实践中发生的跨国破产案件绝大部分属于商业破产案件，特别是涉及跨国公司的破产案件。但并不是说消费者破产案件绝对不含有跨国因素，这类型案件中的涉外因素主要是作为消费者破产申请主体的债务人涉外，而破产程序开始的一个重要条件是申请人适格，因而实践中不管申请主体是否涉外只要是符合破产程序开始条件的都可以启动破产程序，故一国法院往往无须考虑此类案件中的涉外因素，处理过程无异于纯国内消费者破产案件。但在欧盟内部，各成员国消费者破产制度的差异和破产判决的流通性之间的矛盾使消费者破产也进入了国际私法与比较法的研究视域。本章的论述就将主要以国际破产法发展相对成熟的欧盟为研究对象，分别从国际私法内涵中的三个主要方面内容——管辖权、法律适用和判决承认与执行展开，论述国际私法视角下国际消费者破产案件的处理。

欧盟成员国内部关于破产制度的规定分歧较大，虽然早在20世纪70年代的欧洲经济共同体时代就开始了一系列破产统一立法的尝试，先后产生了欧洲经济共同体1970年《破产公约初步草案》、欧洲经济共同体1982年《关于破产、结业、调解、和解清偿及同类程序的公约草案》(*Draft Convention on Bankruptcy, Winding up, Arrangements, Compositions and Similar Proceedings*)、欧洲理事会1990年《关于破产的某些国际方面的欧洲公约》(*the European Convention on Certain International Aspects of Bankruptcy*)，但是均未获通过。这使得欧盟认识到其成员国之间的破产制度存在着巨大分歧，因而在此后的立法中放弃了做出统一破产实体法的努力，将重点放在了程序规则及冲突法的统一上。① 欧盟理事会1995年《破产程序公约》(*Convention on Insolvency Proceedings*) 和2000年《破产程序条例》就是此种立法思想下的产物，这两者的内容基本一致，但是前者未获生效。1999年的《阿姆斯特丹条约》使欧共体获得了有关民事司法合作的立法权，因此欧盟理事会将未生效的《破产程序公约》转化为《关于破产程序的第1346/2000号条例》(*Council Regulation (EC) No 1346/2000 of 29 May 2000 on Insolvency Proceedings*，以下简称《破产程序条例》)②，已于2002年5月31日生效。该条例通过统一的冲突法规范和程序规范，来协调欧盟成员国的国际破产案件，因为在欧盟内部破产判决的承认与执行上的便利，使得该条例

① 参见邹国勇：《德国国际私法的欧盟化》，法律出版社2007年版，第202～204页。

② 该条例于2000年5月29日通过，2002年5月31日生效，丹麦是唯一未参加该条例的欧盟成员国。《关于破产程序的第1346/2000号条例》是欧盟以条例形式进行国际私法统一化的最早成果之一，共5章47条，其内容与1995年欧盟《破产程序公约》基本相同。事实上，欧盟理事会正是将该公约转换成《关于破产程序的第1346/2000号条例》，以挽救该公约成为一纸空文的命运。参见邹国勇：《德国国际私法的欧盟化》，法律出版社2007年版，第24页。

在国际破产案件中发挥了重要的作用，也对国际统一立法和非欧盟成员国的国际破产立法产生了重要影响。因此本章主要以在实践中得到广泛使用的欧盟《破产程序条例》为视角，阐释通过国际私法的方法处理涉外消费者破产案件。

第一节 国际消费者破产案件的管辖权

作为一种特殊类型的国际民事诉讼，国际消费者破产案件的管辖权是指一国法院或者其他具有审判权的司法机关受理、判决含有跨国因素的消费者破产案件的权限。各国立法机关在对这种权限进行规定时，需要考虑消费者破产案件与相关国家之间的联系，这种联系可能是基于消费者债务人产生，也可能是基于破产财产产生，这些不同的联系因素构成了消费者破产案件管辖权确立的依据。

就某一具体国家而言，国际民事案件诉讼管辖权问题主要涉及两个方面的内容：（1）一国法院对某一特定的国际民事案件有没有管辖权；（2）有关的外国法院对某一特定的国际民事案件有没有管辖权。前者被称为“直接的一般管辖权”，后者被称为“间接的一般管辖权”。① 国际消费者破产案件的管辖权问题也不例外，这两方面的内容虽然存在着很大的差异，但是也有相通的地方。各国消费者破产法中一般都不直接规定国际消费者破产案件的管辖权，而是只规定本国法院对消费者破产案件的管辖范围，据此认定哪些含有国际因素的消费者破产案件应该纳入此管辖范围内，在承认与执行外国消费者破产判决上也是参照本国法院的管辖权规范来判断外国法院是否存在合理的管辖权。因此，在各国消费者破产法中，关于本国法院管辖权范围的规定是本节的研究重点。

一、消费者破产案件管辖权确立的依据

（一）债务人住所地

在跨国破产案件中，根据债务人的总部所在地、住所地和营业中心地确定国际管辖权是国际通行的做法。② 对于作为自然人的消费者债务人而言，

① 黄进主编：《国际私法》，法律出版社 2005 年版，第 638 页。

② Axel Flessner, *Internationales Insolvenzrecht in Deutschland Nach Der Reform*, IPRax 1997, Heft 1, S. 2；转引自邹国勇：《德国国际私法的欧盟化》，法律出版社 2007 年版，第 224 页。

不存在总部所在地和营业中心地，因而住所地是法院确立管辖权最主要的依据之一。例如，英国1986年《破产法》第265（1）（c）条规定“债务人在英格兰和威尔士有住所”，英国法院就可以行使管辖权，对债务人开始破产程序。① 美国《联邦破产法》第109（a）条规定：“只有在美国居住或在美国拥有住所、营业场所或财产的人才可能成为符合本法规定的债务人。”② 在德国，虽然1994年《破产法》设有专章规定国际破产程序，但并未涉及破产程序的国际管辖权问题，而是参照《破产法》第3条有关地域管辖的规定确定国际破产案件的管辖权。③ 该条第1款规定：“债务人普通审判籍所在地的破产法院具有专属地域管辖权。”依据《德国民事诉讼法典》第13条规定：“人的普通审判籍，依其住所定之。”因此在德国，消费者债务人的住所地不仅被用来作为国内地域管辖划分的依据，同时也被用来作为确立国际消费者破产案件的管辖依据。

消费者破产程序通过清算、重整或和解等方式将债务人的财产用来集中偿还债务，债务人通过破产程序获得破产人的法律地位，消费者债务人在整个破产程序中占据核心地位，因此作为消费者债务人的归属国，法院理应享有案件的管辖权。正如冲突法领域中的属人法包括住所地法和本国法两大派别一样④，这种“归属国”也可以作两种不同的理解，即住所地国和国籍国。承袭英美法系国家以住所地法为属人法的立法传统，如今大多数英美法系国家立法都规定债务人住所地国可以成为其行使破产案件管辖权的依据。在英国有学者认为，英国1986年《破产法》第265条提及的确立管辖权的联系因素中，之所以将住所纳入其中，在很大程度上是由于破产程序长期以来被认为与债务人的法律地位密切相关，因此按照英国的法律传统，债务人住所地国法院应当拥有该程序的管辖权。⑤

对作为自然人的消费者债务人而言，“住所”（Domicile）是指一个人以久住的意思而居住的某一处所。这个定义包括了两层含义：从主观上讲，必须有久居于某一处所的意思和打算；从客观上讲，必须有在一个处所长期居

---

① See Insolvency Act 1986, s. 265(1)(c).

② 11 U.S.C. §109(a).

③ 在民事诉讼领域，德国法院的国际管辖权一般类推适用地域管辖条款。国际破产程序作为一类特殊的民事诉讼程序，遵从了这一德国法上的传统做法。

④ 参见黄进主编：《国际私法》，法律出版社2005年版，第185页。

⑤ See Ian F. Fletcher, *Insolvency in Private International Law: National and International Approaches*, 2nd ed., Oxford University Press, 2005, p. 42.

住的事实。① 住所地是债务人生产、生活的地域中心，因而绝大多数国家都通过债务人住所地建立消费者破产案件的管辖权。然而，各国对这个主观意愿的理解与把握所强调的侧重有所不同，导致住所地确定上的不统一，这种不统一自罗马法时代就已经产生。② 一些大陆法系国家偏向强调住所应根据生活中心或业务中心地等客观标准确立，例如《意大利民法典》第12条规定，民事上的住所是个人业务及利益中心地；《法国民法典》第102条规定，一切法国人，就行使民事权利而言，其定居地为其住所。英美法系则更强调永久居住的主观意愿，把当事人是否有在某地久住，即建立一个唯一永久的家作为住所取得的必要要件。在我国，《民法通则》第15条原则性规定户籍所在地的居住地为一个人的住所。各国对住所概念理解的差异实际上造成管辖权依据的进一步分化。加之在很多国家住所确立时需要考虑到的主观因素（久住的意思）在客观上很难认定，所以很多国家也为破产管辖权的行使设立了其他更加客观、明确的依据，如债务人的居住地、破产财产所在地等。

在跨国破产中，除住所地管辖标准之外，管辖一般将基于其他理由行使的管辖统称为“长臂管辖”③，而基于长臂管辖的破产程序原则上应当是纯地域性的，因为这样的程序是住所地破产程序的一种替代或补充。

（二）债务人国籍国

以英国为代表的英美法系国家不主张将债务人国籍作为确立破产案件管辖权的依据，这是因为根据英国法长期以来形成的传统，在适用国际私法规则时，除了在涉及公法领域的例外情况下，管辖权的行使并不要求与个人的国籍或公民权相联系。④ 例如，澳大利亚现行⑤ 1966年《破产法》第7（1）条规定：“本法适用于非澳大利亚公民的债务人。”⑥

（三）债务人惯常居所

几乎所有的国家都把住所作为最基本的管辖根据，但是近年来惯常居所

---

① 肖永平：《国际私法原理》，法律出版社2003年版，第56页。

② 参见魏振瀛主编：《民法》，北京大学出版社、高等教育出版社2007年版，第66页。

③ Michael Bogdan, *International Bankruptcy Law in Scandinavia*, 34 INT'L & Coml. L. Q. 49, 61(1985).

④ Ian F. Fletcher, *Insolvency in Private International Law: National and International Approaches*, 2nd ed., Oxford University Press, 2005, p. 35.

⑤ 澳大利亚司法部2009年12月4日公布并开始实施的版本。

⑥ Bankruptcy Act 1966(Cth), s. 7(1).

(Habitual Residence) 在国际民事诉讼管辖权领域发挥着越来越重要的作用①，因而也受到各国立法者的青睐，在消费者破产案件的管辖依据上，甚至有取代住所的趋势。例如，澳大利亚现行1966年《破产法》第55（2A）条规定了官方接管人接受债务人提出的破产申请，债务人需要满足的条件之一是“在提交申请之时，亲自在澳大利亚出现，或惯常居住地在澳大利亚”。加拿大现行1966年《破产和无偿债能力法》中给“债务人”一词下定义时，要求债务人必须居住在加拿大或者在加拿大从事营业活动②，因而对加拿大消费者破产案件而言，债务人居住地也可以构成法院管辖权行使的依据。这两个类属于英美法系的国家在消费者破产案件的管辖依据上都没有采用住所，而采用了惯常居所。

上述趋势的出现主要是因为：（1）消费者破产案件与消费者日常生产收入、生活支出、消费活动等密切相关，因而依据消费者自然人生产生活中心确立管辖权是最为合适的。但是随着国际间人员流动的频繁，原有的住所地国并不一定是当事人生活消费的中心，反而惯常居所作为当事人在一段持续的时间内持续居住的地方更能反映自然人生活和工作的中心。（2）惯常居所与住所相比最大的区别之一是认定时不需要考虑“久住的意思”，久住的意思作为确定住所的主观因素，对法院而言在判断和认定上的难度相对较大，而惯常居所在认定上主要依据“在一段较长的时间内持续居住”这一客观因素。（3）消费者破产程序几乎全部属于债务人的自愿破产，而对于自然人而言，依据惯常居所确立管辖权，能够降低破产程序的支出，这对本来已陷入财务崩溃边缘的债务人而言至关重要。但是，惯常居所地相对于住所而言稳定性较弱，债务人改换惯常居所相对较为容易，不利于对债务人的所有财产进行全面清算，还可能会损害到债权人的利益。

（四）债务人出现

这一管辖依据主要来源于英国1986年《破产法》第265（1）（b）条：如果债务人在申请提出日亲自在英格兰和威尔士出现，债务人和债权人可以提出破产申请。③ 由于英国破产法中的所有管辖权条款都既适用于内国破产案件，又适用于国际破产案件④，这意味着在英国只要债务人亲自出现，无

---

① 参见肖永平：《国际私法原理》，法律出版社2003年版，第341~342页。

② See Bankruptcy and Insolvency Law, s. 2.

③ Insolvency Act 1986, s. 265(1)(b).

④ Paul L. C. Torremans, *Cross Border Insolvencies in EU, English and Belgian Law*, Kluwer Law International, 2002, p. 64.

须进一步证明债务人和英国法律体系的关联，英国法院便可获得国际破产管辖权。① 有很多学者指出，这种仅依债务人自愿在英国管辖境内出现即可行使管辖权的做法，可能会产生不公平。② 对此，英国破产法通过赋予法官充分的自由裁量权来避免不公平现象的出现，英国1986年《破产法》第266（3）条规定："如果法院认为因为任何原因驳回破产申请是合适的，则法院对此有自由裁量权。"③ 但这种"长臂管辖"也被许多非英美法系国家认为是一种过度管辖，在判决的承认和执行上面临着一定的障碍。

（五）财产所在地

最初基于财产的存在行使管辖权是为了保护当地债权人的利益，现在则主要是为了保护这些财产不受债权人个别行为的查封、扣押，使这些财产能够进行有序分配。④ 依财产所在地为依据行使管辖权的破产程序一般只是作为住所地破产程序的替代或补充。例如，我国台湾地区2008年《消费者债务清理条例》第5条规定："更生及清算事件专属债务人住所地之地方法院管辖。⑤ 不能依前项规定确定管辖法院者，由债务人主要财产所在地之地方法院管辖。"

二、国际消费者破产案件管辖权冲突的产生

（一）管辖权依据的多元化

如上所述，各国立法对消费者破产案件规定了多种管辖依据，而且不同国家对管辖依据的确立还存在着差异，管辖依据的多元化在客观上导致了不止一个国家对跨国消费者破产案件具有管辖权。

（二）消费者自然人的跨国流动

随着现代化交通工具、通信工具的产生，不同国家自然人之间的文化、生产和生活往来日益频繁。仅以我国为例，根据上海市的统计数据显示：截至2008年，上海市外国常住人口已达15.21万人，主要来自日本、韩国、

① Paul L. C. Torremans, *Cross Border Insolvencies in EU, English and Belgian Law*, Kluwer Law International, 2002, p. 69.

② L. Collins and others, *Dicey and Morris*: *The Conflict of Laws*, 13th ed., Sweet & Maxwell, 2002, p. 1166; P. North and J. Fawcett, *Cheshire and North*, *Private International Law*, 12th ed., Butterworths, 1992, p. 905.

③ See Insolvency Act 1986, s. 266(3).

④ 石静遐：《跨国破产的法律问题研究》，武汉大学出版社1999年版，第81页。

⑤ 该条例所指住所地为户籍地。

美国、新加坡、德国、加拿大、法国、澳大利亚和英国等国家。① 类似的情况在每个国家都会出现，消费者自然人生活和消费的范围得到了极大的拓展，不再局限于一个国家领域内，当这些人出现支付不能需要申请破产程序时，消费者破产案件就可能具有涉外因素。例如美国的破产律师经常被问到的一个问题是，在国外工作和生活的美国人还能否申请美国《联邦破产法》中规定的第 7 章和第 13 章程序。② 美国法院对此类案件显然具有管辖权，但管辖依据的多元化导致美国法院往往不是唯一具有管辖权的法院，自然人所在国的法院为了保护本国债权人的利益也可以对案件行使管辖权，两个以上国家的法院对同一案件行使管辖权，便导致了国际消费者破产案件管辖权冲突的产生。如同一般国际民事诉讼案件的管辖权冲突一样，国际消费者破产案件的管辖权冲突也主要表现为积极的管辖权冲突。

（三）普遍主义的发展

在国际破产法中最富有争议性的基本问题是普遍主义和属地主义的对立。根据普遍主义原则，只应该有一个破产宣告，由一个破产程序来解决世界范围内的针对债务人财产的所有求偿，其他国家法院不能启动另外的破产程序，而应该协助单一破产程序的进行，比如搜集破产人在当地的财产、阻止单个债权人扣押财产的行为。③ 地域性原则强调每个国家对位于本国境内的财产有固有的管辖权。根据该原则，一国法院所作的破产宣告，其效力仅及于破产人在该国领域内的财产。每个国家的法院根据本国破产法，将债务人位于本国的财产分配给本国债权人，它们任命的破产管理人的权力也仅限于搜集债务人位于本国境内的财产。其他国家的财产不受本国程序的影响，它们仍应保留在破产人手中，除非它们被财产所在国的债权人扣押或在财产所在国开始又一次破产程序。④

在跨国经济活动不频繁的时代，相对于程序冗长且复杂的普遍主义，属地主义原则不需要考虑跨国因素，因而在经济和效率上占有优势。例如日本

---

① 樊丽萍：《上海人口呈“国际化”特征 在沪常住外国人超 15 万》，载《文汇报》2009 年 9 月 26 日第 2 版。

② Susan Blum, *Can I File Bankruptcy in Georgia if I Live Outside the United States*, available at http://www.thebklawyer.com/thebkblog/2009/05/11/can-i-file-bankruptcy-in-georgia-if-i-live-outside-the-united-states/ (last visited Jan. 29, 2010).

③ Michael Bogdan, *International Bankruptcy Law in Scandinavia*, 34 Int'l & Comp. L. Q 49, 49, 50(1985).

④ Michael Bogdan, *International Bankruptcy Law in Scandinavia*, 34 Int'l & Comp. L. Q 49, 50(1985).

在1996年对破产法进行修正之前，采取的是极端属地主义的原则，在日本国内进行的破产程序效力仅及于债务人在日本国内的财产，且在外国进行的破产程序效力也一概不及于债务人在日本国内的财产。然而，在现今，随着国际间人员和经济往来的频繁，采取属地主义反而可能会给债务人转移国内财产提供可乘之机，或者导致部分债权人枉顾国内的破产程序而在国外收回债权。有鉴于此，日本首先在1999年的《民事再生法》中放弃极端属地主义，采取片面属地主义的原则，使得日本国内民事再生程序的效力可以及于国外，但是外国破产程序的效力原则上仍不及于日本国内。紧接着2000年的修法便将个人债务人的民事再生程序纳入《民事再生法》中，使得日本消费者再生程序具有域外效力。不仅如此，2000年的“承认协助外国破产处理程序法”进一步废弃了片面属地主义，改采普遍主义。在欧盟《破产程序条例》和联合国国际贸易法委员会《跨国破产示范法》（*Model Law on Cross-border Insolvency*）的推动下，普遍主义被越来越多的国家所接受。而破产程序域外效力的扩及是国际破产法程序管辖权冲突产生的前提。因为在极端属地主义的原则下，一国的涉外破产程序只在本国领域内产生效力，即使有多个国家对同一国际破产案件具有管辖权，但却可以各自行使不会发生效力上的冲突。

三、国际消费者破产案件管辖权冲突的协调

（一）COMI的概念

主要利益中心（Centre of Main Interests，以下简称COMI）作为法律概念，是各国对跨国破产管辖根据争论不休的产物，其源自1990年欧洲理事会《关于破产的某些国际方面的欧洲公约》（*the European Convention on Certain International Aspects of Bankruptcy*，又称《伊斯坦布尔公约》）及1995年欧盟理事会《破产程序公约》（*Convention on Insolvency Proceedings*），虽然这两部公约均未生效，但是其创设的COMI的概念却对后来国际破产法中的管辖权制度产生了重要影响。随后，以《跨国破产示范法》及《破产程序条例》为代表，新近跨国破产立法及司法一改传统做法，纷纷采纳COMI这一法律概念，将其作为确定跨国破产国际管辖的标准，并据此创设了一套全新的跨国破产法律制度。

债务人主要利益中心（COMI）地，顾名思义是指债务人利益最为集中的地点，这一概念类似于合同法律适用中的最密切联系地一样，都属于弹性连结因素，虽然基于一定的客观事实产生，但是都需要通过法官的主观判断才能确定，这类连结因素的一个共同特点是具有灵活性。对自然人而言，这

一新的管辖权确立标准打破了传统客观标准的限制，使得管辖权确立时不再单纯依靠住所标准或财产标准等单一化的客观依据，而综合各方因素选择能够反映破产债务人利益关系中心地的法院去开始主要破产程序。同时也正因为这一概念的灵活性，使之在认定上不像以往的客观标准那么明确具体。

因此有些立法专门避免对该概念进行过于清晰的定义，认为这样反而会限制 COMI 的使用和发展。例如，在欧盟法中，债务人主要利益中心地原则是欧盟《破产程序规则》管辖权条款的核心内容。但是该规则也没有明确给出“债务人主要利益中心地”的内容，仅规定了“在公司或者法人破产的情况下，如无相反证据，公司注册登记办公地点所在地应被推定为主利益中心所在地”，对于自然人破产中何为债务人主要利益中心地未作规定。虽然该规则的导言部分给“债务人主要利益中心地”下了一个笼统的定义，认为其“是指债务人对其利益进行日常管理、并能够由第三方确定的地点”。但这个定义比较模糊，因此可以参考欧盟的其他法律文件对该名词做进一步的解释。欧洲议会委员会的一份报告中认为“债务人主要利益中心”并不是一个常见的名词，需要对其进行充分的说明，因而委员会建议对欧盟《破产程序规则》中的定义进行修改，规定主要利益中心是债务人通常来说有着密切联系的地点，该地点在很大程度上是其商业利益集中地和大部分财产的所在地。① Miguel Virgos 和 M. Etienne Schmidt 教授在关于已流产的欧盟《破产程序公约》解释报告中指出，“利益”不仅仅只包含商业活动，而是包含了广义的经济活动；“主要”一词是在存在不止一个利益中心时用来判断的标准；对于自然人而言，主要利益中心地通常是其惯常居所地。②

但也有些国家给出了 COMI 的明确含义。例如加拿大《破产和无偿债能力法》在第 13 部分“跨境破产”中专门对“债务人主要利益中心地”作了定义，“在没有相反证据的前提下，债务人的注册登记地被认为是其主要利益中心；债务人是个人的，惯常居住地被认为债务人主要利益中心”③。

从上述立法及解释中不难看出，对作为自然人的消费者债务人而言，其 COMI 所在地一般是其惯常居所地，即自然人持续一定时间的经常的实际居处④，但这也并非绝对。总的来说，对 COMI 的定义不宜在立法中规定得过

① See *Report on the Proposal for A Council Regulation on Insolvency Proceedings 9178/1999-C5-0069/1999-1999/0806*(*CNS*)，该建议未获最终采用。

② See *EU Council Document 6500/1/96*，该报告最终未获通过。

③ See Bankruptcy and Insolvency Law，s. 268(2).

④ 肖永平：《国际私法原理》，法律出版社 2003 年版，第 56 页。

于明确，更不宜将其直接定义为一个客观管辖依据，否则便丧失了 COMI 作为主观连结因素的灵活性优势。

从欧盟《破产程序条例》的表述上来看，每个债务人都会有一个唯一的主要利益中心，但在实践中可能并非如此，因为主要利益中心的认定标准本身就十分模糊，所以有时会存在不止一个国家法院认定本国为债务人主要利益中心地，这实际上造成了管辖权的进一步冲突，并不能通过 COMI 从根本上避免管辖权冲突的产生。

（二）COMI 在欧盟消费者破产案件中的运用

1. COMI 作为确立消费者破产案件管辖权的依据

COMI 存在的作用并非只是要确立唯一有管辖权的法院，而是希望从整体上解决潜在的管辖权冲突问题，因此其在一定条件下也允许多个破产程序的存在。COMI 所在地国家的法院具有启动破产程序的管辖权，但是在特定情况下其他国家法院也可以启动破产程序，这一破产程序的效力仅限制在债务人在该国的财产范围内，因此被称为从属破产程序。相应地，在 COMI 所在国法院启动的破产程序被称为主破产程序，主破产程序具有广泛的效力范围，目标是控制债务人的全部资产。欧盟《破产程序条例》之所以会允许主从破产程序的并存，是兼顾了普遍主义与属地主义的结果。在国际破产法的发展中，长期存在着普遍主义与属地主义的对立，出于国际社会经济发展的需要普遍主义原则从整体上分配和管理破产财产，出于保护本国经济利益和本国债权人的需要属地主义也不可或缺。① 以 COMI 为标准划分主从破产程序，体现了有限普遍主义的立法思想。

但对于消费者破产而言，并不存在《破产程序条例》中主破产程序与附属破产程序并存的情况。因为《破产程序条例》第 3 条第 2 款限制了从属破产程序启动的条件：“当债务人的主利益中心位于一成员国境内时，另一成员国的法院只有在债务人在该国境内有营业机构（establishment）的情况下，才能对债务人启动破产程序。”消费者债务人显然无法满足这一必备条件。但是笔者认为，不能就此认为《破产程序条例》中的 COMI 规则对消费者破产程序毫无意义，相反笔者认为，COMI 规则能够被直接运用于跨国消费者破产程序管辖权的认定上，从而对国内消费者破产程序管辖权的确立标准产生深远的影响。

《破产程序条例》序言第 9 条明确规定：“本规则应适用于破产程序，

---

① 石静遐：《跨国破产的法律问题研究》，武汉大学出版社 1999 年版，第 21、24 页。

无论债务人是自然人还是法人，是商人或非商人。”因此可以肯定的是该条例同样适用于消费者破产程序。这一条例意旨使一个成员国的判决可以在其他国家得到承认执行，为破产案件的跨国合作建立一项长效机制。最初，该条例主要用于处理那些破产公司和债权人位于不同欧盟成员国的商业破产案件，用来防止债务人进行财产转移或挑选法院。然而近年来，这一条例却被广泛适用于自然人债务人。对消费者破产程序而言，COMI 的作用在于作为确立唯一管辖权的依据，对于那些不止与一个国家具有联系的消费者破产案件，可以依据 COMI 确立有管辖权的法院，直接避免了平行诉讼的出现。但对消费者破产程序而言，另一个更直接的问题是由此引发的“挑选法院”（Forum Shopping）问题。

2. COMI 与“挑选法院”

如前面几章提到的，由于各方面原因各国在消费者破产制度上存在着较大的差异，特别是在免责上的制度差异更会对消费者破产程序的结果产生重要的影响，关系到消费者债务人能够在多大程度上获得债务免除。在《破产程序条例》的统一下，破产程序能够在其他欧盟成员国内得到承认与执行，这给消费者债务人提供了一个“挑选法院”的“机会”，使其可以通过改变 COMI 的方式，挑选对自己最为有利的国家提出破产申请。

以近期的事实为例，自英国 2004 年将其妥善行为期缩短至 12 个月以来，大大降低了债务人获得债务免除的条件，越来越多的非英国消费者将其住所或“主要利益中心”迁往英国，以通过英国债务人为导向的破产程序获得利益。在实践中，还有公司专门针对欧盟国家的非英国居民提供再定居服务，使得债务人可以通过英国的消费者破产免责程序在 12 个月妥善行为期届满之后获得剩余债务免除，甩掉债务负担之后重新返回原住所地国，因为英国的破产判决在欧盟范围内都可以获得承认与执行。① 这显然不是《破产程序条例》的立法初衷。

对于这种通过转换 COMI 的方式，选择对债务清理有利的国家法院申请破产的情况应如何处理？在已有的实践和理论中，并不排斥这种行为。笔者认为这与社会对消费者破产认知理念的发展密切相关。在欧美等信贷市场发达的国家，消费者破产在一定程度上正逐渐摆脱其负面名声，成为一种积极

① Maria Gerhardt, *Consumer Bankruptcy Regimes and Credit Default in the US and Europe—A Comparative Study*, CEPS Working Document No. 318/July 2009, p. 8, available at http://www.ceps.eu/book/consumer-bankruptcy-regimes-and-credit-default-us-and-europe, pp. 17-18 (last visited Nov. 25, 2009).

的策略性理财工具。在这种指导思想下，利用法律框架内允许的消费者破产程序作为无力偿债的救济措施，被视为是一种合理且合法的途径。

第二节　国际消费者破产案件的法律适用

法律适用是处理涉外案件的核心问题，对于涉外消费者破产案件也不例外。如果消费者破产案件中含有的涉外因素对案件具有实质影响，就必须要考虑到准据法的选择问题。但是破产制度的特点在于其既涉及实体问题，又涉及程序问题，那么法律适用问题应如何处理？实体和程序的区分是国际私法的重要内容，在国际私法的理论和实践上只有实体问题需要在内外国法律之中做出选择，而程序问题则一般依据法院地法。因此这产生的一个问题是将国际破产程序识别为一个单纯的程序问题，还是将其识别成兼含程序与实体的混合性问题。如果国际破产程序只是一个程序问题，那么就只能适用法院地法；如果考虑到该程序中所包含的债权范围的认定、不动产财产的处分、债务人财产上的用益物权等实体问题，就还应该考虑到是否需要适用外国法的问题。后者显然更加符合破产程序的特点，因此被许多国家的立法者所接受。

纵观国际社会的国际破产立法，一种建立在有限制的普遍主义基础之上的立法模式正受到越来越多国家的采用。该立法模式首先原则性地规定国际破产程序适用“程序开始国法”，然后对其中的一些需要特殊考虑的实体事项以例外规定的形式加以特殊调整。可以用来调整消费者破产程序的欧盟《破产程序条例》便是这一立法模式的代表。

一、破产的法律适用问题和一般法律适用问题

如果破产程序涉及位于不同国家的当事人和财产，就会产生一系列复杂的问题，应该由什么法律决定这些财产权利和主张的效力问题，对其应如何处理的问题，以及外国当事人的权利和请求问题。在这些破产程序中，法院通常会适用它自己的国际私法规则（或冲突法规范）来决定适用什么法律去决定破产程序中权利和主张的有效性、效力及处理问题。需要特别强调的是，破产法并不直接创设人身权利和财产权利，但是需要尊重根据其他准据法产生的对破产债务人的权利和主张。①

① See UNCITRAL *Legislative Guide on Insolvency Law*, available at http://www.uncitral.org/pdf/english/texts/insolven/05-80722_Ebook.pdf, chap. 1, para. 81 (last visited March 8, 2010).

在跨境破产的背景下，必须要区分两种不同的法律适用情形，一种是根据法院地冲突规范指引的准据法来认定权利和请求的有效性和效力，另一种是根据破产程序的准据法来认定破产程序对这些权利和请求的效力，这是两类不同的法律适用问题。如前所述，既然破产法并不直接创设权利和请求，那么关于某一权利和请求是否存在及其所含内容的问题，就应服从于一般的冲突法规则。这种使用一般冲突法规则的例子很多，例如，由合同准据法来确定对破产债务人的契约请求是否成立以及该请求的数目，根据物之所在地法确定某一特定债权人对不动产财产的担保物权是否成立等。在这些情况下，各个国家可以适用其自己的冲突规范，甚至包括国际公约。但在破产案件中，当法院地国需要考虑如何处理破产程序中的权利和请求时，通常适用专门的冲突法规范去决定破产程序的效力范围，而这种冲突规范才是本节所要研究的对象，即国际破产程序的法律适用问题。因此，必须强调，债权产生的有效性问题并不是破产法上的问题，而是一般的法律适用问题。

如果根据法院地冲突规范指引的准据法认定为有效的权利和请求，那么下一个问题才是破产程序对这些权利和请求的效力，即该权利和请求是否被纳入破产程序中去，如果纳入应该处于什么样的地位。这才是一个破产法上的问题。从冲突法的角度看，第二阶段的问题取决于破产程序对相关权利效力的准据法。最为典型的准据法是破产程序开始国法，其决定了破产程序的开始、进行、管理和终结。

二、程序开始国法原则

（一）程序开始国法原则在国际破产程序中的运用

“程序开始国法”原则（the Law of the State of the Opening of Proceedings）同样源自1995年的《破产程序公约》① 中的规定②，《破产程序条例》第4条明确规定：“除本规则另有规定以外，破产程序的准据法及其效力都适用开始破产程序的成员国法律，下称‘程序开始国’。”“程序开始国法”也即“破产法院地法”（lex fori concursus），只不过是同一内容采

① 该公约于1995年9月12日在布鲁塞尔通过，但是公约规定需要最后一个成员国交存批准书、接受书后第6个月的第1日方可生效，但最终由于英国的拒绝签署而未能生效。

② EU Insolvency Convention, art. 4(1).

取的不同的表达方式而已。①

除了原则性规定由程序开始国法决定破产程序启动、进行以及终止的条件外,《破产程序条例》还具体列举了13种破产程序开始国法管辖的事项,包括:破产能力;破产财产的组成;债务人和清算人的权利;抵消权行使的条件;破产程序对债务人为一方当事人的合同的效力;破产程序对于债权人发动的其他法律程序的影响;破产债权的范围;债权的申报、举证和确认;债务人财产变现所得收益的分配、债权清偿顺序以及在破产程序开始后通过物权或抵消权获得部分清偿的债权人权利;破产程序终结的条件和效力;破产程序终结后债权人的权利;因破产程序而产生的成本和费用由何人承担;损害全体债权人利益的法律行为的效力。

从上述列举的事项可以看出,程序开始国法不仅决定了破产程序的开始、进行和终结等程序性问题,还决定了许多实体性问题,例如债务人的破产能力,以及与破产财团变动相关的抵消权、撤销权等。因此,笔者认为对于国际破产程序的准据法,使用"程序开始国法"这一概念,比"破产法院地法"的概念更加合适,虽然这二者指向的是同一个法律,但前者可以回避关于破产问题的程序和实体问题之争:一方面防止因为破产是程序问题的观点,而忽视了其他准据法对破产中个别问题的适用;另一方面也不会造成仅对破产中的程序性事项适用法院地法,而忽视了对一些实体问题同样以法院地法为准据法。对于涉外消费者破产程序的法律适用来说也不例外。

(二)程序开始国法在国际消费者破产程序中的运用

消费者破产绝大多数情况下属自然人自愿破产,因此其中的涉外因素主要指两种:一种是债权人全部或部分位于外国,此时在一国开始的破产程序会涉及外国债权的确认、破产程序终结对外国债权人的效力等问题;另一种是债务人的财产位于国外,虽然在消费者破产程序中债务人一般仅有较少的财产或完全无财产可破,但是理论上并不排除这种情形的存在,例如破产消费者曾经在国外的金融机构留有存款或在国外拥有自有住宅。但如前文所述,在欧盟破产制度下,国际消费者破产案件的管辖权由唯一的、债务人主要利益中心地的法院行使,在这种情况下破产程序的准据法应根据债务人COMI所在地的法律来确定。

以程序开始国法作为消费者破产程序的准据法,对债务人而言最现实的

---

① See Beatriz Campuzano Diaz, *Council Regulation (EC) No 1346/2000 of 29th May 2000 on Insolvency Proceedings and the European Projection in this Matter (1)*, available at http://www-en.us.es/cde/MASTER_rev/doc_0002.htm (last visted March 5, 2010).

意义在于关于破产能力和破产终结的规定。如前所述，即使在欧盟内部，其成员国之间关于消费者破产制度的规定也是千差万别。虽然一些欧洲国家的消费者破产法确实存在着相似之处，但是不可忽视的是，也有极少数欧洲国家没有任何适用于自然人的破产立法，即消费者自然人不具有破产能力。意大利就是其中之一，其是欧盟大国中唯一没有进行消费者破产立法的国家，债务到期之后债权人可以依据《意大利民法典》主张其债权，法院往往通过扣押工资或债务人财产的方式满足债权的行使，因而债务人在面对无力偿还的处境时，无法获得充分的保护，债务免除更是遥不可及的事。再如西班牙，虽然规定了消费者破产程序①，但是没有破产终结后免责的规定，因而消费者债务人从免责程序中获得的保护和救济非常有限。② 以破产程序开始国法作为破产程序的准据法，导致了同类案件因为 COMI 所在地的不同而在消费者债务人实体权利义务方面产生巨大差异。因此，在程序开始国法原则下，只有尽量减少欧盟成员国间消费者破产法的差距才能最大限度避免债务人通过变更 COMI 所在地的方式寻求最优的救济途径。

三、程序开始国法的例外

其实破产程序的进行不仅仅只涉及程序方面的法律规范，因为债权的产生、债务的偿还等一系列问题还牵涉到债法、物权法、知识产权法等实体法领域，欧盟成员国之间在这些领域的立法显然存在着较大的差异，采取一刀切的方式对国际破产程序中的所有问题都适用程序开始国法显然不现实。因此，《破产程序条例》第 5 ~ 15 条分别就破产程序对规定范围内的第三方物权、抵消权和所有权保留的效力，破产程序对某些与不动产有关的合同、支付或结算制度，金融市场当事人的权利义务关系，雇佣合同与雇佣关系，应公开登记的权利，涉及破产财产的未决诉讼的效力应适用的法律，共同体专利和商标，某些损害性行为的有效性及程序开始后第三方对某些破产财产的购买行为的有效性应适用的法律做出了专门规定。③ 对这些问题做出专门规定，表面上是限制程序开始国法的适用，但本质上是为了限制主破产程序的域外效力，以保护涉及其他成员国国内经济秩序的某些特殊权利。在这些特

① Ley 22-2003, de 9 de julio, Concursal.

② Credit Slips, *Consumer Bankruptcy in Europe (II): Spain is Different!*, available at http: //www.creditslips.org/creditslips/2007/07/consumer-bank-2.html (last visited Sep. 1, 2009).

③ 曾二秀:《欧盟国际破产法——〈欧盟破产程序规则评介〉》，载《中国国际私法与比较法年刊》(第 5 卷)，法律出版社，2002 年版，第 568 ~ 569 页。

殊的法律适用规范中，与国际消费者破产程序相关的主要有以下几条：

（一）第三人的物权

《破产程序条例》第5条规定，在破产程序开始时，债务人的财产位于另一成员国境内，破产程序的开始不影响债权人或者第三人在其上设定的物上权利，包括留置权、抵押权、担保转让权以及用益物权。其实从严格意义上说，该条并不属于法律适用规范，因为它既不指引物之所在地法，也不指引财产所在国的冲突法规则，而是直接排除了作为破产程序准据法的破产程序开始国法适用于第三人或债权人对债务人位于其他成员国财产上的物权，防止不利后果的发生。例如，一个消费者债务人在英国申请破产程序，他此前曾将自己的一件藏品带到法国交给那里的工匠修复，修好后还未取走也未支付修复费用，此时法国工匠对该藏品享有的留置权不会受到在英国开始的破产程序的影响。

欧盟成员国在国内法中引入这一条款往往是采取反向立法的方式，规定在破产程序开始时，第三人位于国内的破产财产上享有的物权不受外国破产程序开始的影响。德国采取的就是这种立法方式。① 这样的立法方式至少有三个好处：(1) 防止了外国破产程序对内国财产上物权产生不利影响；(2) 但是并不规定本国破产程序不能对债务人或第三人在外国财产上物权发生效力，这就可以扩大本国涉外破产程序的效力；(3) 如果各欧盟成员国都做出此种规定，那么在欧盟内部实际上就产生了《破产程序条例》第5条中的效果。

（二）所有权保留

《破产程序条例》第7条规定：“在破产程序启动时，资产位于成员国而不是程序启动国境内的情况下，针对资产购买方开始的破产程序不影响在所有权保留条款下卖方的权利。针对资产出售方开始的破产程序，在资产交付后，破产程序不构成撤销或终止此次出售的基础，并不能阻止购买方根据破产程序开始时资产所在国而非程序开始国的法律规定取得财产的所有权。”所谓所有权保留，是指在买卖合同中，买受人虽先占有、使用标的物，但在双方当事人约定的特定条件（通常为价金部分或全部的清偿）成就前，出卖人仍保留标的物的所有权，待条件成就时，再将标的物的所有权移转给买受人的制度。② 在英美法上，类似于所有权保留的制度被称为“附条件买卖”。所有权保留制度与现代的信用经济相伴滋生，以设定标的物所

---

① 德国《破产法》第351条。

② 陈华彬：《物权法》，法律出版社2004年版，第619～620页。

有权转移的前提条件为特征，精巧地实现了买受人对标的物的提前占有，有效地减少了出卖人滞后收取价金的交易风险。但是，各国对所有权保留的客体范围等内容的规定存在着差异。为了避免位于非程序开始国的在所有权保留条款下的财产所有权受到破产程序效力的影响，《破产程序条例》也没有采取冲突法的方法规定所有权保留的法律适用，而是直接采用实体规定的方式规定了其他成员国内的所有权保留的效力不受破产程序的影响。同样，在买受方位于其他成员国内时，其财产所有权取得的条件也不受破产程序的影响。

（三）不动产合同

不动产物权依物之所在地法是国际私法上一项得到普遍承认和争执最少的规则。① 有学者还主张，“关于不动产的权利的一切问题，都适用不动产所在地法”②。这一规则同样被沿用至国际破产程序中。《破产程序条例》第 8 条规定：“破产程序对获得或利用不动产的合同的效力专由不动产所在地成员国法律确定。”这一条主要是为了保护不动产物权人和使用权人的利益，防止他们的合法权益受到外国破产程序的不利影响。第 14 条规定，当债务人实施有偿转让行为，并且转让行为的最后完成是在破产程序开始之后，转让不动产行为的效力由不动产所在地的法律予以确认。这一条是专为保护善意购买方而设置的。因而对于位于非破产程序开始国的成员国内的不动产而言，是否将其纳入破产财产进行清算分配由破产程序开始国法决定③，但是对于附着于该不动产之上的合同和转让行为的效力仍受不动产所在地法支配。

（四）应公开登记权利的效力

与不动产合同相类似的是，《破产程序条例》第 11 条规定：“破产程序对于债务人在不动产、船舶、航空器等应在公开登记部门登记的财产的效力应由该登记机关所在国法律确定。”对消费者债务人而言，如其申请破产时，其汽车等财产是在其他欧盟成员国登记的，那么破产程序对这些登记财产的效力依登记机关所在国法来确认。

（五）未决诉讼的效力

破产程序启动的一个直接效果是中止对债务人的诉讼、执行或者其他法

① 黄进主编：《国际私法》(第 2 版)，法律出版社 2005 年版，第 266 页。

② [德]马丁 · 沃尔夫：《国际私法》，李浩培等译，法律出版社 1988 年版，第 721 页。

③ 欧盟《破产程序条例》第 4 条第 2 款第 1 项。

律程序。但是对于正在进行的针对债务人已经被接管的财产或权利的诉讼的效力，《破产程序条例》排除了破产程序开始国法的适用，转而适用诉讼进行国法。这就是说，如果破产程序启动之后，其他欧盟成员国有针对债务人已经被接管的财产或权利的未决诉讼，那么这种诉讼是否要受到国外破产程序启动的影响，依未决诉讼进行国的法律来认定。

四、UNCITRAL《破产法立法指南》的启示

同企业法人（尤其是跨国企业）引发的国际破产程序不同的是，一方面，作为消费者债务人的普通自然人所进行的跨国活动不可能像企业那么频繁和广泛，这使得含有涉外因素的消费者破产案件相对较少；另一方面，涉外消费者破产程序中的消费者债务人在很多情况下，并无时间、金钱和专业知识去提起跨国破产案件的诉讼。笔者认为正是这两方面的原因，再加上《破产程序条例》为成员国内的外国破产程序承认与执行提供了便利，导致了目前已经出现的涉外消费者破产案件大多出现在欧盟境内，因为作为当今世界一体化程度最高的区域，欧盟的跨国人员流动和经济活动更加频繁、申请跨国破产程序的障碍也相对较少。也正是欧盟在实践和立法上的领先，导致了其创设的国际破产案件法律适用原则对其他国际、国内立法产生了较大影响。

2004年联合国国际贸易法委员会《破产法立法指南》(UNCITRAL *Legislative Guide on Insolvency Law*)便体现了这种影响。虽然该指南沿袭了《跨国破产示范法》的做法，没有涉及未从事经济活动的消费者破产问题①，

① See UNCITRAL *Legislative Guide on Insolvency Law*, available at http://www.uncitral.org/pdf/english/texts/insolven/05-80722_Ebook.pdf, chap. 1, paras. 4-7 (last visited March 8, 2010)；但笔者认为对此可作另一种理解，即同之前的示范法一样，指南只是出于正面肯定商自然人破产的破产能力，并且言明这才是指南关注的重点，却没有明确排除消费者自然人破产。证据就是其给出的建议第9条中指出破产法适用范围的排除内容应受到限制且须在破产法中明确指出，但在下文的注释中只列举了受到高度管制的企业如银行、保险公司和涉及敏感行业的国有企业，并未提到消费者破产应被排除。See UNCITRAL *Legislative Guide on Insolvency Law*, available at http://www.uncitral.org/pdf/english/texts/insolven/05-80722_Ebook.pdf (last visited March 8, 2010), Recommendations 9；示范法和指南之所以提及消费者破产和自然人破产在性质上的差异，只是认可一些国家出于对消费者自然人破产能力的否定或对消费者破产进行特殊立法的需要，可以在示范法的适用范围中排除消费者破产的做法。See UNCITRAL *Model Law on Cross-Border Insolvency with Guide to Enactment*, available at http://www.uncitral.org/pdf/english/texts/insolven/insolvency-e.pdf, part 2, paras. 60, 66 (last visited March 8, 2010).

但是具体到各国的跨国破产立法而言，作为一国破产体系组成部分的消费者破产通常也服从于该国的国际破产法律制度，特别是在采取一般破产主义的国家更是如此，所以对指南的研究有利于把握包含涉外消费者破产在内的国际破产法的立法方向。

1997 年 UNCITRAL《跨国破产示范法》已经成为现今世界范围内许多国家进行国际破产立法的蓝本，截至 2009 年，在世界范围内已有 17 个国家①采用该示范法作为其立法模板。虽然该示范法并没有提供统一的冲突法规范，但是其后于 2004 年颁布的《破产法立法指南》中专门规定了跨国破产的法律适用问题。《跨国破产示范法》原本是将这个问题留给各国制定具体的实施规则和各国的实践去解决的。因为一般而言破产程序适用程序开始国的法律，这是一条广为接受的法律适用规则。但许多国家也在程序开始国法之外采用一些例外规定，这些例外规定在数量和范围上有很大不同，因此可能会给跨国破产案件的当事人带来许多不确定性和不可预见性。所以 2004 年，联合国国际贸易法委员会在其制定的《破产法立法指南》中对国际破产程序的法律适用问题进行了分析，并给出了 5 条建议：

第 30 条："对于破产程序开始时就存在的权利和主张的合法性和效力问题应适用的准据法，由破产程序开始国的国际私法规则来确定。"第 31 条："破产程序开始国法应适用于破产程序的开始、进行、管理和终结等所有方面及破产程序的影响。例如：(a) 认定哪些债务人可以进入破产程序；(b) 决定破产程序何时启动、可启动的破产程序的种类、哪些当事人可申请启动破产程序，以及是否因申请当事人的不同而适用不用的申请标准；(c) 破产财产的构成和范围；(d) 破产财产的保护和保留；(e) 重组计划的建议、批准和确认；(f) 财产的利用和分配；(g) 避免可能对某些当事人造成损害的行为；(h) 合同的处理；(i) 抵消权；(j) 有担保债权人的地位；(k) 债务人的权利和义务；(l) 破产代理人的责任和职能；(m) 债权人和债权人委员会的职能；(n) 债权主张的处理；(o) 债权主张的等级；(p) 有关破产程序的费用；(q) 收益的分配；(r) 程序的终结；(s) 债务免除。"第 32 条："在债务偿还制度或协议解决制度中，以及在受管制的金

① 分别是厄立特里亚(1998 年)、日本(2000 年)、墨西哥(2000 年)、南非(2000 年)、黑山(2002 年)、波兰(2003 年)、英属维尔京群岛(2003 年)、罗马尼亚(2003 年)、塞尔维亚(2004 年)、美国(2005 年)、哥伦比亚(2006 年)、英国(2006 年)、新西兰(2006 年)、韩国(2006 年)、斯洛文尼亚(2007 年)、澳大利亚(2008 年)、毛里求斯(2009 年)。

融市场中，破产程序对参与人权利义务的影响应当适用该制度或市场的准据法。”第33条：“破产程序对劳动合同否决、延续、修改的效力可由合同准据法来确认。”第34条：“应当限制除了第32、33条以外的例外条款的数量，并且在破产法中明确载明。”①

该指南的作用在于对《跨国破产示范法》进行分析，给出立法背景和法条说明，为各国的立法者和其他《跨国破产示范法》的使用者提供指引。指南中给出的建议虽然不像示范法的条文那样可以作为各国国内破产法的文本，但是却也可以用来指引立法者们在国际破产程序中应该考虑到哪些核心问题，以及这些问题应该如何起草法律条文。因此，随着《跨国破产示范法》受到越来越多国家立法者的青睐，该指南也将对许多国家跨国破产的立法思路和条文设计产生重要的影响。

在国际破产程序的法律适用问题上，UNCITRAL《破产法立法指南》采用了与《破产程序条例》相同的思路，即“一般原则+例外规定”的立法模式。这种立法模式的好处在于用破产程序开始国法统领整个破产程序的程序问题和实体问题，避免法律适用规范的缺位，但是对于一些需要特殊保护的利益可用例外规定的形式加以调整。反观国内的主流观点，在讨论国际破产程序的法律适用时大多采用“分割制”的方法，根据国际破产的不同环节、不同方面分别确定其应适用的法律。② 这种方法虽然更加明确、具体、有针对性，但是立法的不足之处也更加明显：一是对国际破产程序中的所有问题很难全面地加以规定；二是法律适用规范过多会给法条的选择和适用带来困难，不符合简明扼要的立法质量要求。因此，“一般原则+例外规定”的立法模式更能代表国际破产程序法律适用问题的立法趋势，而消费者涉外破产程序的法律适用问题也将包含在这种立法模式之下。

第三节　对外国消费者破产程序的承认

外国开始的破产程序能否在本国得到承认以及在多大程度上得到执行，是国际破产程序的核心问题。③

① UNCITRAL *Legislative Guide on Insolvency Law*(2004)，Recommendations 30-34.

② 参见王晓琼：《跨境破产中的法律冲突问题研究》，北京大学出版社2008年版，第87～116页；肖永平：《国际私法原理》，法律出版社2003年版，第245～246页。

③ Axel Flessner, *Internationales Insolvenzrecht in Deutschland Nach Der Reform*, IPRax 1997, Heft 1, S. 3；转引自邹国勇：《德国国际私法的欧盟化》，法律出版社2007年版，第235页。

一、不适用一般的外国判决承认与执行规则

（一）是否承认外国破产程序

在面对外国破产程序的时候，需要首先考虑的问题是外国破产程序能否获得承认与执行。一国出于在国际社会生存和发展的需要，以及进行正常的国际民商事交往的需要，是需要承认与执行外国法院判决的。因此，多数国家都在其民事诉讼法中作了关于内国法院承认与执行外国法院判决的规定，并确定内国法院承认与执行外国法院判决的条件。① 但对于国际破产程序做出的裁决来说却不尽如是。

英国大法官 Innes 认为，当破产判决是外国裁决时，要想在内国法院得到绝对的、完全的执行是根本不可能的。② 他认为，破产判决本质上属于法院判决，但国际私法中关于外国判决的承认与执行制度并不适用于外国破产判决的承认与执行。因为外国法院对无力偿债争议的解决结果不仅仅只关系到诉讼双方当事人，它还可能影响到未参加外国法院诉讼的第三方的权利，甚至还可以规范破产人和其他人之间的未来交易行为。破产判决实际上就是要对破产财产进行一系列扣押和执行行为，随后将其在不同的债权人中进行分配。它限制了债权人正常的法律救济途径，迫使其接受破产财产，这在一定程度上会对债权人的债权造成损害。③

然而，绝对否认外国破产判决效力的做法在当今国际社会已经落伍。许多国际组织和国家都在致力于推动跨国破产判决的承认与执行：《破产程序条例》在欧盟成员国内建立起了破产判决的自动承认与执行机制；UNCITRAL《跨国破产示范法》也规定了对外国开始的主要破产程序的承认与执行机制；一些国家的国际破产立法中也规定了外国破产程序的承认与执行制度，例如美国、日本等；甚至连我国这样没有制定国际破产法的国家，在司法实践中也会在一定条件下承认与执行外国的破产判决。④ 因此，可以说外国破产程序能够在一定条件下获得承认与执行。

（二）为何承认外国破产程序

那么为何要承认外国破产判决呢？理论上对承认与执行外国法院判决的

---

① 参见黄进主编：《国际私法》(第 2 版)，法律出版社 2005 年版，第 686 页。

② Ex parte Stegmann，1902 TS 40，p. 47.

③ Ex parte Stegmann，1902 TS 40，p. 47.

④ 参见广州市中级人民法院(2005)穗中法民三初字第 146 号民事裁定(2005 年 6 月 20 日)。

依据有多种观点，但抛开那些冠冕堂皇的理由，一个国家之所以要承认与执行外国法院判决，其根本的原因既不是基于国际礼让、一事不再理原则或者互惠原则的考虑，也不是出于尊重他国判决所确定的既得权或债务或者出于承认外国的特别法，而是因为承认与执行外国法院判决是一国在国际社会生存和发展的需要。① 任何国家都是从其社会、政治、经济、文化等方面的发展需要来考虑承认与执行有关外国法院的判决的。② 一国承认外国破产程序的理由也是一样，从根本上说都是出于本国利益的考虑。这一点在下文关于英国普通法中对外国破产中债务免除的效力认定问题上更是表现得淋漓尽致。

（三）怎样承认外国破产程序

正是考虑到破产判决对第三方当事人的影响，法院不会对其适用一般的外国判决承认与执行制度，而是考虑建立专门的外国破产判决承认机制。欧盟在国际破产程序的承认上采取的也是这一立场。意图在欧共体内实现“法院判决的自由流通”的《布鲁塞尔公约》明确排除了其适用于破产、清算程序、清偿协议以及其他类似程序，使得欧共体必须给予破产程序的承认以特别的考虑，来实现破产判决在欧共体内的自由流通，这直接导致了《破产程序条例》的产生。

《破产程序条例》第15～26条规定了破产程序的承认、承认的效力以及清算人在成员国可以行使的权利等，其主要内容包括：（1）自动、立即承认原则。《破产程序条例》第16条第1款规定：“对主要破产程序有管辖权的法院作出的任何开始破产程序的裁决自其在程序开始国生效时起在所有其他成员国得到承认。”这一规定使得在欧盟成员国内，破产程序自程序开始时就即刻、自动得到程序开始国以外的其他成员国的承认。（2）承认的对象。根据《破产程序条例》第25条的规定，在承认外国破产程序时，承认的对象除了第16条规定的法院做出的启动破产程序的裁决，还包括在破产程序进行过程中和程序终结时的裁决，以及法院批准的和解协议。因此对涉外消费者破产程序而言，承认的对象不仅包括主要利益中心国法院做出的破产程序开始的裁决，还包括法院在破产程序进行中采取的各种临时性措施，还包括法院解除破产时准许的债务免除指令，甚至包括了债务双方达成的经法院批准的债务偿还计划。（3）承认的效力。《破产程序条例》第17

① 黄进主编：《国际私法》(第2版)，法律出版社2005年版，第685页。

② 参见谢石松：《国际民商事纠纷的法律解决程序》，广东人民出版社1996年版，第447～448页。

条规定，对主要破产程序有管辖权的法院启动破产程序的裁决，无须其他特别形式，即在其他任何成员国产生同其在程序开始国相同的法律效力。这在欧盟成员国内部，赋予了主要破产程序以普遍主义意义下的法律效力，意味着主要破产程序可以产生域外效力，而且这种域外效力的产生无须更多的形式要求。（4）承认的法律后果。对于承认国而言，承认外国主要破产程序意味着查封和扣押债务人的国内财产，禁止对债务人的国内财产实施个别强制执行行为，在一定范围内承认外国破产管理人根据程序开始国法所享有的权力，有时还涉及本国关于破产财产的未决诉讼的中止问题。

二、对外国破产程序中债务免除的承认

但对消费者破产程序而言，承认外国破产程序涉及的最重要的内容之一还是外国破产程序中债务免除的承认。通过前文的论述我们知道，债务免除是消费者破产程序的核心内容，那么如果破产程序在一国法院启动，消费者债务人根据程序开始国法最终获得了正式的债务免除，这种免责能否在其他国家法院获得承认与执行呢？

（一）Gibbs 原则：债务免除的效力由债务准据法确定

对于外国破产程序产生的债务免除的效力认定问题，英国普通法最初奉行的原则是根据被免除债务的准据法来确定其是否有效及在国内的效力。① 因为普通法认为债务的消灭如同债务的产生一样，其有效性需要根据债务本身的准据法来认定。② 根据这一原则会产生两种情况。第一种情况，进行破产程序的法院地国与被免除债务的准据法国是同一个国家，那么对免责的效力认定不会存在什么问题，英国法院会认可免责的效力。但在第二种情况下，当进行破产程序的法院地国与被免除债务的准据法国不是同一个国家时，在外国破产程序中产生的债务免除则不能获得英国法院的承认。

第二种情况构成了普通法上著名的 Gibbs 原则（Gibbs Doctrine）。Gibbs 原则来源于英国上诉法院审理的 *Gibbs & Sons v. La Société Industrielle et Commerciale des Métaux* 案③，在该案中英国当事人和法国金属工贸公司在英国签订了一份合同，合同在英国履行。此后法国金属工贸公司向其公司住所地国法院（法国法院）申请破产程序，通过该程序最后同其债权人达成了

---

① Potter v. Brown(1804)5 East 124，102 E. R. 1016.

② Burrows v. Jemino(1726)2 Str. 733，93 E. R. 815.

③ *Gibbs & Sons v. La Société Industrielle et Commerciale des Métaux* (1890) 25 Q. B. D. 399(Ca).

一份正式的清偿协议，该协议部分免除了法国金属工贸公司对英国当事人的债务。英国当事人随后在英国法院起诉要求法国金属工贸公司偿还余下的债务。英国上诉法院支持了英国当事人的主张，认为虽然法国法院根据住所地对破产程序行使的管辖权能够得到英国法的认可，但是该案中被免除的债务是通过在英国缔结并履行的合同产生的，因此合同债务免除的准据法是英国法，所以在法国破产程序中根据法国法达成的清偿协议赋予的债务免除不能得到英国法院的承认。审理该案件的法官进一步解释说，原告英国当事人不应该受其不属于的、同时也没有约定适用的国家法律的制约。

在关于外国债务免除的效力问题上，Gibbs 原则统治了英国法长达 100 多年，该案也一直被作为普通法上关于这一问题的权威判例。① 英国上议院在此后的案例中也肯定了该原则②，使其在普通法上一直被沿用，著名法官 Denning 勋爵也曾援引该原则。③ 其他英联邦国家，例如澳大利亚和加拿大，也采用 Gibbs 原则来认定外国债务免除的效力。④

（二）对 Gibbs 原则的抛弃

其实，Gibbs 原则在逻辑上难以自圆其说。该原则认为如果被免除债务的准据法国是破产程序开始国以外的国家，则经破产程序免除的债务不能获得英国法院的承认，因为债务的免除应根据其准据法来认定，不应由破产程序根据法院地法认定。在这一点上，英国法院忽视了这样一种可能的存在，即债务准据法也承认经破产程序获得的债务免除的效力，在这种情况下用 Gibbs 原则排除外国债务免除的效力显然行不通。

此外，Gibbs 原则使英国法院在债务免除的效力认定问题上采取内外有别的做法，造成其法律体系内部的矛盾。一方面，英国破产法奉行普遍主义原则，主张不论破产人的财产位于何处，破产程序皆对其发生效力，与此相对应的是规定债权人不论其居所、住所、国籍和营业地，都可以在破产程序中申报权利。正如 1986 年英国《破产法》规定的那样，当破产人被解除，该解除将免除他的所有破产债务。⑤ 这说明英国法院在对待本国的破产程序时，站在普遍主义的立场上规定破产程序可以免除债务人的所有破产债务，

① Ian F. Fletcher, *Insolvency in Private International Law : National and International Approaches*, 2nd ed., Oxford University Press, 2005, p. 129.

② See *National Bank of Greece and Athens S. A. v. Metliss* [1958] A. C. 509, p. 523.

③ See *Adams v. National Bank of Greece S. A.* [1961] A. C. 255, p. 287.

④ Ian F. Fletcher, *Insolvency in Private International Law : National and International Approaches*, 2nd ed., Oxford University Press, 2005, p. 129.

⑤ Insolvency Act 1986, s. 281(1).

无论债务的产生和归属。而在另一方面，通过上述 Gibbs 原则我们发现，英国法院在承认外国经破产程序的债务免除上设置了种种障碍，限制了外国债务免除在英国的效力。

正如前文所述，一个国家是否以及在多大程度上承认与执行外国法院判决完全取决于其本国的立场和需要，而从 Gibbs 原则可以看出英国法院并不愿意承认外国破产程序中的债务免除。但是采取直接否定的方式拒绝所有在其他国家破产程序中产生的债务免除在英国发生效力，不利于建立在平等互利基础上的不同法律体制下国际关系的发展，因为其他国家可能会因此否定英国破产程序中债务免除的效力。所以英国法院才选取了 Gibbs 原则这样欲盖弥彰的做法，借作为第三国的债务准据法国之手否定外国债务免除的效力。

应该说 Gibbs 原则是英国中心主义时代的产物，其显然不能适应国际破产法的发展，对其进行修正的呼声不断。根据修正之后的规则，当债权人在英国法院起诉要求执行债务人在外国破产程序中已经免除的债务，英国法院应该首先考察债权人是否收到外国破产程序的充分通知，有没有合理的机会参加破产程序，以及其在破产程序中是否受到公平的对待。如果是的话，英国法律程序不会为债权人提供救济。即使在合同债务的准据法是英国法的情况下，只要合同的一方当事人是在其居住地或有商业联系的地方进行的破产程序，这种国外破产程序产生的债务免除的效力可以得到英国法院的承认，因为债务发生时其合同双方对确定联系地进行的破产程序存在合理的预期。同时，英国法院也认识到英国法之所以会发生域外效力并不是由于其内在的权力，而是由于国际礼让和互惠的需要。所以英国法院也应当在外国债务免责效力的认定上抛弃传统的狭隘做法。

（三）《破产程序条例》：自动承认

《破产程序条例》将跨国破产程序的承认与执行带入了一个新的时代，试图将主要破产程序演变成真正普遍主义意义上的破产程序，在欧盟成员国内具有普遍的法律效力。《破产程序条例》第 17 条明确规定，破产程序进行过程中和程序终结的裁决以及法院批准的和解协议也应得到承认，而无须经其他手续，该款也应适用于衍生自破产程序中的判决和与破产程序直接相关的判决，即使他们是由另外的法院做出的。因此，债务人通过破产程序获得的债务免除裁决可以得到其他欧盟成员国的承认，这种承认意味着外国债务免除能够根据欧盟理事会《关于民商事管辖权及判决的承认与执行的第 44/2001 号条例》的规定得到强制执行。

三、《破产程序条例》下承认外国消费者破产程序的限制

（一）消费者自然人没有破产能力

如前文所述，在一些采取不免责主义立法的国家中，有很大部分没有将消费者自然人纳入破产程序的适用范围，例如欧盟成员国中的意大利就没有进行消费者破产立法，在此种情况下外国消费者破产程序能否得到承认呢？《破产程序条例》第16条第1款明确规定，债务人在一成员国没有破产能力不构成该国对其他成员国开始的破产程序不予承认的理由。

（二）程序开始国法院的管辖权

在外国判决的承认与执行问题上，要求原判决国法院必须具有合格的管辖权是国际社会普遍公认的条件，且大多数国家的诉讼立法都规定依承认与执行地国家的内国法来认定判决国法院的管辖权，因而在实践中管辖权往往成为一国法院拒绝承认与执行外国法院判决的理由。那么这样的理由在《破产程序条例》中是否也同样成立呢？

自《布鲁塞尔公约》开始，欧盟就采取直接国际管辖权制度，即各成员国可直接根据公约的规定行使管辖权，而不用在承认或执行外国法院的判决时根据本国法律或者国际公约的规定对外国法院的管辖权进行审查。① 其后的《布鲁塞尔条例》也进一步确认了这种直接国际管辖权制度。这种做法在《破产程序条例》中被继续沿用。对消费者破产程序而言，实践中的具体做法是一国法院在受理破产程序时，直接依照《破产程序条例》的规定只审查本国是否债务人COMI所在国，如果不是便不再进行进一步的COMI所在地审查了。采取直接国际管辖权制度使得欧盟成员国内部（丹麦除外）对消费者破产程序实行统一的管辖权规则，因此在承认与执行他国消费者破产程序时就不能再对其管辖权做出审查。② 虽然也有学者认为，《破产程序条例》第16条第1款只规定了根据该条例具有管辖权的成员国法院做出的开始破产程序的决定自生效时起在其他国家都得到承认，对于能否审查程序开始国法院的管辖权并未规定。③ 但笔者认为此种理解有违《破

① 黄进、邹国勇：《欧盟民商事管辖权规则的嬗变——从〈布鲁塞尔公约〉到〈布鲁塞尔条例〉》，载《东岳论丛》2006年第5期，第12页。

② 曾二秀：《欧盟国际破产法——〈欧盟破产程序规则评介〉》，载《中国国际私法与比较法年刊》（第5卷），法律出版社，2002年版，第572页。

③ 邹国勇：《德国国际私法的欧盟化》，法律出版社2007年版，第239～240页。

产程序条例》的本意，因为《破产程序条例》对不承认与执行外国破产程序明确规定了两种情况，并未规定对程序启动国管辖权的审查。

（三）公共秩序

外国法院判决的承认与执行不能与内国的公共秩序相抵触，是国际社会公认的一项准则。公共秩序保留是在处理涉外民商事法律关系时的防御性条款，可以防止适用外国法或执行外国判决的结果违背本国的公共秩序。《破产程序条例》第26条也对此做出规定："任何成员国都可拒绝承认在另一成员国开始的破产程序或执行在该程序中做出的裁决，如果这种承认与执行的后果明显与该国公共政策，特别是基本原则或个人宪法自由相冲突。"

（四）公民基本权利

如果说《破产程序条例》第26条的公共秩序保留条款是从公共利益的角度去限定外国破产程序承认与执行的条件，那么《破产程序条例》第25条第3款则从私人利益的角度去设定承认外国破产程序的条件。该条款规定："如果对裁决的承认和执行将会导致对个人自由的限制或通信秘密的侵犯，则不能够强制承认和执行本条第1款所指的裁决。"个人自由和通信秘密当属宪法所规定的公民基本权利，这些权利也受到《破产程序条例》的特别保护。

其实，将《破产程序条例》与其他欧盟司法合作领域的统一立法①相比，可以发现在外国破产程序承认执行的限制条件上，《破产程序条例》规定得比较宽松，几乎不涉及对外国破产程序进行实体和程序审查。究其原因，首先，《破产程序条例》通过COMI确立对主要破产程序有管辖权的法院，在一定程序上减少了平行诉讼，同时通过主从破产程序解决了不同国家间破产裁决效力的冲突，因此不需要再另外限制外国破产程序效力不能与其他有关法院判决相抵触。其次，由于破产制度本身的需要，《破产程序条例》对通知债权人的义务和债权人参加破产程序的权利进行了明确的规定，这就保障了破产程序对通常作为消费者破产被申请人的债权人的公正性，因此无须再审查外国破产程序对当事人的公正性。最后，《破产程序条例》明确规定了主要破产程序对欧盟成员国具有域外效力。对消费者破产程序而言从程序开始之时起，其进行与程序中的裁决及由程序衍生出的裁决在其他欧

① 例如《布鲁塞尔公约》、《布鲁塞尔条例》等。

盟成员国皆具有效力。同时，也正是因为这种便利的跨国承认与执行制度的存在，消费者债务人才乐于通过改变COMI的方式选择破产的法院地，从而获得对自己有利的破产判决，进而在整个欧盟成员国内部（丹麦除外）都能获得认可。

第五章　我国消费者破产法的构建

曾有过这样一则报道充斥国内各大主流媒体：一名每月薪水只有1000多元的80后上海女孩，因无法抵挡名牌商品的诱惑，用“以卡养卡”的方式，先后申请了几十张信用卡循环套现，不到3年的时间累积了高达100万元的巨额债务，最后其父母不得不举家卖房用来还债。① 其实近年来，类似案例在国内层出不穷。② 笔者不由感慨：如果上述消费者债务人没有父母帮助还债会如何？或者父母穷其全部也无力清偿债务又如何？其全家在偿还债务后基本生活该如何保障？发卡机构在这过程中有无责任？如果有，这种责任该以什么样的方式承担呢？因为消费者破产制度的缺位，这些问题在我国当前尚不能给出令人满意的答案。因此本章将在分析我国消费信贷发展的现状和问题基础上，探讨我国进行消费者破产立法的必要性，以及可以采取的方案。

第一节　我国消费者破产的理论与实践

一、我国立法对消费者破产的态度

我国的现代破产法律制度是在计划经济体制向市场经济体制的过渡中，随着企业法人制度的逐步确立和完善而建立起来的。自新中国成立以来，我国先后颁布了两部破产法，分别是1986年通过的《中华人民共和国企业破产法（试行）》（以下简称旧《破产法》）和2006年通过的《中华人民共和国企业破产法》（以下简称新《破产法》）。虽然新《破产法》突破了全

① 参见《80后购物狂以卡养卡欠债百万》，载《东方早报》2009年7月15日第A11版。

② 相关报道可参见《七旬老父母两年吃青菜为儿还款》，载《长江日报》2009年2月25日第4版；《信用卡坏账急速上升暴露风险 中信7万多持卡人“音讯全无”》，载《北京晨报》2009年6月25日第B01版。

民所有制企业破产的限制，但这两部破产法都将适用对象限定在企业法人的范围内，使得广大消费者债务人在我国不具备破产能力。自然人破产能力的问题一直是困扰我国破产法立法的重要问题之一。

在新《破产法》起草过程中，有学者建议将2300万个体工商户和个人在消费行为中可能出现的破产（即包括商自然人破产和消费者破产在内的个人破产制度）纳入其调整范围。这主要基于以下四点理由：（1）基于破产法结构的完整性，一部没有个人破产法内容的破产法不是一部完整的破产法，根源在于破产制度理应包含个人破产法。（2）基于借鉴其他市场经济国家的破产法立法，个人破产制度也是美国、英国、德国、法国、日本等发达国家破产法的重要内容。（3）随着我国个人征信体系的建立和发展，中国实施个人破产已初步具备条件。（4）中国现在正快速迈向市场经济，随着私人财富和私有财产的增多，如果没有与这些新现象相匹配的法律制度，特别是没有个人破产制度，那么市场经济、商业交易将会缺乏个人和社会的信用信誉基础。①

然而最终，新《破产法》的起草小组认为，由于缺乏个人财产登记制度和良好的社会信用环境，将上述个人破产纳入新法调整的时机尚不成熟。② 这使得迄今为止，消费者破产制度在我国立法中仍然是一片空白。

二、我国现有消费者无力偿债问题的解决路径

虽然消费者破产制度在我国立法中仍属空白，但是消费者无力偿还债务的现象在我国却越来越多，以下以两起发生在我国的真实案例，说明消费者无力偿债问题给我国司法实践带来的挑战。

案例一：李某1998年以为儿子买汽车为由从银行贷款10万元。归还部分贷款后，经双方协商同意余款于1999年底还清。1999年底李某并未如约清偿债务，银行遂将其告上法庭。2000年1月银行胜诉后向法院申请执行时，李某尚欠67500元。当法院去查封李某财产时，却得知李某已经事先将住房作了手续齐全的抵押，法院无权查封。李某也对法院表示自己实在无力偿还债务。此案例反映了如今在我国越来越普遍的现象——普通消费者拒绝

① 参见李曙光：《关于新〈破产法〉起草中的几个重要问题》，载《政法论坛》2002年第3期，第9~10页。

② 李曙光：《新破产法的制定与中国信用文化和信用制度》，载《法学家》2005年第2期，第14页。

清偿债务时，法院判决难以执行。①

案例二：两年多边工作边复习的辛苦生活结束之后，小陈终于在2007年6月收到梦寐以求的研究生录取通知书，但同时还收到一份令他沮丧的判决书。因为面临研究生开学的大笔支出，一直家境困难的小陈去银行申请延期偿还自己4年前为完成本科学业而欠下的助学贷款，却被银行拒绝。无奈之下小陈一纸诉状将银行告上法庭，期望通过法院调解获得延期还贷的准许。但法院一审判决小陈败诉。②

上述两则案例反映了一个共同的问题，在我国目前个人破产制度缺位的前提下，消费者债务人面临无力偿债的困境时，可选择的争议解决方式非常有限，这不仅不利于对消费者债务人的保护，同样也不利于债权人合法权益的实现。那么在我国现有的法律框架下，消费者无力偿债问题有哪些现实的解决途径呢？对于这个问题，我们同样从司法外和司法内两个层面去考虑。我国《民法通则》第108条规定："债务应当清偿。暂时无力偿还的，经债权人同意或者人民法院裁决，可以由债务人分期偿还。"该条确立的基本原则包括：（1）消费者债务应当清偿；（2）如果出现无力清偿时，只有在获得债权人同意或者法院裁决的前提下，才能以分期偿还的方式清偿债务。这给面临无力清偿困境的消费者指明的出路是，如果想在债务偿还上做出变通就需要征得债权人的同意或者人民法院的裁决。如果消费者债务人不经司法程序同债权人达成了有关债务偿还的协议，便是司法外的解决途径；反之通过司法程序解决无力偿债问题便是司法内的程序。在我国，以消费为目的的信贷市场发展尚不成熟，业已出现的消费者无力偿债案件绝大多数属于信用卡纠纷，因此这一部分考察的我国现存消费者无力偿债问题的解决路径也主要是基于信用卡领域的无力偿债案件。

（一）司法外的解决途径

我国到目前为止，消费信贷可谓初见端倪，因此并没有制定专门法院外的消费者债务问题解决机制，也没有这方面的专业机构。根据在信用卡债务领域已经出现的案件来看，消费者债务人在出现失业等重大变故的时候，常常出现无力偿还的情况。作为债权人的银行在债务人欠款逾期超额未还时，一般会按照章程和协约规定程序提示和催讨。这些催讨程序依程度的轻重依

---

① 杨柳、胡洁：《建立我国消费者破产制度的构想》，载《广西政法管理干部学院学报》2004年第6期，第7页。

② 刘慧娟：《浅议我国消费者破产制度的建构》，载王保树主编：《中国商法年刊2007：和谐社会构建中的商法建设》，北京大学出版社2008年版，第428页。

次为短信提醒、电话催收、信函通知、上门催讨、公安或律师协助催收、媒体公告、民事诉讼裁定以及刑事判决等。① 作为债务人的消费者遇到这种情况，最好的做法是积极地与银行沟通协商，表明还款意愿、协商偿还计划。

但是据笔者了解，银行对通过协商解决消费者无力偿债问题并不积极。一方面因为针对个案与消费者债务人进行沟通，调查其财产及收入支出情况，重新制订可行的偿还方案需要大量的人力资源，这会给银行造成运营成本的增加，而将案件直接起诉至人民法院，则可将协商调解工作转嫁给人民法院，实则减轻了银行的工作负担。另一方面，对银行而言，直接通过司法途径去处理消费者欠债案件，还能对债务人起到更为显著的威吓作用，迫使其为了避免被诉想方设法还清欠款。导致这种问题的根源在于我国个人破产制度的缺位，使得在消费者无力偿债问题上立法采取了一边倒的策略，债权人的利益可以通过司法程序得到充分的实现，因此银行不屑于采取费时费力的法院外协商机制。但是随着今后我国立法对消费者债务人保护力度的加大，银行势必会成为法院外协商机制的积极倡导者。

在实践中，我国很多消费者债务人在遭遇银行催讨时由于不了解有何解决途径，选择了变更联系方式、变更住址、拒不理睬等错误的方式去逃避自己无力承担的债务。根据中信银行信用卡中心的数据显示，截至2008年底，其已与约7.2万名持卡人失去了通信联系，占持卡人总数的1%左右②，而这些人中有很大部分债务人是因为无偿还能力而选择躲避债务。这充分说明了在我国，消费者债务人在无力偿债时由于缺乏有效的救济途径，特别是缺乏与债权人之间的有效协商机制，使得对债务双方来说无力偿债问题的解决面临着很大的困难。债务的拖欠给消费者债务人带来的是高额的罚息③，给银行债权人带来的是大量的呆账坏账，因此有效的协商机制的建立对债务双方都是有利的。

（二）司法内的解决途径

1. 债权人提起民事诉讼

在我国，司法诉讼途径是出现消费者无力偿债纠纷时最常见的解决方式

① 陈岚：《怎样应对信用卡欠款不还的“躲猫猫”》，载《金融经济》2009年第8期，第49页。

② 《信用卡坏账急速上升暴露风险 中信7万多持卡人“音讯全无”》，载《北京晨报》2009年6月25日第B01版。

③ 由于信用卡18%的循环信用利率，所以未按时偿还往往会给消费者债务人带来巨大的经济损失，反而压缩其偿还的可能性。相关案例参见欧叶：《老人透支信用卡2万 两年未还利滚利变20万》，载《广州日报》2009年11月10日。

之一。但囿于个人破产制度的缺失，消费者债务人通常只能被动地卷入诉讼程序中。而对银行而言，诉讼成为其处理消费者无力偿债纠纷最有效的手段。由于电话催收、信函通知、上门催讨对拖欠持卡人缺乏威慑力，报案催收存在立案门槛高、立案难等现实问题，诉讼立案基本不存在障碍，加之法院的执行力度较大，于是，针对拖欠时间稍长的账户，银行一般采取诉讼催收的方式催收欠款。①

银行向无力偿债的消费者提出诉讼之后，案件一般有三种处理结果：调解；撤诉；判决。在这类诉讼案件中，银行的目的是向消费者债务人追讨欠款，如果消费者能够满足银行的债权请求，案件便会以银行撤诉了结；但对于那些无偿还能力的消费者债务人，则需要法院从中调解，在双方做出一定让步的前提下看能否达成新的偿还计划以调解的方式结案；如果调解不成，法院会做出判决。以上海市黄浦区人民法院为例，其辖区内设有多家银行的信用卡中心，因此受理了大量的卡债案件，在2002—2006年，共受理各类信用卡案件9 873件，审结9 477件，该院审结的信用卡案件中，调解结案1 424件，撤诉结案4 737件，判决结案3 316件，在被告到庭率难以保证的情况下，调撤率达到65%。② 可见在这类案件中，债务双方的调解意愿还是比较强烈的。另据北京市西城区人民法院对信用卡欠款案件进行的调研显示，在金融危机的影响下，信用卡欠款数额增大，涉及白领、高管等人的案件增多，而且都主动出庭应诉，表明暂时无力偿还的难处，请求与银行调解解决。③

在以往的案件中，银行坚决要求欠款人偿还本金、罚息、滞纳金、诉讼费等一切损失，案件调解的难度也比较大。而现在，对于那些确有还款意愿，但是暂时无清偿能力的债务人，银行也加强了与对方的沟通，在消费者书面承诺尽快偿还本金及部分利息的前提下，多数银行能做出让步，采取免除部分利息或延长还款期限的措施与债务人达成调解协议。因此，笔者认为，由于缺乏有效的、专门的法院外协商程序和协商机制，司法程序在实践中已经成为银行和消费者债务人之间协商调解的依托。这种现象的存在无疑

---

① 吴春林：《信用卡案件诉前审查方法及要点》，载《中国信用卡》2009年第4期，第51页。

② 刘为念、吴晓梅：《黄浦区人民法院审理近万信用卡案无差错》，载《人民法院报》2006年3月17日第3版。

③ 魏志斌、徐楠：《西城法院调研初新经济环境下信用卡纠纷案件特点》，载北京法院网：http：//bjgy. chinacourt. org/public/detail. php? id = 76949，2009年9月7日访问。

占用和浪费了宝贵的司法资源。

2. 新司法解释对诉讼程序的影响

我国《刑法》第196条规定了欠款人“恶意透支”构成“信用卡诈骗罪”，“恶意透支是指持卡人以非法占有为目的，或者明知无力偿还，透支数额超过信用卡准许透支的数额较大，逃避追查，或者自收到发卡银行催收通知之日起3个月内仍不归还的行为”。① 最高人民法院、最高人民检察院于2009年12月15日发布的《关于办理妨害信用卡管理刑事案件具体应用法律若干问题的解释》（以下简称《解释》）进一步明确了恶意透支的构成要件，其中第6条规定持卡人以非法占有为目的，超过规定限额或者规定期限透支，并且经发卡银行两次催收后超过3个月仍不归还的，应当认定为刑法第196条规定的“恶意透支”。据此，我们可以认为“恶意透支”必须满足如下构成要件：（1）在犯罪主体上，必须是“持卡人”，学理上更将其进一步明确为“合法持卡人本人”。②（2）在犯罪客观方面，必须具有超过规定限额或者规定期限透支达到一定数额（《解释》规定为1万元以上），并且经发卡银行两次催收后超过3个月仍不归还的行为。（3）在犯罪主观方面，还必须以非法占有为目的。“恶意透支”的前两个构成要件认定起来比较容易，但主观上“以非法占有为目的”在认定上比较困难，为此《解释》明确规定了6种情形应当被认定为刑法第196条第2款规定的“以非法占有为目的”：①明知没有还款能力而大量透支，无法归还的；②肆意挥霍透支的资金，无法归还的；③透支后逃匿、改变联系方式，逃避银行催收的；④抽逃、转移资金，隐匿财产，逃避还款的；⑤使用透支的资金进行违法犯罪活动的；⑥其他非法占有资金，拒不归还的行为。这一主观方面的认定标准的出现，对我国无力偿债的消费者债务人而言可谓是致命的一击。

针对第一种情形“明知没有还款能力而大量透支”，假如一持卡人因失业暂时没有还款能力而且也确实知道自己目前没有还款能力，但是有对找到工作之后恢复还款能力的合理预期，这时使用信用卡维持其家庭正常开支（家庭人口多开支大），却因金融危机爆发迟迟没有找到工作导致大量透支无力偿还，这样的消费者债务人是否构成“恶意透支”？笔者认为第一种情形中规定的“明知没有还款能力”是一个太过主观的标准，在实践中很难认定，因为在很多情况下使用信用卡透支的原因就是出于自己现金流不足，

① 《最高人民法院关于审理诈骗案件具体应用法律的若干问题的解释》第7条。

② 参见倪维尧主编：《中国金融法制若干问题探讨》，上海社会科学院出版社1997年版，第157页。

而消费者对未来收入的预测因其本身主观认知和客观因素又常常会发生偏差，特别是由于对信用卡债务计息方式的错误估计还可能导致债务的急剧增长，在这种情况下客观上出现了没有还款能力而大量透支的现象，但在主观认定上仍然是比较困难的。第二种情形“肆意挥霍透支的资金”，类似与其他很多国家消费者破产法中规定的“奢侈性消费”。其不同之处在于：一方面其他国家一般都规定了奢侈性消费的认定条件，例如美国《联邦破产法》第523(a)(2)条规定，对于破产前极短时间内因购买“奢侈商品或服务”或预支金钱而负担的债务推定为不可免责，并进一步明确了个人债务人在破产救济裁定下达之前40日内因购买“奢侈商品或服务”欠同一债权人债务合计超过500美元，或预支现金合计超过1000美元，或者是债务人在破产救济裁定前20日之内依据一个不定额信用贷款协议（信用卡）提前预支现金超过1000美元，这些债务被推定为不可免责。① 该条规定从时间、数额和欠债对象上对奢侈商品或服务进行了限定。而我国立法没有对何为“肆意挥霍”做出进一步规定，这给这一情形判断带来一定的困难。特别是在我国各地经济水平发展不平衡的前提下，生活水平和消费水平发展也不均衡，到底单笔消费多少金额以上才算是肆意挥霍，或到底购买什么样的商品才构成肆意挥霍？这在实际中也很难判断。另一方面其他国家立法对消费者奢侈性消费的惩罚措施是不能免除该部分债务，而我国消费者却可能因使用透支资金进行奢侈性消费行为而受到刑事处罚。第三种情形“透支后逃匿、改变联系方式，逃避银行催收”，本来在我国消费者个人破产制度缺失的前提下，当消费者出现无力偿还的困难时，“躲”已经成为其唯一可以“摆脱”债务负担的方式。根据广东省佛山市顺德人民法院的数据显示，其2009年上半年受理的信用卡类案件中，约有15%的案件因为难以找到被告而采取公告送达;② 上海市黄浦区法院2004年1月至11月的数据表明，根据银行提供的地址第一次送达率仅为50%。③ 这两组数据说明一个问题，在我国有很大部分消费者债务人通过“躲”的方式来逃避债务，但是如今，这种方式也不能使用了，因为“透支后逃匿、改变联系方式”将会被追究

---

① See 11 U. S. C. 523(2)(C).

② 《顺德法院三项措施妥善应对信用卡纠纷案件激增》，载佛山法院网：http://www. fszjfy. gov. cn/program/article. jsp? CID=620160257&ID=24395，2010年2月23日访问。

③ 《上海市高级人民法院召开新闻发布会专题通报金融案件审判情况和典型案例》，载上海法院网：http://www. hshfy. sh. cn/fyitw/gweb/xxnr _ view. jsp? pa = aaWQ9MjQ2NzgmeGg9MQPdcssPdcssz,2010年2月23日访问。

刑事责任。到这里，笔者得出的结论是，《解释》生效之后，我国无力偿债的消费者债务人已无路可走，唯一能做的就是偿还债务。

三、我国现有消费者无力偿债问题解决路径的局限性

（一）对债务双方的保护极不平衡

从上文可以看出，在我国当消费者债务人遭遇无力偿债时，无论是司法外的解决途径还是司法内的解决途径，都由作为债权人的银行在纠纷解决程序中占有主导地位。银行愿意协商就协商，银行不愿协商可以提起诉讼；而作为债务人的消费者想要协商时既找不到对象也没有成熟的机制，消费者债务人主动起诉银行要求对偿还欠款做出让步也很难得到法院支持。① 可以说，消费者债务人无力偿债时，对纠纷解决的方式和纠纷解决的结果几乎没有任何话语权。笔者认为导致这种不平衡产生的最主要原因在于我国立法者没有认识到银行对消费者无力偿债所应承担的责任，认为消费者债务人欠债之后就理应偿还，而没有考虑作为弱方当事人的消费者在同银行发生信贷关系时所处的地位，以及银行在发放贷款的审核上是否需要承担一定责任，甚至银行是否需要对最初的盲目跑马圈地吸引消费者办卡承担责任。在综合考虑上述因素之后，就应当看到立法不应只保护债权人的债权，也应当从实体和程序上给予消费者摆脱债务的机会。

（二）纠纷解决途径非常有限

由于我国尚未制定个人破产法，因而消费者债务人无法通过法院程序获得救济。同时，ADR 程序在我国的发展也比较滞后，因而通过非司法程序解决无力偿债纠纷的机制尚未建立。所以说，可供我国消费者债务人选择的债务纠纷解决途径非常有限。但是，我国却是一个有着 13 亿人口的大国，消费信贷市场的参与者人数巨大。以信用卡为例，中国信用卡用户的市场渗透率已达 36.9%②，截至 2008 年年底我国银行发行的各类信用卡已近 20 亿张③，如此大的基数如果按照 5% 的国际信用卡风险警戒线④来计，在我国

---

① 参见本节案例二。

② CTR 市场研究公司:《中国信用卡市场渗透率近 4 成,未来蕴含巨大潜力》,载 CTR 中国:http://www.ctrchina.cn/ctrwebsite/cn/News_Article.php? articleid = 125,2010 年 2 月 23 日访问。

③ 臧德胜、张济坤:《谁动了我的信用卡》，载《人民日报》2009 年 4 月 8 日第 13 版。

④ 中国银行业协会银行卡专业委员会编:《2009 年中国信用卡产业发展蓝皮书》，中国金融出版社 2010 年版，第 44 页。

也会存在大量的消费者债务人偿债不能的案件。我国个别法院近年来的受案量的急剧上升也在一定程度上映射了我国未来消费信贷领域案件数量的前景。① 面对如此多的案件，现有的纠纷解决渠道显然不够。

（三）纠纷解决程序的专业化程度不高

应该说，消费者无力偿债纠纷属于法律关系相对简单、涉案金额不大但较为繁琐的一类案件。对这类案件的处理，如果能在法院内程序或法院外程序中建立起专业化的纠纷解决机构、培养一批专业化的从业人员，将可以大大提高消费者无力偿债纠纷的解决效率。这一点也得到了事实的验证，例如上海市黄浦区人民法院针对信用卡案件的特点组织了专业化的审判队伍，实行专项合议庭审理模式，在审判组织上由分散审理转为集中审理，即将全部信用卡案件集中在一个合议庭审理，配备6审6书并由其中1名经验丰富的法官担任审判长。在这种审理模式下，该院2005年创出11个月人均结案数279.91件的记录，且数年来，无一件案件超审限、被改判或发回重审。② 但在我国目前的实践中，最具有消费信贷专业化水平的银行反而不愿在纠纷解决机制上承担责任，而将大量的案件推给人民法院，这极大地占用了司法资源。

第二节　我国消费者破产立法的必要性和可行性

一、我国消费者破产制度缺位的原因

（一）经济层面：发展尚不充分的消费信贷市场

如前所述，不管是在美国还是在欧洲，不管是在日本还是我国台湾地区，近几十年间立法对消费者破产制度的改革和发展，实际上都是为了应对日益发达的消费信贷市场中出现的消费者过度负债问题，这也印证了马克思主义政治经济学中经济基础决定上层建筑的经典阐述。因此在笔者看来，我国消费者破产制度缺位的根本原因乃是相对较低的消费信贷市场发展水平。

① 例如2009年上半年，广东省佛山市顺德人民法院受理的信用卡类案件较2008年同期大幅上升215%。参见《顺德法院三项措施妥善应对信用卡纠纷案件激增》，载佛山法院网：http：//www.fszjfy.gov.cn/program/article.jsp？CID=620160257&ID=24395，2010年2月23日访问。

② 《虞憬法官谈信用卡纠纷的防范》，载东方法制网：http：//shszx.eastday.com/zxqh/node352/node3112/node3129/node3180/userobject1ai1152067.html，2010年2月23日访问。

与西方发达国家商业银行个人消费信贷业务发展程度对比，我国个人消费信贷市场成熟度和饱和度都相对偏低。① 我国消费信贷起步于20世纪80年代中期，一些商业银行率先在部分大中城市开办了个人住房贷款业务，但由于受经济发展水平、市场体制以及消费观念等多种因素的制约，消费信贷发展缓慢，到1997年年底，全国消费信贷规模仅有172亿元。② 虽然此后我国的消费信贷规模经历了高速增长，截至2006年2月已达2.36万亿元③，但与美国2006年年底24 050亿美元的消费信贷总额④相比，我国的消费信贷规模显然较小，消费信贷市场尚有很大的发展空间。

近年来，随着我国经济的发展，消费信贷市场也在逐步成长。2008年金融危机之后颁行的《消费金融公司试点管理办法》也在着意于培育我国的消费信贷市场，但出于风险防范的考虑，我国仍对消费信贷施行较为严格的管制。银监会于2008年10月28日发布的《个人贷款管理暂行办法（征求意见稿)》中就针对贷款目的的确定性、贷款人受托支付方式、面谈面签制度做了诸多限制性规定。⑤ 笔者认为这些规定在防范风险的同时，也必然会增加我国消费信贷市场的运作成本和降低市场的活跃度。各国经验表明，消费信贷普遍占商业银行各项贷款总和的40% ~60%⑥，但在我国以2009年一季度为例，中国居民消费信贷余额为3.94万亿元，在金融机构贷款中的比重约为11%，如果剔除购房贷款，消费信贷余额仅为4500亿元，在金融机构贷款中的比重仅为1.29%。⑦

消费信贷市场是消费者债务产生的土壤，在发达的消费信贷市场中消费者更多地依靠信贷资金去购买消费品，例如在很多发达国家，信贷消费在消

---

① 中国农业银行广东省分行课题组：《国有商业银行发展个人消费信贷业务的战略思考》，载《中国金融》2003年第15期，第30页。

② 中国人民银行货币政策司：《中国消费信贷发展报告》，载《金融时报》2002年3月22日。

③ 涂志云、汪涛：《科学构建我国个人消费信贷风险管理体系》，载《消费经济》2006年第4期，第38页。

④ 谭燕芝、李兰：《论我国消费信贷的发展——基于借鉴美国消费信贷的视角》，载《消费经济》2008年第3期，第33页。

⑤ 参见《个人贷款管理暂行办法(征求意见稿)》第11条、第16条和第29条。

⑥ 曹子娟：《2002年以来中国消费信贷发展成效显著》，载《中国金融》2003年8月1日。

⑦ 周萃：《中国消费信贷增长强劲信贷结构有所改善》，载《金融时报》2009年11月5日。

费中所占比重很大，一般达40%以上，有的甚至达60%以上①，如果消费者债务人发生收入降低、重大变故等导致偿还能力急剧下降的情况，就会因消费者债务人无力偿还产生大量的过度负债问题，因而便需要解决消费者债务清理问题的消费者破产制度的存在。而我国消费信贷市场由于我国本身的经济发展水平、国家经济政策、居民消费习惯等种种原因，发展水平相对较低，这导致了我国居民无力偿债问题相对于欧美国家来说也较不突出，因而从客观上限制了我国消费者破产制度的产生和发展。

（二）社会层面：社会保障体系不健全

我国正处在计划经济向市场经济过渡的转轨时期，经济运行充满了许多的不确定性，居民对未来收入和支出的不确定性预期将使消费行为偏离生命周期假说和持久收入假说的结论，压抑自身的消费需求，消费行为更趋谨慎。② 我国社会保障体系目前还相当脆弱，尤其是转轨时期的社会保障体制使先前由国家承担的社会保障逐渐转向由个人承担。住房制度、医疗制度、教育制度等改革措施不断出台，安身之处、子女上学、医疗保健、退休养老等这些原本无须考虑的生活压力将越来越多地由个人承担，使消费者对消费信贷的需求有所降低。③ 而消费信贷市场的发展水平直接决定了一个国家对消费者破产制度的需求。

不仅如此，社会保障水平还直接影响到消费者破产制度存在的价值。消费者破产制度不仅仅只停留在解决消费者的债务负担，还必须考虑到债务人宣告破产之后如何安身立命的问题。健全和完善的社会保障体系可以保障破产人保有基本生活、医疗、教育水平，这是破产制度得以正常运转的前提。如果社会保障体系不健全，即使建立了消费者破产制度，广大消费者债务人在破产之后如果没有迅速提高支付能力，其参与生产生活和经济活动的能力仍不可能得到恢复，那么消费者破产制度的价值也将荡然无存。

（三）文化层面："欠债还钱"的朴素道德观

西方社会的消费者破产制度将破产救济提供给那些"诚实且不幸"（honest but unfortunate）的债务人，由美国法官首创的"诚实且不幸"④ 是西方社会对善意债务人最贴切的描述，这一观念的形成与基督教文化密切相

① 常夫：《发达国家消费信贷特点分析》，载《金融早报》2001年3月2日。

② 参见林晓楠：《消费信贷对消费需求的影响效应分析》，载《财贸经济》2006年第11期，第30页。

③ 参见汤永茂：《影响我国消费信贷发展的制约因素及对策分析》，载《消费经济》2000年第1期，第38～39页。

④ See 292 U. S. 234，244(1934).

关。几百年来，基督教以“不幸”来理解欠债，不认为个人欠债是个人理财失败的结果，因此也不认为“欠债还钱”是天经地义之事，对欠债者寄予道德上的同情，而对乘人之危以自肥的债主寄予道德上的遣责(《圣经·马太福音》第6章第12节:“免我们的债，如同我们免了人的债。”)。① 诸多文学作品中不幸债务人的形象更是深入人心，亨利·菲尔丁（Henry Fielding)、安东尼·特罗洛普（Anthony Trollope)、查尔斯·狄更斯(Charles Dickens）等作家也因为自己刻骨铭心的亲身经历塑造了一个个值得同情的债务人形象。② 基督教加尔文教派更是对银行过分自由地放贷持反对态度，这有助于正视银行在债务问题上应该承担的责任。③

基督教文化不仅在观念上给予不幸债务人同情，更实实在在地提出债务人的债务应当得到豁免。《出埃及记》第22章第22节，神说：“我民中有贫穷人与你同住，你若借钱给他，不可如放债地向他取利。你即或拿邻舍的衣服作当头，必在日落以先归还他，因他只有这一件当盖头，是他盖身的衣服，若是没有，他拿什么睡觉呢？他哀求我，我就应允，因为我是有恩惠的。”《申命记》第15章第1~3节，神借着摩西对以色列人颁布豁免年的条例:“每逢七年末一年，你要施行豁免。豁免的定例乃是这样：凡债主要把所借给邻舍的豁免了；不可向邻舍和弟兄追讨，因为耶和华的豁免年已经宣告了。若借给外邦人，你可以向他追讨；但借给你弟兄，无论是什么，你要松手豁免了。”上述中的保护贫穷人免于利息剥削、保障债务人生活上所必需之物，以及每满六年便在第七年豁免年免除邻舍和弟兄债务的思想，不啻为近代西方国家消费者破产制度中保护经济上处于弱势的债务人、为促进债务人恢复经济能力而创设免责制度的文化源头。更有意思的是，有些国家将获得免责之前的债务偿还计划最长履行期限也设定为六年④，这与圣经中的豁免年是无意的巧合，还是有意识的传承从立法史中已无从考证，但毋庸置疑的是，深受基督教文明影响的西方社会在文化心理层面上更容易接受消费者破产法所创设的自由财产、破产免责等保护债务人利益的制度。

反观我国，数千年来深受儒家思想影响，使道德在社会生活中占有极为

---

① 参见卜永坚:《信贷的品格：英国文化中的个人债务(1740—1914)》，载常建华主编:《中国社会历史评论》(第6卷)，天津古籍出版社2006年版，第369~370页。

② Margot C. Finn, *The Character of Credit: Personal Debt in English Culture (1740-1914)*, Cambridge University Press, 2003, pp. 51-62.

③ Nick Huls, *American Influences on European Consumer Bankruptcy Law*, 15 Journal of Consumer Policy 125, 134(1992).

④ 例如德国和奥地利。

重要的地位。汉代以后，道德更是成为治理国家和管理社会的主要手段，成为国家、社会和个人生活中评判一切是非的准则，其中诚实信用的道德要求更是源远流长，深深扎根于人们的意识之中，由此派生出了“欠债还钱，天经地义”的债务观。我国历朝历代有关借贷法律关系的立法也贯彻了这一思想，侧重于对债权人利益的保护，凡欠债违约不还者，法律要追究其刑事责任，并强迫赔偿。《唐律·杂律》规定：“诸负债违契不偿，一疋以上，违二十日笞二十，二十日加一等，罪止杖六十；三十疋，加二等；百疋，又加三等。更令备偿。”由此我们可看到，在唐代，债务人所欠的债务数额越大，违约期限越长，遭到的处罚越重；处罚之后并不免除债务人所欠的债负，债务人仍要备偿所欠的债务。① 不仅体现在法律上，整个社会对债务人欠债赋予的同情心和容忍度相比西方社会要小得多，《汉书·功臣表》记载：孝文三年，嗣侯陈信“坐不偿人债过六月，免”。《旧唐书·许孟容传》记载：“神策吏李昱假贷长安富人钱八千贯，满三岁不偿。孟容遣吏收捕械系，克日命还之。曰：‘不及期当死。’”以上都体现出债务人因为欠债而受到的负面对待。虽然作为处理欠债不偿的手段，钱债监狱在西方国家盛行了几百年，但是由于基督教根深蒂固的反高利贷传统，债囚往往得到社会的同情，并享有使今人难以置信的人身自由，欠债并不被视为大罪、监狱只作为禁锢人身而非惩教之用，欧洲文化的这两个传统，使债囚生涯并不难过。② 因此可以看出，西方文化比中国传统文化给予债务人欠债以更多的同情，这也为日后自然人破产免责制度首先于英国诞生奠定了文化基础。

儒家文化不仅直接影响了我国社会的债权债务观，而且还间接影响到了消费信贷市场的发展。耶鲁大学教授陈志武先生对儒家文化对金融学的影响有过深刻的论述，他认为人际间的金融交易是任何社会都必须进行的，只是实现人际金融交易的形式、方式很不一样，今天我们熟悉的外部市场提供的金融证券只是其中之一，而儒家主张的靠血缘网络内部来互通有无，也是实现人际金融交易的一种方式之一。③ 这种在儒家文化影响下，靠血缘关系和熟人社会建立起来的信贷关系过度发展势必在一定程度上限制包括消费信贷

① 郑显文：《唐代债权保障制度初探(一)》，载法律思想网：http://www.law-thinker.com/news.php? id=3630，2009 年 11 月 10 日访问。

② 卜永坚：《信贷的品格：英国文化中的个人债务(1740—1914)》，载常建华主编：《中国社会历史评论》(第 6 卷)，天津古籍出版社 2006 年版，第 372 页。

③ 参见陈志武：《对儒家文化的金融学反思》，载《中国新闻周刊》2006 年第 42 期，第 30～34 页。

在内的金融市场的发展，从而使我国消费者破产法制缺乏必要的市场环境。从通俗意义上讲，在我国消费者因支付能力低下而无法偿还债务时，首先寻求的救济途径是通过人际关系网借钱偿债，把对银行的债务转移到熟人身上，而这种建立在人际关系基础上的债权债务关系根本无须破产制度去调整。

二、我国建立消费者破产制度的必要性

适时性原则是法律制定的基本原则之一，是指一个国家法律的制定必须不断地顺应历史发展和时代的变化，及时地、适时地根据这种变化，去制定出符合时代需要的法律。衡量法律制定的适时性可以从主观因素和客观因素两个方面去考察。其中客观因素包括：社会关系是否需要加以人为调整；人为调整中是否需要立法调整；立法调整时的社会关系是否已经趋于相对稳定；立法调整时是否已有政策先行或实践经验是否已经充分等。主观因素则包括：立法主体是否胜任立法项目；司法主体是否胜任司法要求；执法主体是否胜任执法要求；守法主体是否胜任守法条件等。① 这一部分将在适时性原则的前提下，分析我国当前进行消费者破产立法制定的时机是否成熟。对此，笔者将从我国消费者破产立法的必要性及已经具备的立法条件两个角度去进行论述。

（一）消费经济发展的必然结果

借鉴西方国家经济发展经验我们可以清楚地看到一条政府调控经济的方向从投资领域向消费领域转变的道路。第二次世界大战以来，欧美国家政府的经济政策，发生了两次大的转变：第一次是在战后初期的20世纪50年代，当时欧美国家面临着生产过剩危机，为了摆脱总需求不足的困境，它们摈弃了传统的经济自由主义政策，大胆采用了凯恩斯主义以政府投资来拉动经济增长的经济政策。然而，政府投资虽然能在一定程度上暂时填补总需求与总供给之间的缺口，但不能解决消费和民间投资萎缩的深层次问题，有很大隐患。到了20世纪70年代，西方国家爆发了严重的滞胀危机，导致了凯恩斯主义的失败，迫使欧美国家政府不得不放弃财政赤字政策，另寻他途，开始了战后经济政策的第二次大转变，它们首先放弃了以政府投资来拉动经济增长的赤字财政政策，同时千方百计扩大消费需求和民间投资。② 反观我

① 于兆波：《立法决策论》，北京大学出版社2005年版，第263页。

② 参见周学：《消费信贷：一个比政府投资更能启动内需的宏观调控手段》，载《经济学动态》2002年第5期，第33～34页。

国近年来政府对经济的引导，可以发现走的是一条类似的由投资主导型经济发展模式向消费主导型经济发展模式转变的道路，这种模式的转变也同西方国家一样需要消费信贷市场的发展作为支撑。

建立在信用基础之上的市场经济有利于一国的经济发展①，同样消费信贷的发展也为消费经济的发展提供了强大引擎。其一方面通过增加最终消费品需求，扩大消费，拉动经济增长；另一方面通过促进产品销售，刺激投资，再通过投资乘数效应，带动经济增长。② 最终达到扩大消费需求、拉动经济增长的目的。而消费信贷的发展面临着四大风险，即信用风险、欺诈风险、操作风险和合规风险。其中信用风险是最主要风险，是指因消费者信用不良或违约拒付而产生的坏账风险。这其中的很大部分是由于债务人无力偿债而导致的，所以消费者债务人的无力偿还问题是消费信贷市场发展的必然产物，也是消费信贷市场面临的主要风险之一。消费者破产制度正是用来解决这一问题的专门机制，因此我国消费经济的发展也必然需要消费者破产制度。

（二）解决社会问题的必然需要

在这一点上，笔者采取的分析思路是首先探讨在已有消费者破产制度的国家中，债务人申请破产的原因是什么。如果我国消费者同样存在这些申请原因，而且又没有其他替代性的解决途径，那么说明我国同样需要消费者破产制度。

根据哈佛大学 Elizabeth Warren 教授的调查表明，失业、疾病和离婚是90%的消费者破产案件发生的原因③，其中失业是导致消费者破产的一个重要原因，失业率与破产案件申请量之间有着密切的关系。④ 在德国，根据2005—2006 年的一份调查显示，失业、对经济形势判断失误、离婚是导致

① See *Report of the Commission on the Bankruptcy Laws of the United States*, H. R. Doc. No. 93-137, 93d. Cong., 1st Sess., Parts I and II(1973)(the "Burdick Report").

② 曹子娟：《2002 年以来中国消费信贷发展成效显著》，载《中国金融》2003 年 8 月 1 日。

③ See Elizabeth Warren and Amelia Warren Tyagi, *What's Hurting the Middle Class—The Myth of Overspending Obscures the Real Problem*, 30 Boston Review 6(2005).

④ See Leslie E. Linfield, Esq., 2008 *Annual Consumer Bankruptcy Demographics Report: American Debtors in A Recession*, A Report Published by the Institute for Financial Literacy, Inc., 2009, p. 8；并参见何东、姚欢恩、李剑雄：《亚洲区的个人信贷增长情况》，载《香港金融管理局季报》2005 年 3 月号，第 18 页。

消费者申请破产最常见的三种原因。① 法兰西银行2001年、2004年、2007年的三份调查数据也同样显示，消费者过度负债的首要原因是失业。② 失业现象在我国也普遍存在，虽然2009年我国城镇登记失业率创4年来最高，达到4.3%③，但这一数据还远不能代表我国的真实失业水平，因为该数据的测算不包括广大未登记的城镇失业人口，也不包括农村人口。实际上据国务院发展研究中心社会保障制度改革研究课题组测算，早在20世纪90年代中期以后，城镇的真实年失业率就达10%以上。虽然对于中国真实失业率的具体数据存在争论，但是各方面对于失业严重的观点是一致的。④ 当消费信贷市场遭遇如此高的失业率时，后果可想而知。在我国，工资收入一直是城镇居民收入的主要来源⑤，这就意味着失业对大多数消费者债务人而言将意味着失去他们的主要收入来源，那么无力偿还消费贷款的风险也就会凸显。所以我国同样需要消费者破产制度去解决因失业等社会现象造成的消费者无力偿债问题。

如果没有消费者破产制度，消费者债务问题便得不到妥善解决，那么会因此累积一系列的社会隐患。2008年的《中国法治发展报告》也披露了由于缺乏个人破产制度，中国的信用卡持卡人一旦因资金短缺无法还款，就会面临银行的高额罚息和滞纳金。在经济危机背景下，这种情况会变得尤其普遍。如果不允许个人破产，这部分人群有可能永远背着沉重的债务，甚至引

---

① See W. Backert, D. Brock, G. Lechner & K. Maischatz, *Bankruptcy in Germany: Filing Rates and the People Behind the Numbers*, paper prepared for the 2007 Joint Meetings of The Law and Society Association and The Research Committee on Sociology of Law (ISA) at Humboldt University, Berlin, Germany.

② Maria Gerhardt, *Consumer Bankruptcy Regimes and Credit Default in the US and Europe—A Comparative Study*, CEPS Working Document No. 318/July 2009, p. 10, available at http://www.ceps.eu/book/consumer-bankruptcy-regimes-and-credit-default-us-and-europe (last visited Nov. 25, 2009).

③ 《2009年城镇登记失业率4.3%已经连续三年增长》，载网易财经网：http://money.163.com/10/0122/09/5TKGFH6F00252G50.html，2010年2月25日访问。

④ 国务院发展研究中心社会保障制度改革研究课题组：《中国城镇失业保障制度改革的回顾与前瞻》，载《管理世界》2001年第1期，第82页。

⑤ 参见《城乡居民生活从贫困向全面小康迈进——改革开放30年我国经济社会发展成就系列报告之五》，载中华人民共和国中央人民政府门户网站：http://www.gov.cn/gzdt/2008-10/31/content_1136730.htm，2010年2月25日访问。

发像当年韩国、中国台湾地区那样全社会的信用卡危机。①

（三）破产法体系完整性的必然要求

一部没有个人破产法内容的破产法不是一部完整的破产法。② 从破产法产生和发展的历程我们可以看出，其最先根植于自然人破产的土壤，而后才衍生出公司破产。而消费者破产在当今已成为个人破产最主要的内容，因此一部完整的破产法理应包含消费者破产制度。这一点为许多国家的破产法所证明。在英国、美国、澳大利亚、加拿大、德国、法国、卢森堡、荷兰、日本，以及中国台湾、中国香港等国家和地区的破产法中，消费者破产都是其重要内容。从破产实践角度来看，消费者破产占据了这些国家破产案件数量的绝大部分。因此，对于破产法的立法与司法实践而言，消费者破产都是不可或缺的内容。

应该说，我国破产法正经历一个从无到有、再到慢慢扩展的过程。破产法适用的主体范围也在逐步扩大，从旧破产法的全民所有制企业，发展到新破产法的包含所有企业法人。下一步的发展方向是对合伙企业、个人独资企业的破产进行立法，而由于现行法律规定其合伙人、出资人应对企业债务承担无限连带责任，这些企业如果破产，必然会连带牵涉到企业合伙人、出资人的个人破产问题。个人破产既包含商自然人破产，也包含消费者破产，最终我国也将面临消费者破产立法的问题。

（四）金融危机加剧了消费者破产立法的紧迫性

在金融危机的背景下，各国给予消费者破产这一议题更多的关注。③ 2008 年金融危机的爆发，使消费者的负债状况进一步恶化。根据美联储的官方数据，自 2008 年第四季度起消费贷款的不良贷款率迅速增长，2009 年第三季度消费贷款的不良贷款率已达 4.71%，而 2006 年同期这一数字只有

---

① 陈世如：《信用卡行业监管现状》，载中国社会科学院法学研究所编：《中国法治发展报告 No.7(2009)》，社会科学文献出版社 2009 年版，第 281 ~ 282 页。

② 李曙光：《关于新〈破产法〉起草中的几个重要问题》，载《政法论坛》2002 年第 3 期，第 9 页。

③ Maria Gerhardt, *Consumer Bankruptcy Regimes and Credit Default in the US and Europe—A Comparative Study*, CEPS Working Document No. 318/July 2009, available at http://www.ceps.eu/book/consumer-bankruptcy-regimes-and-credit-default-us-and-europe (last visited Nov. 25, 2009).

3.01%。① 另据加拿大破产监管办公室的数据显示，截至2009年5月，消费者破产案件已达9 900个，比2008年同期上涨了34%。我国也不例外，2009年我国信用卡逾期半年未偿还的贷款额大幅增加，达到76.96亿元，比2008年同期增长127.9%。② 这说明在金融危机的冲击下，消费者自然人的偿还能力可能进一步恶化，因此更加呼唤以保护消费者利益为宗旨的消费者破产法的出台。根据国外经验，对破产法的修正经常是作为经济危机的应对措施，因为在危机之下对债务人的保护显得更加有必要。③

三、我国建立消费者破产制度已经具备的条件

（一）个人信用体系初步成形

个人信用制度是指在经济生活中管理、监督和保障个人信用活动的一整套规则、政策和法律的总和，其主要目的是为证明、解释和查验自然人信用情况提供依据，并通过一系列法规、制度来规范个人信用活动当事人的信用行为，提高守信意识，为建立良好的市场经济运行秩序提供制度保障。④ 成熟的个人信用体系是消费者破产制度存在的前提。个人征信体系从两个方面作用于消费者破产制度：一方面，个人征信体系是消费者破产制度产生的前提。作为消费者破产制度基石的消费信贷市场之运行是建立在信用基础之上的，而信用这一抽象的内容必须通过个人征信体系表达出来。事实也证明，一些发达国家个人信用制度建设已有100多年的历史，形成了科学化、规范化、法制化的运行机制，成为这些国家市场经济正常运行的坚实基础。⑤ 另一方面，个人征信体系还是破产制度运行的重要组成部分。破产本身就是信用下降的表现，因而破产作为债务人信用严重降低的表现必须记载在个人征信体系中，这样才能实现对消费者债务人的行为约束和教育管理。所以，消费者破产法必然需要完善个人征信制度。

---

① The Federal Reserve Board (FRB), *Charge-off and Delinquency Rates*, available at http://www.federalreserve.gov/Releases/ChargeOff/delallnsa.htm (last visited Nov. 27, 2009).

② 李若愚：《去年信用卡坏账近77亿元》，载《北京晨报》2010年2月12日C03版。

③ Nick Huls, *American Influences on European Consumer Bankruptcy Law*, 15 Journal of Consumer Policy 125, 130 (1992).

④ 刘明康主编、丁亚非等撰稿：《2001—2002国际金融报告》，经济科学出版社2002年版，第226页。

⑤ 林其屏：《找回缺失的信用》，江西人民出版社2007年版，第149页。

据我国破产法专家韩长印教授介绍，在新《破产法》起草的过程中，对破产法的适用范围始终存在着不同的认识，即新《破产法》是否应适用于作为消费者的一般自然人问题。① 但是我们看到消费者自然人破产并未纳入新《破产法》的调整范围，其原因之一便是个人信用制度的不完善。经新《破产法》起草小组成员李曙光教授证实，立法部门担心由于我国个人信用体制不健全，可能造成有人利用破产程序逃债的问题。②

但近年来我国个人征信体系的建设已初步成形。我国的个人信用制度建设是在“九五”计划末期国内市场出现疲软、内需不足的形势下提出并开始起步的，随着我国商业银行消费信贷业务的开展和市场经济秩序整顿的深入进行，个人信用制度建设取得了一定进展。在个人征信方面，有关制度散见于各种法律法规之中。其中，以中国人民银行为主导，先后制定了《个人信用信息基础数据库管理暂行办法》、《个人信用信息基础数据库信用报告本人查询规程》和《个人信用信息基础数据库异议处理规程》。上述法规主要规定了个人信用信息采集的范围和方式、数据库的使用用途、个人获取本人信用报告的途径和异议处理方式。在这些规定的基础上，中国人民银行个人征信系统至2008年年底已经收录了6.4亿自然人的信用档案。③ 此外，一些地方政府在征信制度建设方面也制定了一些颇具前瞻性的地方性法规和规章，如《江苏省个人信用征信管理暂行办法》、《深圳市个人信用征信及信用评级管理办法》、《上海市个人信用征信管理试行办法》等。截至2007年年底，全国15个省（区、市）出台了18部与信用信息相关的地方性法规和规章。④ 这表明，我国以中国人民银行个人征信系统为主导的个人征信体系正不断地建立和完善，这为消费者破产制度的建立提供了必要条件。

（二）消费信贷市场的培育日益成熟

无可否认的是，消费者破产是消费信贷市场发展的产物。我国的消费信

---

① 韩长印：《中国破产法的发展状况及法学论题》，载《法学杂志》2004年第5期，第41页。

② 参见蔡八弟：《“负翁”族大量涌现　个人破产需立法》，载《中国经济周刊》2005年第42期，第31页。

③ 姚均芳、王宇：《央行征信系统已为6.4亿自然人建立信用档案》，载新华网：http：//news. xinhuanet. com/fortune/2009-03/16/content_ 11021367. htm，2010年2月27日访问。

④ 政协全国委员会提案委员会：《关于加强我国社会信用体系建设的调研报告》，载人民网：http：//2010zxnews. people. com. cn/GB/180903/10901537. html，2010年2月27日访问。

贷起步于20世纪80年代，起步后发展缓慢。直至1999年中国人民银行颁发了《关于开展个人消费信贷的指导意见》，把扩大消费信贷业务作为金融支持扩大内需的重要措施之一，此后我国个人消费信贷业务的市场参与者迅速增加，消费信贷的品种日益丰富，消费信贷市场走上迅速发展的道路。①在2008年金融危机的影响下，我国为了缓解出口不足的压力、扩大内需，出台了《消费金融公司试点管理办法》等一系列举措，进一步催热了我国消费信贷市场的繁荣。繁荣的消费信贷市场不可避免地带来金融风险，由此产生的消费者无力偿债问题则是进行消费者破产立法的事实条件。

其一表现为我国越来越多的自然人使用消费信贷产品。以信用卡为例，2003年年初，中国信用卡发行量只有300万张；截至2009年，我国银行业发行的信用卡已经超过1.6亿张。但同时由信用卡引发的坏账风险正呈现出上升趋势，中国人民银行数据显示，截至2009年第二季度，信用卡逾期半年未偿还总额已达57.73亿元，占期末应偿还总额的3.1%。②

其二表现为授信额度在实践中的提高。我国1999年《银行卡业务管理办法》规定了5万元的信用额度上限（实际中很多发卡行已突破此限制）。虽然这一额度看似不多，但是相对于我国2 940美元的人均国民收入而言，信贷风险已属不低。③ 除此之外，多头授信的存在还可使消费者获得的授信额度成倍递增。以信用卡为例，很多持卡人拥有多家银行的信用卡，使其实际可使用的信用额度远超出还款能力，银行资金面临较高风险。据新华网2008年4月3日报道，上海银监局曾对本市5家信用卡中心5个工作日核发的30.4万张信用卡进行调查，多头授信的占发卡总数的34%。④

其三表现为信贷产品日益丰富。随着我国消费金融公司试点的启动，在消费信贷领域，除了传统的住房贷款、汽车贷款、高等教育贷款之外，将消费信贷延伸至个人及家庭旅游、婚庆、教育、装修等消费事项及家用电器、电子产品等耐用消费品贷款。⑤

（三）破产管理人制度的引入

我国在新中国成立后的几十年间，将破产归为资本主义经济的特有产

---

① 殷慧芬：《消费信用与消费者破产制度的建立》，载《河北法学》2009年第11期，第139页。

② 高国华：《银行零售信贷风险不容忽视》，载《中国金融》2009年11月17日。

③ 数据来自世界银行 Key Development Data & Statistics 2008年的数据库。

④ 陈世如：《信用卡行业监管现状》，载中国社会科学院法学研究所编：《中国法治发展报告 No. 7(2009)》，社会科学文献出版社2009年版，第277页。

⑤ 参见银监会《消费金融公司试点管理办法》第34条。

物，在实行高度集中的计划经济体制下，破产立法长期处于真空状态。直到1986年才通过了《企业破产法（试行）》，但是该法受制于计划经济体制的特征，其立法从破产申请到破产清算都最大限度地反映了行政干预的色彩，因此并没有引入在国外相对成熟的破产管理人制度，而是采用主要由上级主管部门和政府有关部门的工作人员组成的清算组来进行破产企业的财产清算工作和政策协调工作。① 虽然后来2002年《最高人民法院关于审理企业破产案件若干问题的规定》开始将专业化的清算中介机构和会计、律师纳入清算组成员的选任范围。② 但是，我国仍未建立起现代意义上的破产管理人制度，这成为我国破产制度发展的瓶颈之一。

2006年通过的新《破产法》对破产管理人制度做了明确的规定，实现了我国在建立破产管理人制度上的突破，为我国破产法的进一步改革和完善奠定了基础。因为破产管理人在破产程序中参与破产财产的接受、管理、处分、变价和分配的全过程，在消费者破产中还要参与债务偿还计划的制订，以及偿还计划实施的管理等，因此在破产程序中居于十分重要的地位，其制度构建是否完善直接关系到破产程序能否公正、有序和高效地进行，进而关系到破产法立法价值的实现。新《破产法》对破产管理人的选任时间、选任方式、任职资格、报酬与责任等基本问题进行了规定③，此后又通过司法解释进一步细化了我国的破产管理人制度。④ 现在的破产管理人制度虽然是专为企业破产而设的，可能在程序和费用方面仍与消费者破产制度的要求有一定的差距，但是必须看到，我国现在破产管理人制度的建立为我国破产程序的运行提供了良好的制度保障，同样可以为消费者破产制度的建立做好实践上的准备。

第三节　我国消费者破产立法论

如果说企业破产在各国立法上的公共政策基础相对雷同的话，那么，自然人破产在国与国之间则可能变化万端。在操作层面上构建我国的相关制度时，我们必须充分考虑进而完全立足于我国的社会经济条件，必须注重其可

---

① 参见吴春香：《破产管理人法律制度研究》，山西经济出版社2008年版，第32～35页。

② 《最高人民法院关于审理企业破产案件若干问题的规定》第75条。

③ 参见2006年《中华人民共和国企业破产法》第22～29条。

④ 参见2007年《最高人民法院关于审理企业破产案件指定管理人的规定》、2007年《最高人民法院关于审理企业破产案件确定管理人报酬的规定》。

行性。①

一、我国进行消费者破产立法亟待解决的问题

（一）立法：与现有立法体系的融合问题

应该说，消费者破产的立法问题不能单独考虑，因为这一制度牵涉面极广，不仅关系到作为债权人的商业银行的利益，还关系到我国13亿消费者自然人的根本利益。对其立法不能一蹴而就，必须完善一些配套制度和相关立法，才能保证消费者破产制度的顺利运行。首先，完善个人财产登记制度。财产清算是消费者破产制度的重要内容，所以完善的个人财产登记制度有利于在破产程序中确定债务人的破产财产和自由财产。而目前我国除了对个人资本注册登记、党政机关县处级以上领导干部实行财产申报之外，其他个人财产申报制度几乎一片空白。其次，进行金融机构破产立法。因为消费者破产所产生的风险，最终是会转嫁到作为债权人的金融机构身上。而对金融机构特别是商业银行的破产，我国现在也没有法律规制。再次，进行自然人破产立法，消费者破产立法与自然人破产立法同属于个人破产法，而对个人独资企业和合伙企业的破产我国仍未作规定，因而消费者破产制度难以孤立存在。最后，还需要考虑如何对消费者破产进行立法的问题。是需要一部消费者破产单行法，还是把消费者破产制度加入到一个大破产法体系中？从新《破产法》已经出台的角度看，进行单行立法是现实选择。采取这种立法方式的国家虽然比较少，但是符合我国破产法极不发达的立法现状，有利于在立法中突出消费者保护的宗旨。

（二）司法：完善实施消费者破产法的司法体系问题

我国目前的司法体系并没有像美国那样建立起一套专门的国家破产法院系统。在我国现在的四级人民法院中，各级法院都可以受理破产案件，但由于消费者破产案件的标的额所限，基本还是依靠基层人民受理。相对于我国庞大的消费者基数来讲，这些司法资源显然是不够的。那么司法应该如何配套消费者破产程序呢？是否应该在司法资源配套不足的情况下，大力发展法院外的ADR机制解决消费者过度负债问题呢？法院外的ADR机制和法院内的破产程序应当如何协调和融合呢？这都是我国进行消费者破产立法必须解决的问题。

---

① 韩长印：《中国破产法的发展状况及法学论题》，载《法学杂志》2004年第5期，第40页。

（三）守法：商业银行的应对和消费者滥用破产程序的防范

受消费者破产制度冲击最大的莫过于以商业银行、消费金融机构为主的债权人。消费者破产制度的存在将使银行在消费信贷市场中面临着更多的风险，因此以商业银行为代表的金融机构至少应在两个层面上研究如何解决消费者破产制度带来的风险：首先，应从源头开始，严格审核消费者获得授信的资质，尽量降低因审核不严、盲目授信带来的风险。其次，银行也应该探索建立起一套行之有效的债务协商程序，在面临消费者无力偿债的情况下，采取更加积极的措施，帮助消费者债务人重新制定和实施偿还方案，同时也应减少自身的损失。除此之外，滥用消费者破产程序的现象在每个国家都会出现，只是程度轻重的问题，因此我国在立法的同时也应当考虑由该立法引起的负面效应及其预防。

二、消费者破产立法初构

（一）消费者破产法与企业破产法的关系

消费者破产立法首先应解决的问题是，是与企业破产法分离独立立法，还是与企业破产法合在一部破产法典中。若二者应分别立法，其区别的标准又是什么？回顾本书第一章中论及的关于消费者破产的四种立法形式：单独立法、破产法修正案、破产法的组成部分和其他法律的组成部分，我们可以看出在这四种立法形式中，第二、三种形式实际上都是将消费者破产和企业破产法合并到一部破产法典中的立法形式，这种形式也为许多国家的消费者破产立法所采用。现行奥地利破产法、德国破产法均设有专章规定消费者破产程序；美国《联邦破产法》第 13 章也是专门针对有固定收入的自然人；日本现行《民事再生法》也规定有第 13 章“小规模个人再生及薪资所得者等再生特则”。

一般而言，采取合并立法模式的优势在于，可于现有的法律框架内最小限度地修正现有的法律完成对消费者破产制度的立法，而且可以将企业破产和消费者破产中共同的事项制定共同的规范。而采取单独立法模式的优势在于可以针对消费者破产的特点制定独立的法律规范，使其更能体现该制度的价值和理念。这两种立法可谓各有利弊。

针对我国目前在破产法领域仅制定有《企业破产法》的现状，笔者认为采取单行立法的形式对消费者破产进行立法可能更加切合我国的实际。这是因为：（1）我国目前并未有针对一般债务人的破产法典，因此将消费者破产法和企业破产法制定在同一部法典中不仅涉及对消费者破产进行立法之外，还需要对现有的刚刚生效不久的《企业破产法》进行根本性的修正，这样导致立法成本较大。（2）消费者破产立法可以说与个人权利息息相关，因此相对而言更需要通俗易懂、便于运用，单独立法在这方面的优势显然更加明显，抛开了破产法的一些共同抽象性原则，作为自然人的消费者对消费者破产的理解更加容易了。

（二）消费者破产的区分标准

不论采取单独形式的立法，还是采取在破产法典中专章立法的方式，对消费者破产进行立法都必须首先规定消费者破产的适用范围。对此，在立法例上基本可以归为如下三种方式：（1）以债务产生的原因作为区分标准，判断债务是否非职业性债务、家庭性债务，如果是则属于消费者破产，法国法采取的就是这种标准。（2）以债务人的属性为区分标准，其中包括三种类型：第一种是以债务人收入为依据，例如美国《联邦破产法》第 13 章规定的“有固定收入的个人”，日本《民事再生法》规定的“小规模个人及薪资所得者”；第二种是以债务人是否从事经济活动为依据，例如德国破产法第 304 条规定的债务人系“目前未从事或未曾从事独立经营活动的自然人”以及“虽曾从事独立经营活动，但其财产关系可得综观明确，且未有劳动关系所生债权的自然人”；第三种规定一般自然人即可为消费者破产程序中的债务人，如奥地利破产法第 181 条。（3）以债权人属性为区分标准，例如规定债权人中须有一定比例的消费金融服务提供者。

在上述三种区分标准中，第二种标准显然更具优势，因为：（1）消费者破产在绝大多数情况下是自愿破产，债务人是破产程序的申请人，因此以债务人的属性为区分标准，更加明确具体、易于操作。（2）以债务人为视角规定破产程序的适用范围，也是破产法区分的一个常见标准。我国现行《企业破产法》规定的适用范围便是“不能清偿到期债务，并且资产不足以清偿全部债务或者明显缺乏清偿能力的企业法人”，继续沿用以债务人为视角的区分标准也与目前《企业破产法》的立法相呼应。

（三）与法院外协商程序的协调

如前所述，法院外消费者债务协商机制成为许多国家消费者破产立法的一个新趋势，而且该制度对我国消费者过度负债问题的解决也极具现实意义，因而在我国消费者破产立法中也必须要考虑与法院外协商程序的协调问题。

首先，法院外协商程序是否作为破产程序的前置条件。对于我国这样一个人口基数大、司法资源相对有限的国家，将法院外协商程序前置是一个合理的选择。

其次，法院外协商机制的建立和运作。在前文考察法院外协商机构的人员组成、资金来源的时候，笔者发现必须在保证该机制运行中立性的前提下，才能充分发挥其作用。而我国到目前为止，既没有公立的债务咨询机构，也缺乏私立的专业化法院外协商咨询服务提供者。因此该机制的建立和运作有赖于建立起遍布全国的为消费者债务人提供法院外咨询协商的服务网络，就目前看来最适合从事此项工作的当属中国银行业协会。因为：（1）从中国银行业协会本身的特质来看，其是全国性非营利社会团体，是中国银行业自律组织。中国银行业协会熟悉银行业务，具有处理消费者过度负债问题的专业水平；其非营利性可以保障其在协商程序中的中立地位；而且其会员单位涵盖了我国的所有商业银行，便于同债权人一方进行沟通协调。（2）我国有通过非营利性协会解决争议的传统，例如消费者协会解决消费者纠纷、中国足球协会仲裁委员会受理足球联赛中的纠纷案件。（3）中国银行业协会具有较为完善的分支机构网络。法院外协商服务直接面对的是消费者债务人，由于消费者债务人分布的广泛性，因此对协商服务提供者的网络要求较高，在很多国家为了便利消费者都建立了完善的遍布全国的消费者信用咨询机构。而几乎全国地级市以上的行政区划都设有银行业协会，满足了网点密集的要求。当然在我国法院外协商机制成熟之后，也可以引入更多的债务咨询服务提供者，使服务网络更加完备。

最后，法院外协商程序和法院内调解程序的关系。在这个问题上，有的国家规定经过法院外协商程序未达成偿还计划，或达成偿还计划但履行失败的情况下，可以直接进入法院内破产程序；但有些国家，如德国，规定法院外协商程序失败之后还必须经过法院内的调解协商程序。笔者认为虽然调解已被我国法院广泛运用，但是如果消费者无力偿还案件已经历了专业化的法院外协商未获解决，法院内进行的二次调解也往往流于形式，反而容易造成程序上的冗长，实际上德国在新一轮破产法修正中也在酝酿废除该项做法。因此，虽然我国目前法院强调调解的运用，但是也应当在立法中考虑到避免与前置的法院外协商程序发生重复。

（四）清算型破产程序与重整型破产程序的组合

无论对消费者破产立法采取独立立法还是在破产法中专章立法的形式，综合其他国家的立法例，消费者破产与一般企业破产一样，大体上也可归纳区分为两种程序：其一是就债务人既存财产变价在全体债权人间进行分配的清算型破产程序；其二是避免对既存财产进行清算，而就债务人将来剩余可支配收入分配给债权人的重整型破产程序。专门对消费者破产制度进行立法的国家绝大多数都包含了上述两种程序，而由于清算程序大体上都是将破产财产在债权人之间进行公平分配，所以消费者破产程序的构建主要体现在对三方面问题的选择上：其一是清算型破产程序与重整型破产程序的关系，是并列选择的双轨制还是单一入口的单轨制？其二是这两种程序与免责程序间的组合关系，是规定进行清算型破产程序之后即可获得免责，还是规定在进行重整型破产程序之后获得免责，抑或是先后进行完两种程序之后方可获得免责？其三是在重整型破产程序内部债务偿还计划如何成立的问题。对这三方面程序的选择和组合构成了多样化的消费者破产程序。笔者通过下图来解释消费者破产制度各程序之间的排列组合关系。

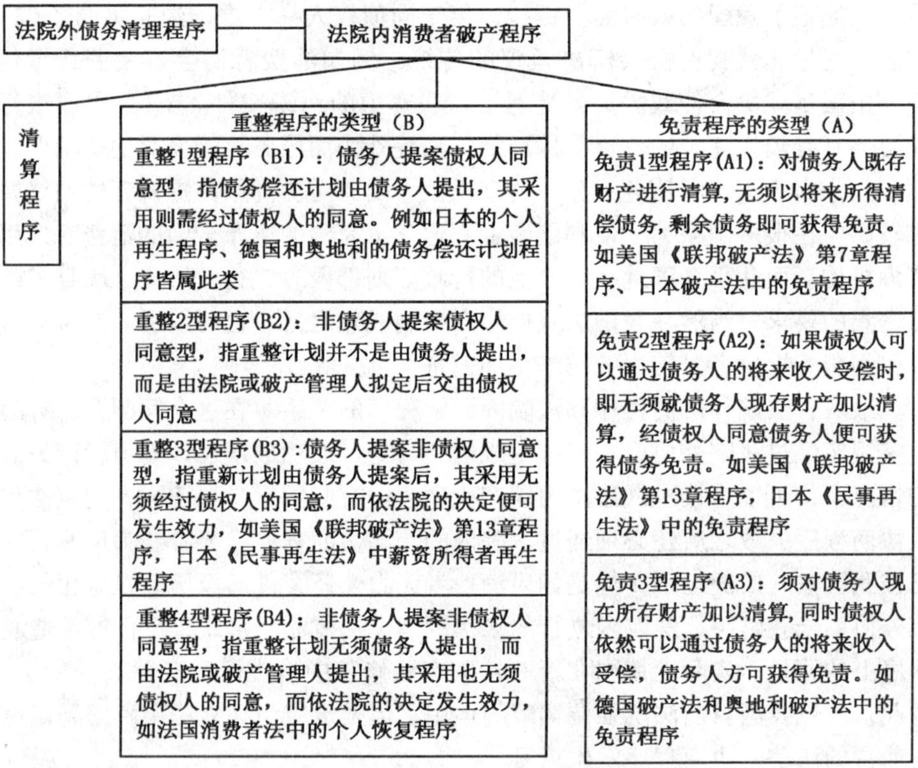

在上述程序的选取组合中，各国皆根据自己本身的破产法基本原则，再结合国内消费者负债水平组合出自己的消费者破产程序。以德国法为例，其制定的消费者破产程序便是选择“重整 1 型程序→清算＝免责 3 型”的组合方案，其消费者破产程序以和解为前置条件，在和解不成的前提下进入清算程序，清算程序终结之后债务人可通过免责 3 型程序，在经过 6 年的妥善行为期后获得免责。再以美国消费者破产程序为例，其选择的是“重整 1 型程序+重整 2 型程序＝免责 3 型程序；同时并之→清算＝免责 1 型程序”的组合方式，在美国《联邦破产法》第13章对债务人提出的偿还计划经债权人同意或法院裁决之后，债务人在一般3~5年的时间内通过自己将来收入履行计划，履行期满后获得债务免除；同时美国法还提供了直接进入清算后获得债务免除的程序供适合的消费者债务人选择。

那么我国在具体的消费者破产中应该在上述三个问题中如何选择组合呢？这是一个关于消费者破产程序具体设计的问题。笔者认为，应把握的一个总体原则是，我国初试消费者破产时不宜规定得过于宽松自由，以免造成消费者破产案件数量的激增。所以对我国而言，英国法和美国法采取的破产程序自由度较大，债务免责的获得过于宽松；而德国式的破产程序显然更加契合我国的实际。

（五）预防消费者滥用破产程序的措施

在思考消费者破产问题时，不得不考虑预防措施的重要性，因为在很多消费者破产案件申请量偏多的国家，对消费者滥用破产程序的预防已被提到与消费者债务人利益保护同等重要的位置。但预防问题势必涉及对现行法的修正或新制度的创设，要想在消费者破产立法的同时便对其预防制度做出规定，并非易事。因为消费者破产制度的运行效果，受到信贷市场的管制水平、经济发展、全社会对破产的认知等诸多因素的影响，因此没有受实践检验的消费者破产立法很难认定其规范的合适度。实际上，很多国家也常常在出现经济危机的时候，适当调整其消费者破产制度，以缓和经济危机带来的负面效应。这说明消费者权利保护和预防滥用破产程序之间的平衡点不易确定，且会随着各种相关因素的改变而发生变化。因此，在我国目前没有消费者破产立法的前提下，研究消费者滥用破产程序的具体预防措施还为时过早。但是，预防程序滥用的理念必须在立法时就加以确立，以便在破产程序的开始条件、债务免除的条件、免责的范围等问题上掌握合适的尺度。

如果说市场经济的发展有其内在规律，那么与市场经济相配套的法制的发展也具有规律可循。具体到消费信贷市场而言，便是在其发展到一定程度、自然人负债达到一定水平的前提下，必然需要对消费者破产制度进行立法来解决债务问题，缓和社会矛盾，推动经济发展。这也是我国在市场经济下大力发展信贷消费所面临的必然选择。江平先生曾语："比较法在中国有一个历史性的责任和任务：那就是中国法律的现代化。"① 这里借用这句话阐释本书的最终落脚点——消费者破产法律制度的比较研究在中国有一个历史性的责任和任务：那就是推动中国消费者破产法律制度的现代化。

① 江平：《比较法在中国》(第2卷)，法律出版社2002年版，第1页。

附录：缩略语

ABI American Bankruptcy Institute 美国破产协会

ADR Alternative Dispute Resolution 替代性纠纷解决机制

BAPCPA *Bankruptcy Abuse Prevention and Consumer Protection Act of 2005* 美国《2005年防止滥用破产与消费者保护法》

CAB Citizens Advice Bureau 公民咨询局

COMI Centre of Main Interests 主要利益中心

DMP Debt Management Plan 债务管理计划

DRP Debt Relief Plan （中国香港）债务舒缓计划

IACL International Association of Consumer Law 国际消费者法协会

INSOL International Association of Restructuring，Insolvency & Bankruptcy Professionals 国际破产协会

IRC *Internal Revenue Code* 美国《国内税收法》

ITSA The Insolvency and Trustee Service Australia 澳大利亚破产和管理人部

IVA Individual Voluntary Arrangement （英国）个人自愿安排

LICO Low Income Cut Off 最低收入标准

NFCC National Foundation for Credit Counseling 美国信用咨询基金会

NSFAO National Service for the Fight Against Overindebtedness 卢森堡抗击过度负债的国民服务

OSB Office of the Superintendent of Bankruptcy Canada 加拿大破产监管办公室

USTP U. S. Trustee Program 美国托管人计划

WSNP *Wet Schuldsanering Natuurlijke Personen* 荷兰《自然人债务复兴法》

参考文献

一、中文文献

（一）中文著作

1. 郑有为：《破产法学的美丽新世界》，台湾元照出版公司2008年版。

2. 王晓琼：《跨境破产中的法律冲突问题研究》，北京大学出版社2008年版。

3. 丁文联：《破产程序中的政策目标与利益平衡》，法律出版社2008年版。

4. 张艳丽：《破产欺诈法律规制研究》，北京大学出版社2008年版。

5. 程春华：《破产救济研究》，法律出版社2006年版。

6. 齐树洁主编：《破产法》，厦门大学出版社2007年版。

7. 王卫国：《破产法精义》，法律出版社2007年版。

8. 邹国勇：《德国国际私法的欧盟化》，法律出版社2007年版。

9. 李飞主编：《当代外国破产法》，中国法制出版社2006年版。

10. 文秀峰：《个人破产法律制度研究：兼论我国个人破产制度的构建》，中国人民公安大学出版社2006年版。

11. 冀宗儒编：《美国破产法案例选评》，对外经济贸易大学出版社2006年版。

12. 钟勇生主编：《破产法案例与评析》，中山大学出版社2006年版。

13. 谢俊林：《中国破产法律制度专论》，人民法院出版社2005年版。

14. 黄进主编：《国际私法》（第二版），法律出版社2005年版。

15. ［日］末松义章：《破产》，赵儒煜、冯建译，科学出版社2004年版。

16. 付翠英：《破产法比较研究》，中国人民公安大学出版社2004年版。

17. 孙应征：《破产法法律原理与实证解析》，人民法院出版社2004年版。

18. 丁昌业译：《英国破产法》，法律出版社2003年版。

19. 肖永平:《国际私法原理》，法律出版社 2003 年版。

20. [美] 戴维·G. 爱泼斯坦、史蒂夫·H. 尼克尔斯、詹姆斯·J. 怀特著:《美国破产法》，韩长印译，中国政法大学出版社 2003 年版。

21. 郑远民:《破产法律制度比较研究》，湖南大学出版社 2002 年版。

22. 蔡广升:《消费者破产之研究——自制法比较出发》，司法院 2002 年版。

23. 汤维建:《破产程序与破产立法研究》，人民法院出版社 2001 年版。

24. 李永军:《破产法律制度》，中国法制出版社 2000 年版。

25. [日] 石川明:《日本破产法》，何勤华、周桂秋译，中国法制出版社 2000 年版。

26. 石静遐:《跨国破产的法律问题研究》，武汉大学出版社 1999 年版。

27. 潘琪:《美国破产法》，法律出版社 1999 年版。

28. 蔡仲玉主编:《破产案件理论与实践研讨》，武汉大学出版社 1996 年版。

29. 邹海林:《破产程序和破产法实体制度比较研究》，法律出版社 1995 年版。

30. 程清波:《国际破产法研究》，湖南师范大学出版社 1995 年版。

31. [日] 伊藤真:《破产法》，刘荣军、鲍荣振译，中国社会科学出版社 1995 年版。

32. 沈达明、郑淑君:《比较破产法初论》，对外贸易教育出版社 1993 年版。

33. 陈荣宗:《破产法》，三民书局 1986 年版。

34. 陈计男:《破产法论》，三民书局 1970 年版。

35. 吴传颐:《比较破产法》，商务印书馆 1946 年版。

36. 吴学义编:《评破产法草案初稿》，国立武汉大学 1935 年版。

37. 王去非:《中国破产法释义》，法学研究社 1935 年版。

(二) 中文论文

1. 骆永家:《破产宣告后破产人之行为》，载《军法专刊》1986 年第 32 卷第 3 期。

2. 沈宗灵:《二战后美国法律对民法法系法律的影响》，载《北京大学学报(哲学社会科学版)》1995 年第 5 期。

3. [日] 竹下守夫:《倒产法的现代课题和日本的倒产法》，刘荣军译，载《中外法学》1996 年第 4 期。

4. 苏亦工:《现行美国破产法和个人债务调整》，载《外国法译评》

1996年第2期。

5. 陈荣宗：《德国破产法之改革（一）》，载《司法周刊》第838期，1997年8月版。

6. 邱琦：《一九九四年德国破产法上免责制度》，载《司法周刊》第828期，1997年5月版。

7. 郑冠宇：《破产撤销（Insolvenzanfechtung）——德国一九九四年破产法简介》，载《月旦法学杂志》第35期，1998年4月版。

8. 肖周录：《陕甘宁边区的破产立法》，载《法学研究》1999年第6期。

9. 关俭科、胡充寒、王平生：《消费者破产制度探究》，载《经济论坛》2000年第15期。

10. 陈锦隆、陈希佳：《香港终审法院判决承认我国法院破产裁定之效力》，载《寰瀛法讯》第6~7期，2000年4月版。

11. 郭玉军、甘勇：《美国选择性争议解决方式（ADR）介评》，载《中国法学》2000年第5期。

12. 沈益平：《论破产宣告的域外效力》，载《浙江省政法管理干部学院学报》2001年第6期。

13. 李旺：《日本关于国际破产法律制度的修改》，载《法学》2001年第11期。

14. 范瑞华：《有关日本承认协助外国破产等处理程序之法律规定》，载《万国法律》第120期，2001年12月出版。

15. 殷慧芬：《美国破产法上的豁免财产制度》，载《湖南省政法管理干部学院学报》2002年第4期。

16. 蔡广升：《消费者破产之研究》，载《司法研究年报》第22辑，2002年版。

17. 陈猷龙：《被保险人破产对于保险契约之效力》，载《月旦法学教室》试刊号，2002年10月版。

18. 李曙光：《关于新〈破产法〉起草中的几个重要问题》，载《政法论坛》2002年第3期。

19. 曾二秀：《欧盟国际破产法——〈欧盟破产程序规则评介〉》，载《中国国际私法与比较法年刊》（第5卷），法律出版社，2002年版。

20. 郑有为：《论非自愿性破产》，载《台北大学法学论丛》第52卷，2003年6月版。

21. 郑有为、陈漓屏：《从日本〈民事再生法〉的诞生看灿烂辉煌的二十一世纪破产法学》，载《中原财经法学》第10期，2003年6月版。

22. 郑有为：《从消费者保护运动看破产免责制度之新趋向》，载《辅仁法学》第25期，2003年6月版。

23. 郑有为：《从美国联邦破产法角度出发论智慧财产权授权契约于我国未来破产法上的应有处理——兼论对司法院破产法修正草案的几点相关建议》，载《台北大学法学论丛》第53期，2003年12月版。

24. 杜闻：《论ADR对重塑我国非诉讼纠纷解决体系的意义》，载《政法论坛》2003年第3期。

25. 王生平：《试论我国消费者破产制度的建立》，载《南华大学学报(社会科学版)》2003年第3期。

26. 王南华：《亚洲主要国家破产重整制度改革现况》，载《存款保险咨询季刊》第16卷第4期，2003年6月版。

27. 张玲：《跨国破产国际合作的框架——联合国跨界破产示范法述评》，载《经济论坛》2004年第20期。

28. 杨柳、胡洁：《建立我国消费者破产制度的构想》，载《广西政法管理干部学院学报》2004年第6期。

29. 许士宦：《破产法修正研讨会报告——修正草案要旨及评述》，载《全国律师》第8卷第2期，2004年2月版。

30. 杨柳、胡洁：《建立我国消费者破产制度的构想》，载《广西政法管理干部学院学报》2004年第6期。

31. 韩长印：《中国破产法的发展状况及法学论题》，载《法学杂志》2004年第5期。

32. 戴森雄、陈荣隆主持，叶大殷等与谈:《破产法修正研讨会（上)》，载《全国律师》第8卷第2期，2004年2月版。

33. 汪琴：《略论消费者破产能力》，载《甘肃政法成人教育学院学报》2005年第2期。

34. 王金玉：《中国解决涉外破产问题之政府利益分析》，载《法律适用》2005年第12期。

35. 李曙光：《新破产法的制定与中国信用文化和信用制度》，载《法学家》2005年第2期。

36. 郭玉军、孙敏洁：《美国诉讼和解与中国法院调解之比较研究》，载《法学评论》2006年第2期。

37. 黄进、邹国勇：《欧盟民商事管辖权规则的嬗变——从〈布鲁塞尔公约〉到〈布鲁塞尔条例〉》，载《东岳论丛》2006年第5期。

38. 张玲：《破产法律适用立法的新突破——欧盟破产法律适用规范的注释与评析》，载《比较法研究》2006 年第 2 期。

39. 刘绍梁：《再造企业破产与重整法制——兼论联合国立法原则》，载《经社法制论丛》第 37 期，2006 年 1 月版。

40. 卜永坚：《信贷的品格：英国文化中的个人债务（1740—1914）》，载《中国社会历史评论》（第 6 卷），天津古籍出版社 2006 年版。

41. 单海玲：《论涉外民事关系中住所及惯常居所的法律适用》，载《比较法研究》2006 年第 2 期。

42. 孙颖：《论我国个人破产法律制度的构建》，载《现代法学》2006 年第 3 期。

43. 涂志云、汪涛：《科学构建我国个人消费信贷风险管理体系》，载《消费经济》2006 年第 4 期。

44. 张悦仙：《住所与国籍的冲突与调和》，载《河北法学》2006 年第 9 期。

45. 付翠英：《家庭破产制度初探》，载《金陵法律评论》2006 年春季卷。

46. 殷慧芬：《美国破产法 2005 年修正案之评介——以消费者破产为视角》，载《安徽大学学报（哲学社会科学版）》2007 年第 1 期。

47. 刘慧娟：《浅议我国消费者破产制度的建构》，载王保树主编：《中国商法年刊：和谐社会构建中的商法建设》（2007），北京大学出版社 2008 年版。

48. 张玲：《跨境破产法统一化方式的多元化》，载《政法论坛》2007 年第 4 期。

49. 宋锡祥：《论欧盟跨国破产法》，载《法学评论》2007 年第 4 期。

50. 殷慧芬：《美国破产法 2005 年修正案述评》，载《比较法研究》2007 年第 2 期。

51. 郑有为：《自愿性破产的时代意义》，载《月旦法学教室》第 51 期，2007 年 1 月版。

52. 陈逸竹：《论国际破产——以日本法出发点》，载《万国法律》第 151 期，2007 年 2 月版。

53. 郑有为：《两岸破产法典的最新发展——从大陆公布企业破产法说起》，载《万国法律》第 151 期，2007 年 2 月版。

54. 齐树洁：《大陆新破产法之重整制度述评》，载《中律会讯》第 9 卷第 2 期，2007 年 11 月版。

55. 郑有为：《从破产法学出发论司法院〈债务清理法草案〉中重整债权、社员权、重整债务与关系人会议未来可有的发展方向》，载《月旦法学杂志》第152期，2007年12月版。

56. 吴元曜：《对于消费者债务清理条例规范内容之检讨》，载《法律扶助》第19期，2007年12月版。

57. 洪于智：《消费者债务清理条例之特色及重点规范》，载《司法周刊》第1345期，2007年7月版。

58. ［日］黑木和彰：《自然人破产之法制度及其运用——以检讨修法之成果为中心》，苏惠卿译，载《台湾本土法学杂志》第102期（特刊），2008年1月版。

59. 张玲：《美国跨界破产立法三十年及其对中国的启示》，载《武大国际法评论》（第九卷），武汉大学出版社2008年版。

60. 郑有为：《论“自用住宅”在〈消费者债务清理条例〉的应有地位——以美国〈联邦破产法典〉第十三章为讨论核心》，载《台湾本土法学杂志》第102期（特刊），2008年1月版。

61. 王欣新、王健彬：《我国承认外国破产程序域外效力制度的解析及完善》，载《法学杂志》2008年第6期。

62. 谭燕芝、李兰：《论我国消费信贷的发展——基于借鉴美国消费信贷的视角》，载《消费经济》2008年第3期。

63. 林继恒、徐汉堂：《论我国债务清理法制之体系及检讨——从卡债族之观点论〈消费者债务清理条例〉之规定及其落实》，载《律师杂志》2008年第5期。

64. 林继恒、徐汉堂：《消费者债务清理条例评介与外国立法例之比较》，载《台湾本土法学杂志》第102期特刊，2008年1月版。

65. 王志诚：《从日本个人债务清理法制论我国消费者债务清理条例之立法得失》，载《台湾本土法学杂志》第102期特刊，2008年1月版。

66. 曾品杰：《从消费者信用权论个人债务清理法制——一个法国法的初步考察》，载《台湾本土法学杂志》第102期特刊，2008年1月版。

67. 李彦文主持、苏惠卿译：《“消费者债务清理条例之新开展”会议记录》，载《台湾本土法学杂志》第102期特刊，2008年1月版。

68. 许士宦：《消费者债务清理之协商、更生与清算程序》，载《台湾本土法学杂志》第102期特刊，2008年1月版。

69. 刘伟光：《“破产”概念英文翻译的分析》，载《经济师》2008年第9期。

70. 张玲：《欧盟跨界破产管辖权制度的创新与发展——“主要利益中心”标准在欧盟适用的判例研究》，载《政法论坛》2009 年第 2 期。

71. 解正山：《论 COMI 在跨国破产国际管辖中的适用——欧盟及美国的视角》，载常建华主编：《环球法律评论》2009 年第 6 期。

72. 殷慧芬：《消费信用与消费者破产制度的建立》，载《河北法学》2009 年第 11 期。

73. 乔宗賽：《国际破产之法律问题研究》，台湾大学法律研究所 1994 年硕士论文。

74. 李锡润：《论消费者破产的法律制度》，对外经济贸易大学 2003 年硕士学位论文。

75. 文秀峰：《个人破产法律制度研究》，中国政法大学 2004 年博士学位论文。

76. 陈晓静：《中国消费信贷研究》，复旦大学 2004 年博士学位论文。

77. 蔡介文：《2006 年台湾卡债风暴之纷争解决机制》，台湾大学 2007 年硕士学位论文。

78. 黄子玲：《消费者债务清理条例草案认知观感之研究》，岭东科技大学 2007 年硕士学位论文。

79. 谢全法：《汉代债法研究——以简牍文书为中心的考察》，西南政法大学 2007 年博士学位论文。

80. 陈义峰：《议程设定理论之研究：消费者债务清理条例立法过程之个案分析》，国立东华大学 2008 年硕士学位论文。

二、英文文献

(一)Books

1. Ian S. Grier and Richard E. Floyd, *Personal Insolvency: A Practical Guide*, 3rd ed., Sweet & Maxwell, 1998.

2. Philip St J Smart, *Cross-Border Insolvency*, 2nd ed., Butterworths, 1998.

3. Robert R. Kerton (ed.), *Consumers in the Financial Services Sector, Volume 2: International Experience*, Research Papers Prepared for the Task Force on the Future of the Canadian Financial, 1998.

4. Teresa A. Sullivan, Elizabeth Warren and Jay Lawrence Westbrook, *As We Forgive Our Debtors: Bankruptcy and Consumer Credit in America*, Reprint edition, Oxford University Press, 1999.

5. Teresa A. Sullivan, Elizabeth Warren and Jay Lawrence Westbrook, *The*

Fragile Middle Class:Americans in Debt,Yale University Press,2000.

6. Christopher Berry, Edward Bailey and Stephen Schaw-Miller, *Personal Insolvency Law and Practice*,3rd ed. ,Butterworths,2001.

7. Samuel L . Bufford, Louise DeCarl Adler, Sidney B. Brooks and Marcia S. Krieger,*International Insolvency*,Federal Judicial Center,2001.

8. Robert A. Klotz, *Bankruptcy, Insolvency and Family Law*, 2nd ed. , Carswell,2002.

9. Paul L . C. Torremans, *Cross Boarder Insolvencies in EU, English and Belgian Law*,Kluwer Law International,2002.

10. Margot C. Finn,*The Character of Credit:Personal Debt in English Culture*, 1740-1914,Cambridge University Press,2003.

11. Johanna Niemi-Kiesilainen, Iain Ramsay and William Whitford (eds.), *Consumer Bankruptcy in Global Perspective*,Hart Publishing,2003.

12. Fiona Tolmie,*Corporate and Personal Insolvency Law*,2nd ed. ,Gavendish Publishing Limited,2003.

13. Jacob S. Ziegel, *Comparative Consumer Insolvency Regimes: A Canadian Perspective*,Hart Publishing,2003.

14. Ian F. Fletcher, *Insolvency in Private International Law: National and International Approaches*,2nd ed. ,Oxford University Press,2005.

15. Epstein and David G. ,*Bankruptcy and Related Law*,Law Press,2005.

16. M. A. L. M. Willems, *Uncitral Model Law on Cross-Border Insolvencies*, Kluwer,2006.

17. Jason J. Kilborn, *Comparative Consumer Bankruptcy*, Carolina Academic Press,2007.

18. Paul J. Omar (ed.), *International Insolvency Law: Themes and Perspectives*, Ashgate,2008.

19. Johanna Niemi, Iain Ramsay and William C. Whitford (eds.), *Consumer Credit, Debt and Bankruptcy: Comparative and International Perspectives*, Hart Publishing,2009.

(二) Articles

A

1. Abby Sniderman Milstein and Bruce C. Ratner,*Consumer Credit Counseling Service:A Consumer-Oriented View*,56 N. Y. U. L. Rev. 978(1981).

2. Adam Brenneman, *Gone Broke: Sovereign Debt, Personal Bankruptcy, and A Comprehensive Contractual Solution*, 154 U. Pa. L. Rev. 649(2006).

3. Alexander J. Bělohlávek, *Center of Main Interest(COMI) and Jurisdiction of National Courts in Insolvency Matters (Insolvency Status)*, International Journal of Law and Management, Vol. 50, No. 2, 2008, pp. 53-86.

4. Allen Mattison, *Can the New Bankruptcy Law Benefit Debtors, Too? Interpreting the 2005 Bankruptcy Act to Clean Up the Credit-Counseling Industry and Save Debtors from Chronic Poverty*, 13 Geo. J. Poverty Law & Pol'y 513 (2006).

C

5. Charles G. Hallinan, *The "Fresh Start" Policy In Consumer Bankruptcy: A Historical Inventory and An Interpretive Theory*, 21 U. Rich. L. Rev. 49(1986).

6. Charles J. Tabb, *The Scope of the Fresh Start in Bankruptcy: Collateral Conversions and the Dischargeability Debate*, 59 Geo. Wash. L. Rev. 56(1990).

7. Charles J. Tabb, *The Death of Consumer Bankruptcy in the United States?*, 18 Bankr. Dev. J. 1(2001).

8. Charles J. Tabb, *The Top Twenty Issues in the History Of Consumer Bankruptcy*, Illinois Law and Economics Working Papers Series Working Paper No. LE05-032, 2005.

9. Charles J. Tabb, *Consumer Bankruptcy after the Fall: United States Law Under S.* 256, Illinois Law and Economics Working Papers Series Working Paper No. LE05-031, 2005.

10. Charles J. Tabb, *Lessons From the Globalization of Consumer Bankruptcy*, 30 Law & Soc. Inquiry 763(2005).

D

11. David A. Moss and Gibbs A. Johnson, *The Rise of Consumer Bankruptcy: Evolution, Revolution, or Both?*, 73 Am. Bankr. L. J. 311(1999).

12. Deborah Ralston, Rosalind Mason and Jaynendra Kumar, *Causes of Consumer Bankruptcy in Australia: A Macroeconomic Analysis*, University of the Sunshine Coast Faculty of Business Working Paper Series, 2001.

13. Donna McKenzie Skene and Adrian Walters, *Consuming Passions: Benchmarking Consumer Bankruptcy Law Systems*, in Paul J Omar ed.,

International Insolvency Law: *Themes and Perspectives*, Ashgate Publishing, 2008, pp. 135-170.

14. Dörte Busch, *Current Reform Efforts of German Consumer Insolvency Law and the Discharge of Residual Debts*, 7 German L. J. 591(2006).

E

15. Elizabeth Warren and Jay Lawrence Westbook, *Searching for Reorganization Realities*, 72 Wash. U. L. Q. 1257(1994).

16. Elizabeth Warren, *Reforming Consumer Bankruptcy Law*: *Four Proposals*: *A Principled Approach to Consumer Bankruptcy*, 71 Am. Bankr. L. J. 483(1997).

17. Elizabeth Warren, *The Bankruptcy Crisis*, 73 Ind. L. J. 1079(1998).

18. Elizabeth Warren, *Bankrupt Children*, 86 Minn. L. R. 1003(2002).

19. Elizabeth Warren, *What is A Women's Issue? Bankruptcy*, *Commercial Law*, *and Other Gender-Neutral Topics*, 25 Harv. Women's L. J. 19(2003).

20. Elizabeth Warren, *The Growing Threat to Middle Class Families*, 69 Brooklyn L. Rev. 401(2004).

21. Eugene R. Wedoff, *Consumer Bankruptcy and Credit in the Wake of the* 2005 *Act*: *Major Consumer Bankruptcy Effects of BAPCPA*, 2007 U. Ill. L. Rev. 31 (2007).

22. Evelyn H. Biery, Jason L. Boland and John D. Cornwell, *A Look at Transnational Insolvencies and Chapter* 15 *of the Bankruptcy Abuse Prevention and Consumer Protection Act of* 2005, 47 B. C. L. Rev. 23(2005-2006).

G

23. George H. Singer, *Section* 523 *of the Bankruptcy Code*: *The Fundamentals of Nondischargeability in Consumer Bankruptcy*, 71 Am. Bankr. L. J. 325(1997).

24. Gianni Betti, Neil Dourmashkin, Mariacristina Rossi and Ya Ping Yin, *Consumer Over-indebtedness in the EU*: *Measurement and Characteristics*, 34 Journal of Economic Studies 136(2007).

25. Gordon Bermant and Ed Flynn, *Planning for Change*: *Credit Counseling at the Threshold of Bankruptcy*, 20-1 ABIJ 20(2001).

26. Gregory E. Maggs, *Consumer Bankruptcy Fraud and the "Reliance on Advice of Counsel" Argument*, 69 Am. Bankr. L. J. 1(1995).

H

27. Hans Petter Graver, *Consumer Bankruptcy: A Right or A Privilege? The Role of the Courts in Establishing Moral Standards of Economic Conduct*, 20 J. Consumer Pol'y 161(1997).

28. Henry J. Sommer, *Consumer Bankruptcy Law and Practice*, 58 Am. Bankr. L. J. 167(1984).

29. Hung-Jen Wang and Michelle J. White, *An Optimal Personal Bankruptcy Procedure and Proposed Reforms*, 29 The Journal of Legal Studies 255(2000).

30. Honorable Neil P. Olack, *Symposium: the Fourth Anymposiums: the Fourth Annual Bankrupty Developmets Journal Dymposium, Consumer Developments*, 23 Bank. Dev. J. 517(2007).

31. Harry Rajak, *The Culture of Bankruptcy*, in Paul J Omar ed., *International Insolvency Law: Themes and Perspectives*, Ashgatc Publishing, 2008, pp. 3 25.

I

32. Iain Ramsay, *Models of Consumer Bankruptcy: Implications for Research and Policy*, 20 J. Consumer Pol'y 269(1997).

33. Iain Ramsay, *Market Imperatives, Professional Discretion and the Role of Intermediaries in Consumer Bankruptcy: A Comparative Study of the Canadian Trustee in Bankruptcy*, 74 Am. Bankr. L. J. 399(2000).

34. Iain Ramsay, *Personal Bankruptcy in the 21st Century: Emerging Trends and New Challenges: Functionalism and Political Economy in the Comparative Study of Consumer Insolvency: An Unfinished Story from England and Wales*, 7 Theoretical Inq. L. 625(2006).

35. Iain Ramsay, *Comparative Consumer Bankruptcy*, 2007 U. Ill. L. Rev. 241 (2007).

36. Igor Livshits, James MacGee, and Michèle Tertilt, *Consumer Bankruptcy: A Fresh Start*, available at http://www.stanford.edu/~tertilt/research/bankruptcy.pdf(last visited Feb. 28, 2010).

37. Irving A. Breitowitz, *New Developments in Consumer Bankruptcies: Chapter 7 Dismissal on the Basis of "Substantial Abuse"*, 60 Am. Bankr. L. J. 33(1986).

J

38. Jacob S. Ziegel, *Canadian Perspectives on the Challenges of Consumer Bankruptcies*, 20 J. Consumer Pol'y 199(1997).

39. Jacob S. Ziegel, *The Philosophy and Design of Contemporary Consumer Bankruptcy Systems: A Canada-United States Comparison*, 37 Osgoode Hall L. J. 205, 227-28(1999).

40. Jacob S. Ziegel, *The Challenges of Comparative Consumer Insolvencies*, 23 Pa. St. Int'l L. Rev. 639(2005).

41. Jacob S. Ziegel, *Personal Bankruptcy in the 21st Century: Emerging Trends and New Challenges: Facts on the Ground and Reconciliation of Divergent Consumer Insolvency Philosophies*, 7 Theoretical Inq. L. 299(2006).

42. Jason J. Kilborn, *The Innovative German Approach to Consumer Debt Relief: Revolutionary Changes in German Law, and Surprising Lessons for the U. S.*, 24 Northwestern Journal of International Law & Business 257(2003).

43. Jason J. Kilborn, *The Innovative German Approach to Consumer Debt Relief: Revolutionary Changes in German Law, and Surprising Lessons for the United States*, 24 New J. Int. L. & Bus. 257(2004).

44. Jason J. Kilborn, *What the United States Can Learn From the New French Law on Consumer Overindebtedness*, 26 Mich. J. Int'l L. 619(2005).

45. Jason J. Kilborn, *Behavioral Economics, Overindebtedness and Comparative Consumer Bankruptcy: Searching for Causes and Evaluating Solutions*, 22 Bankruptcy Developments Journal 13(2005).

46. Jason J. Kilborn, *Continuity, Change, and Innovation in Emerging Consumer Bankruptcy Systems: Belgium and Luxembourg*, 14 Am. Bankr. Inst. L. Rev. (2006).

47. Jason J. Kilborn, *The Hidden Life of Consumer Bankruptcy Reform: Danger Signs for the New U. S. Law From Unexpected Parallels in the Netherlands*, 39 Vand. J. Transnat'l L. 77(2006).

48. Jason J. Kilborn, *Out with the New, In with the Old: As Sweden Aggressively Streamlines Its Consumer Bankruptcy System, Have U. S. Reformers Fallen Off the Learning Curve?*, 80 Am. Bankr. L. J. 435(2006).

49. Jason J. Kilborn, *Comparative Cause and Effect: Consumer Insolvency and the Eroding Social Safety Net*, 14 Columbia Journal of European Law 563(2008).

50. Jason J. Kilborn, *U. S. No Longer "Most Liberal" Consumer Bankruptcy System?*, available at http://www.uslaw.com/library/Bankruptcy/US_Longer_Liberal_Consumer_Bankruptcy_System.php? item = 384119 (last visited Jan. 26, 2010).

51. Jason J. Kilborn, *A Brief History of U. S. Bankruptcy Law & Policy for Consumers and Businesses*, in Paul J. Quirk, William Cunion eds., *Governing America: Major Policies and Decisions of Federal, State, and Local Government*, Facts On File, 2010.

52. Jay Lawrence Westbrook, *What We Know and do not Know About the Impact of Civil Justice on the American Economy and Policy: Empirical Research in Consumer Bankruptcy*, 80 Tex. L. Rev. 2123 (2002).

53. Jay L. Zagorsky and Lois R. Lupica, *A Study Of Consumers' Post-Discharge Finances: Struggle, Stasis, or Fresh-Start?*, 16 Am. Bankr. Inst. L. Rev. 283 (2008).

54. Jean Braucher, *Lawyers and Consumer Bankruptcy: One Code, Many Cultures*, 67 Am. Bankr. L. J. 501 (1993).

55. Jean Braucher, *An Empirical Study of Debtor Education in Bankruptcy: Impact on Chapter* 13 *Completion Not Shown*, 9 Am. Bankr. Inst. L. Rev. 557 (2001).

56. Jean Braucher, *Theories of Overindebtedness: Interaction of Structure and Culture*, 7 Theoretical Inquiries L. 323 (2006).

57. Jean Braucher, *A Law-in-Action Approach to Comparative Study of Repayment Forms of Consumer Bankruptcy*, Arizona Legal Studies Discussion Paper No. 08-09, 2009.

58. Jennifer E. Spreng, *When "Welfare" Becomes "Work Support": Exempting Earned Income Tax Credit Payments in Consumer Bankruptcy*, 78 Am. Bankr. L. J. 279 (2004).

59. Johanna Niemi-Kiesiläinen, *Changing Directions in Consumer Bankruptcy Law and Practice in Europe and USA*, 20 J. Consumer Pol'y 133 (1997).

60. Johanna Niemi-Kiesiläinen, *Consumer Bankruptcy in Comparison: Do We Cure A Market Failure or A Social Problem?*, 37 Osgoode Hall L. J. 473 (1999).

61. Johanna Niemi-Kiesiläinen, *The Role of Consumer Counselling as Part of the Bankruptcy Process in Europe*, 37 Osgoode Hall L. J. 409 (1999).

62. Johanna Niemi-Kiesiläinen, *Collective or Individual? Construction of*

Debtors and Creditors in Consumer Bankruptcy, in Johanna Niemi-Kiesilainen, Iain Ramsay and William Whitford eds., *Consumer Bankruptcy in Global Perspective*, Hart Publishing, 2003, pp. 41-60.

63. John Armour, *Personal Insolvency Law and the Demand for Venture Capital*, 5 European Business Organization Law Review 87 (2004).

64. John C. Anderson, *Consumer Bankruptcy Reform: Under the Bankruptcy Abuse Prevention and Consumer Protection Act of* 2005, 54 LA Bar Jnl. 18 (2006).

65. John Fitzgerald and Mark Neal, *USTP Addresses New Issues in Approving Credit Counseling and Debtor-education Providers*, 24-8 ABIJ 14 (2005).

66. John Hurst, Protecting Consumers from Consumer Credit Counseling, 9 N. C. Banking Inst. 159 (2005).

67. John M. Czarnetzky, *The Individual and Failure: A Theory of the Bankruptcy Discharge*, 32 Ariz. St. L. J. 393 (2000).

68. John V. Mulligan, *The Impact of State Exemption on Personal Bankruptcy Filings*, Thesis to be submitted to the Faculty of the Virginia Polytechnic Institute and State University in partial fulfillment of the requirement for the degree of Master of Arts in Economics, 2000.

69. Joseph Satorius, *Strike or Dismiss: Interpretation of the Bapcpa* 109 (*H*) *Credit Counseling Requirement*, 75 Fordham L. Rev. 2231 (2006).

70. Junichi Matsushita, *Japan's Personal Insolvency Law*, 42 Tex. Int'l L. J. 765 (2006-2007).

K

71. Karen A. Lash and Reilly Morse, *Hurricane Katrina Special Edition: Mitigating Disaster: Lessons From Mississippi*, 77 Miss. L. J. 895 (2008).

72. Karen Gross and Susan Block-Lieb, *Empty Mandate or Opportunity for Innovation? Prepetition Credit Counseling and Post-Petition Financial Management Education*, 13 Am. Bankr. Inst. L. Rev. 549 (2005).

73. Katherine A. Jeter-Boldt, *Good in Theory, Bad in Practice: The Unintended Consequences of BAPCPA's Credit Counseling Requirement*, 71 Mo. L. Rev. 1101 (2006).

74. Kenneth N. Klee, *Reforming Consumer Bankruptcy Law: Four Proposals: Restructuring Individual Debts*, 71 Am. Bankr. L. J. 431 (1997).

75. Kent Anderson, *Japanese Insolvency Law After a Decade of Reform*, 43

Can. Bus. L. J. (2006).

76. Kent Anderson, *The Explosive Global Growth of Personal Insolvency and the Concomitant Birth Of The Study Of Comparative Consumer Bankruptcy*, 42 Osgoode Hall Law Journal 661 (2004).

77. Ko de Ruyter and Hans Kasper, *Consumer Affairs Departments in the United States and the Netherlands: A Comparative Analysis*, 20 J. Consumer Pol'y 325 (1997).

L

78. Laura B. Bartell, *From Debtors' Prisons to Prisoner Debtors: Credit Counseling for The Incarcerated*, 24 Bank. Dev. J. 15 (2005).

79. Lea Krivinskas, "*Don't File!*": *Rehabilitating Unauthorized Practice of Law-Based Policies in the Credit Counseling Industry*, 79 Am. Bankr. L . J. 51 (2005).

80. Leslie E. Linfield, *Consumer Credit Counseling Reform: The Good, the Bad and the Ugly*, 23-9 ABIJ 14 (2004).

81. Leslie E. Linfield, *Bankruptcy Reform and Mandatory Credit Counseling*, 24-4 ABIJ 12 (2005).

82. Leslie E. Linfield, *Credit Counseling Update: The "Perfect Storm" Brewing*, 24-3 ABIJ 30 (2005).

83. Leslie E. Linfield, *Credit Counseling: BAPCPA's Grendel*, 24-8 ABIJ 28 (2005).

84. Leslie R. Masterson, *Forum Shopping in Business Bankruptcy: An Examination of Chapter* 11 *Cases*, 16 Bank. Dev. J. 65 (1999).

85. Lisa A. Lomax, *Alternative Dispute Resolution in Bankruptcy: Rule* 9019 *and Bankruptcy Mediation Programs*, 68 Am. Bankr. L. J. 55 (1994).

86. Lynn M. LoPucki, *Reforming Consumer Bankruptcy Law: Four Proposals: Common Sense Consumer Bankruptcy*, 71 Am. Bankr. L. J. 461 (1997).

M

87. Mark D. West, *Dying to Get Out of Debt: Consumer Insolvency Law and Suicide in Japan*, in Law in Everyday Japan: Sumo, Sex, Suicides and Statutes 215 (2005).

88. Margaret Howard, *A Theory of Discharge in Consumer Bankruptcy*, 48 Ohio

St. L. J. 1047(1987).

89. Melissa B. Jacoby, Teresa A. Sullivan and Elizabeth Warren, *Rethinking the Debates Over Health Care Financing: Evidence From the Bankruptcy Courts*, 76 N. Y. U. L. Rev. 375(2001).

90. Melissa B. Jacoby and Elizabeth Warren, *Beyond Hospital Misbehavior: An Alternative Account of Medical-Related Financial Distress*, 100 Nw. U. L. Rev. 535 (2006).

91. Michael Bogdan, International Bankruptcy Law in Scandinavia, 34 Int'l & Comp. L. Q. 49(1985).

92. Michael Newman, *BAPCPA's New Section 109 (h) Credit Counseling Requirement: Is It Having the Effect Congress Intended?*, 2007 Utah L. Rev. 489 (2007).

93. Michelle J. White, *Abuse or Protection? Economics of Bankruptcy Reform Under BAPCPA*, 2007 U. Ill. L. Rev. 275(2007).

N

94. Nicholas A. Aminoff, *The Development of American and English Bankruptcy Legislation—From A Common Source to A Shared Goal*, 10 Statute L. R. 124 (1989).

95. Nick Huls, *American Influences on European Consumer Bankruptcy Law*, 15 J. Consumer Pol'y 125(1992).

96. Nick Huls, *Towards A European Approach to Overindebtedness of Consumers*, 16 J. Consumer Pol'y 215(1993).

97. Nick Huls, *Overindebtedness and Overlegalization: Consumer Bankruptcy as A Field for Alternative Dispute Resolution*, 20 J. Consumer Pol'y 143(1997).

P

98. Pablo Lerner, *Personal Bankruptcy in the 21st Century: Emerging Trends and New Challenges: The Chief Enforcement Officer and Insolvency in Israeli Law*, 7 Theoretical Inq. L. 565(2006).

R

99. Rafael Efrat, *Global Trends in Personal Bankruptcy*, 76 Am. Bankr. L. J. 81 (2002).

100. Rafael Efrat, *Personal Bankruptcy in the 21st Century: Emerging Trends and New Challenges: The Evolution of Bankruptcy Stigma*, 7 Theoretical Inq. L. 365 (2006).

101. Rafael I. Pardo, *Eliminating the Judicial Function in Consumer Bankruptcy*, 81 Am. Bankr. L. J. 471 (2007).

102. Richard A. Brown and Susan E. Burhouse, *Implications of the Supply-Side Revolution in Consumer Lending*, 24 St. Louis U. Pub. L. Rev. 363 (2005).

103. Richard L. Stehl, *The Failings of the Credit Counseling and Debtor Education Requirements of the Proposed Consumer Bankruptcy Reform Legislation of* 1998, 7 Am. Bankr. Inst. L. Rev. 133 (1999).

104. Robert B. Chapman, *Coverture and Cooperation: the Firm, the Market, and the Substantive Consolidation of Married Debtors*, 17 Bank. Dev. J. 105 (2000).

105. Robert B. Chapman, *Missing Persons: Social Science and Accounting for Race, Gender, Class, and Marriage in Bankruptcy*, 76 Am. Bankr. L. J. 347 (2002).

106. Robert B. Chapman, *The Bankruptcy of Haig-Simons? The Inequity of Equity and the Definition of Income in Consumer Bankruptcy Cases*, 10 Am. Bankr. Inst. L. Rev. 765 (2002).

107. Robert J. Landry, III and Amy K Yarbrough, *Global Lessons From Consumer Bankruptcy and Healthcare Reforms in the United States: A Struggling Social Safety Net*, 16 Mich. St. J. Int'l L. 343 (2007).

108. Robert M. Lawless, *The Paradox of Consumer Credit*, 2007 U. Ill. L. Rev. 347 (2007).

109. Robert M. Lawless, Angela K. Littwin, Katherine M. Porter, John A. E. Pottow, Deborah K. Thorne, and Elizabeth Warren, *Did Bankruptcy Reform Fail? An Empirical Study of Consumer Debtors*, 82 Am. Bankr. L. J. 349 (2008).

110. Robert Weisberg, *Commercial Morality, the Merchant Character, and the History of the Voidable Preference*, 39 Stan. L. Rev. 3 (1986).

111. Ronald J. Mann, *Credit Cards and Debit Cards in the United States and Japan*, 55 Vand. L. Rev. 1055 (2002).

112. Ronald J. Mann, *Optimizing Consumer Credit Markets and Bankruptcy Policy*, 7 Theoretical Inquiries L. 395 (2006).

113. Rosalind Mason, *Consumer Bankruptcies: An Australian Perspective*, 37 Osgoode Hall L. J. 449 (1999).

114. Rosalind Mason, *Cross-Border Insolvency Law: Where Private International*

Law and Insolvency Law Meet, in Paul J Omar ed. , *International Insolvency Law: Themes and Perspectives*, Ashgate Publishing,2008, pp. 27-60.

S

115. Sandy Shandro, *EC Regulation on Insolvency Proceedings—Public Policy and COMI*,24-7 ABIJ 28(2005).

116. Sandy Shandro, *Insolvency of Corporate Groups: French Approach to the EU Regulation Adopts U. K. View of COMI*,25-4 ABIJ 30(2006).

117. Saul Schwartz, *Personal Bankruptcy Law: A Behavioural Perspective*, in Johanna Niemi-Kiesilainen, Iain Ramsay and William Whitford eds. , *Consumer Bankruptcy in Global Perspective*, Hart Publishing,2003, pp. 61-84.

118. Saul Schwartz, *Effect of Bankruptcy Counseling on Future Creditworthiness: Evidence from A Natural Experiment*, 77 Am. Bankr. L . J. 257 (2003).

119. Saul Schwartz, *Counselling the Overindebted: A Comparative Perspective*, available at http://www. ic. gc. ca/eic/site/bsf-osb. nsf/eng/br01672. html (last visited Feb. 28,2010).

120. Stephen J. Lubben, Robert M. Lawless, Angela K. Littwin, Katherine M. Porter, John A. E. Pottow, Deborah K. Thorne and Elizabeth Warren, *Did Bankruptcy Reform Fail? An Empirical Study of Consumer Debtors*, 82 Am. Bankr. L. J. 349(2008).

121. Steven W. Rhodes, *An Empirical Study of Consumer Bankruptcy Papers*, 73 Am. Bankr. L. J. 653(1999).

122. Sue Ann Slates, *A New Role for U. S. Trustees: Approval of Credit Counseling Services*,18-5 ABIJ 10(1999).

123. Susan Block-Lieb and Edward J. Janger, *The Myth of the Rational Borrower: Rationality, Behavioralism, and the Misguided "Reform" of Bankruptcy Law*, (2006).

124. Susan Strasser, *The Alien Past: Consumer Culture in Historical Perspective*,26 J. Consumer Pol'y 375(2003).

125. Susan Jensen, *A Legislative History of the Bankruptcy Abuse Prevention and Consumer Protection Act of* 2005,79 Am. Bankr. L. J. 485(2005).

126. Susanne Braun, *German Insolvency Act: The Special Provisions of Consumer Insolvency Proceedings and Discharge of Residual Debts*,7 German Law

Journal 59(2006).

T

127. Teresa A. Sullivan, Elizabeth Warren and Jay Lawrence Westbrook, *Folklore and Facts: A Preliminary Report From The Consumer Bankruptcy Project*, 60 Am. Bankr. L. J. 293(1986).

128. Teresa A. Sullivan, Elizabeth Warren and Jay Lawrence Westbrook, *Law, Models and Real People: Choice of Chapter in Personal Bankruptcy*, 13 Law & Social Inquiry 661(1988).

129. Teresa A. Sullivan, Elizabeth Warren and Jay Lawrence Westbrook, *Consumer Debtors Ten Years Later: A Financial Comparison of Consumer Bankrupts* 1981-1991, 68 Am. Bankr. L. J. 121(1994).

130. Teresa A. Sullivan, Elizabeth Warren, and Jay Lawrence Westbrook, *Consumer Bankruptcy in the United States: A Study of Alleged Abuse and of Local Legal Culture*, 20 J. Consumer Pol'y 143(1997).

131. Teresa A. Sullivan, Elizabeth Warren, and Jay Lawrence Westbrook, From Golden Years to Bankrupt Years, 7 Norton Bankruptcy Law Adviser 1(1998).

132. Teresa A. Sullivan, Elizabeth Warren, and Jay Lawrence Westbrook, *Who Uses Chapter* 13?, in Johanna Niemi-Kiesilainen, Iain Ramsay, and William C. Whitford eds., *Consumer Bankruptcy in Global Perspective*, Hart Publishing, 2003, pp. 269-282.

133. Teresa A. Sullivan, Elizabeth Warren and Jay Lawrence Westbrook, *Less Stigma or More Financial Distress: An Empirical Analysis of the Extraordinary Increase in Bankruptcy Filings*, 59 Stan. L. Rev. 213(2006).

134. Timothy M. Bowman, *The Role of Consumer Bankruptcy Law in the Welfare State: A Comparative Analysis of Bankruptcy Law in English Common Law and European Civil Law Systems*, Prepared for presentation at the Midwest Political Science Association Conference April 15-18, 2004, available at http://www.allacademic.com//meta/p_mla_apa_research_citation/0/8/3/0/1/pages83016/p83016-1.php(last visited Jan. 26, 2010).

135. Thomas Evans and Paul B. Lewis, *An Empirical Economic Analysis of the 2005 Bankruptcy Reforms*, 24 Bank. Dev. J. 327(2008).

136. Thomas H. Jackson, *The Fresh-Start Policy In Bankruptcy Law*, 98 Harv. L. Rev. 1393(1985).

137. Todd J. Zywicki, *Institutions, Incentives, and Consumer Bankruptcy Reform*, 62 Wash & Lee L. Rev. 1071(2005).

138. Todd J. Zywicki, *An Economic Analysis of the Consumer Bankruptcy Crisis*, 99 Nw. U. L. Rev. 1463(2005).

139. Todd J. Zywicki, *Is Forum Shopping Corrupting America's Bankruptcy Courts?*, 94 Geo. L. J. 1141(2006).

U

140. Ulrich Krüger, *Consumer Insolvency: Extra Judicial Solutions could Help the Overindebted back into Economy*, available at http://www.iff-hamburg.de/4/goeteborg/download/Topics_9_00. pd f(last visited Dec. 12, 2009).

V

141. Victoria L. VanZandt, *The Exigent Circumstances Exception to the Pre-Petition Credit Counseling Requirement Under the Bank-ruptcy Abuse Prevention and Consumer Protection Act of 2005: Exigent or Extreme?*, 6 DePaul Bus. & Comm. L. J. 265(2008).

W

142. Wei Fan, *Personal Bankruptcy and the Level of Entrepreneurial Activity*, 46 J. Law & Econ. 543(2003).

143. William C. Whitford, *The Ideal of Individualized Justice: Consumer Bankruptcy as Consumer Protection, and Consumer Protection in Consumer Bankruptcy*, 68 Am. Bankr. L. J. 397(1994).

144. William C. Whitford, *Changing Definitions of Fresh Start in U.S. Bankruptcy Law*, 20 J. Consumer Pol'y 179(1997).

145. William Houston Brown, *Taking Exception to a Debtor's Discharge: The 2005 Bankruptcy Amendments Make It Easier*, 79 Am. Bankr. L. J. 419(2005).

146. Wolfgang Wiegand, *The Reception of American Law in Europe*, 39 Am. J. Comp. L. 229(1991).

(三)Reports

1. American Bankruptcy Institute, *Annual Business and Non-business Filings by Year* (1980-2008), available at http://www.abiworld.org/AM/AMTemplate.cfm?Section = Home&TEMP. LATE =/CM/ContentDisplay. cfm&CONTENTID = 57826

(last visited July 9,2009).

2. Deanne Loonin and Travis Plunkett, *Credit Counseling In Crisis: The Impact on Consumers of Funding Cuts, Higher Fees and Aggressive New Market Entrants*, A Report by The National Consumer Law Center and Consumer Federation of America, April 9,2003.

3. INSOL International, *INSOL International's* 2005 *Global Marketplace Survey*, available at http://www.insol.org/page/36/2005-global-marketplace-survey(last visited Jan. 26,2010).

4. INSOL International, *Consumer Debt Report-Report of Findings and Recommendations*, available at http://www.insol.org/page/38/consumer-debt-report(last visited Jan. 26,2010).

5. Kurt Malangré, *Report on the Convention on Insolvency Proceedings of* 23 *November* 1995, Committee on Legal Affairs and Citizens' Rights, 23 April 1999.

6. Leslie E. Linfield, 2008 *Annual Consumer Bankruptcy Demographics Report: American Debtors in A Recession*, A Report Published by the Institute for Financial Literacy, Inc., June 2009.

7. Maria Gerhardt, *Consumer Bankruptcy Regimes and Credit Default in the US and Europe—A Comparative Study*, CEPS Working Document No. 318, July 2009.

8. Office of the Superintendent of Bankruptcy Canada, An Overview of Canadian Insolvency Statistics Up to 2006, available at http://www.ic.gc.ca/eic/site/bsf-osb.nsf/eng/br01770.html(last visited July 9,2009).

9. The Insolvency Service, *Implementation of UNCITRAL Model Law on Cross-Border Insolvency in Great Britain*, available at http://www.insolvency.gov.uk/insolvencyprofessionandlegislation/con_doc_register/cbcondoc/consultation.pdf (last visited Jan. 26,2010).

10. Udo Reifner, Johanna Kiesilainen, Nik Huls and Helga Springeneer, *Consumer Overindebtedness and Consumer Law in the European Union*, Final Report to the Commission of the European Communities, Health and Consumer Protection Directorate-General, Contract Reference No. B5-1000/02/000353, 2003.

(四) Legislation

1. Australia: Bankruptcy Act 1966.

2. Australia: Bankruptcy Regulations 1996, Statutory Rules 1996 No. 263 as amended made under the Bankruptcy Act 1966.

3. Australia: Bankruptcy (Estate Charges) Act 1997.

4. Canada: Bankruptcy and Insolvency Act.

5. Council of Europe: Convention on Certain International Aspects of Bankruptcy.

6. European Union: Council Regulation (EC) No. 1346/2000 of 29 May 2000 on Insolvency Proceedings.

7. German: Insolvency Statute of 5 October 1994 as of 1 January 2004, Bundesgesetzblatt 1994 I S. 2866.

8. Hong Kong: Financial Services and the Treasury Bureau / Official Receiver's Office, Bankruptcy (Amendment) Bill 2004.

9. United Kingdom: Insolvency Act 1986.

10. USA: Bankruptcy Code (11 U. S. C).

11. United Nations Commission on International Trade Law: Model Law on Cross-Border Insolvency, May 1997.

12. United Nations Commission On International Trade Law, Legislative Guide on Insolvency Law, United Nations Publication Sales No. E. 05. V. 10, 2005.

后　记

本书是在作者博士论文的基础上增删修改而成。博士论文的完成正是研究生涯的开始，恰逢我主持的“教育部人文社会科学研究青年基金项目：消费者债务清理多元化纠纷解决机制研究”获得立项，促使我催促自己完成书稿。

提笔后记，转眼阔别珞珈山两年有余，人生道路将入而立。我把生命中最美丽的年华留在了那里，带走的是可以让我享用一生的学习能力。在那里，我走上了研习国际私法的道路，并以此作为我为之奋斗的事业；在那里，我受教于诸多学富五车的师长，并以他们的治学为人之道作为我学习的楷模；在那里，我认识了一批同道学友，并和他们结下了深厚的友谊；在那里，我邂逅了我的人生伴侣，并在他的支持鼓励下完成了学业。可以说，武汉大学九年不仅是我人生旅程中的一个片段，九年间珞珈山麓东湖之滨度过的日子将是我一生的财富。

我的博士论文是在韩德培教授和黄进教授的共同指导下完成的。韩老作为我的第一导师虽已离世，但先生的教诲学生将永远铭记，回想论文开题之时还拿着报告去先生家中汇报，论文完稿之时先生却已先去，备感唯有竭尽所能地完成论文方不负先生教导之恩。先生离世后，蒙黄进教授不弃忝列名下继续攻读博士学位，论文的写作和修改也主要是在黄进教授的指导下完成的，他对论文选题和初稿的肯定使我备受鼓舞，他对文章的修改意见帮助我打开了思路。然学生愚钝，本书虽几经修改仍不失谬误，希望在今后的学术生涯中不断地发现与求索。由衷地感谢我的两位导师，他们不仅在学业上指导了我，而且他们一脉相承的严谨治学、谦和儒雅、豁达开朗的道德风范和精神风尚也将感染我一生。

在武汉大学国际法所求学期间，诸位老师的关怀和帮助使我走到今日，感谢之情远非言语所能表达。美丽与智慧并重、严师与慈母兼具的郭玉军教授是我硕士期间的指导老师，她多年来一直关心我的学习和生活，也正是在她的训练和支持下我才走上了攻博之路；博学乐群、言语犀利的肖永平教授对我的训诫和批评是敦促我努力的鞭策力；敏而好学、亦师亦友的宋连斌教授在阳明山中点拨我的论文选题，在红5路上和我探讨论文的初构，并在我写作过程中不断帮助我排难解惑；年轻有为、才华横溢的何其生教授是从本科时代起就看着我成长的老师，这么多年来对我从旁提携不断；幽默风趣、乐人乐己的邓朝晖老师为我单调的学习生活增添了许多乐趣。有幸受教于你们是我的幸运，你们的教诲以及同你们相处的点滴都是我生命记忆中最美妙的乐章。

同时感谢台湾中国文化大学的李復甸教授和海牙国际私法会议的J. H. A. van Loon教授，他们帮助我获得了奖学金，使我有机会赴台湾和海牙搜集本书的写作资料。来苏州大学任教之后，胡玉鸿教授、胡亚球教授、陈立虎教授、张利民副教授等领导同事的关爱和帮助，使我的教学科研工作能顺利开展。

最后，要特别感谢我的父母，是他们的养育教导塑造了今天的我，是他们对知识的尊重让我在求学的道路上坚守了这么多年，是他们无论何时无论何事义无反顾地为我提供避风的港湾让我免除了一切后顾之忧。

“这是最好的时代，这是最坏的时代。”——幼年时代被债务阴影笼罩的19世纪英国作家狄更斯在《双城记》的开头写下了这句话来形容那个时代，他没有想到这句话在此后被多次引用用来描绘不同的历史时期。其实时代本身无所谓好坏，好坏在于身处其中的人们的选择。在这篇论文的写作过程中，我就强烈地感受到，无力偿债本身并不可怕，关键在于债务人的选择，是通过法院内外的程序去积极地面对债务问题，还是回避任由其进一步恶化。对消费者而言破产本身亦不是一种毁灭，而是一种救赎。想起我所处在的这个时代，十年寒窗之后我依然选择留在校园，在苏州大学继续求知之路并开始教书生涯，很大程度上是因为珞珈山下九年岁月让我爱上了这样的生活，静静地读读书、想想问题、写写东西这种简简单单的日子是我熟悉和渴望的。这种选择对我来说本身就是一种幸福。

本书完稿之日，又是一年丹桂飘香时，粉墙黛瓦的江南水乡虽偏居一隅，但如陈隆修教授所言却也是一处远离纷扰、宁静治学的胜地，借这本敝帚自珍的小书激励自己继续前行。

2012年10月

于姑苏城外